Die Französische Revolution

Axel Kuhn

Die Französische Revolution

Philipp Reclam jun. Stuttgart

Umschlagabbildung:
Freude der Sansculotten über einen militärischen Sieg
(Zeitgenössische aquarellierte Radierung, Ausschnitt;
anonym, undatiert)

Universal-Bibliothek Nr. 17017
Alle Rechte vorbehalten
© 1999 Philipp Reclam jun. GmbH & Co., Stuttgart
Gesamtherstellung: Reclam, Ditzingen. Printed in Germany 2003
RECLAM und UNIVERSAL-BIBLIOTHEK sind eingetragene Marken
der Philipp Reclam jun. GmbH & Co., Stuttgart
ISBN 3-15-017017-6

www.reclam.de

Inhalt

I
Darstellung

II
Aspekte

III
Quellen

Zum Thema

Die Französische Revolution von 1789 bis 1799 gilt als die bedeutendste soziale und politische Umwälzung in einer Zeit, die überhaupt von revolutionären Ideen, Handlungen und Entwicklungen gekennzeichnet war: die Epoche von 1770 bis 1850. Diese Epoche beginnt mit dem amerikanischen Unabhängigkeitskrieg 1776–1783, umfaßt die industrielle Revolution in England 1780 bis 1830 und endet mit den europäischen Revolutionen von 1848/49. Man hat sie auch das Zeitalter der bürgerlichen Revolution genannt. Die Französische Revolution steht dabei im Mittelpunkt aller gesellschaftsverändernden Bestrebungen dieser Ära. Man würde ihre herausragende Bedeutung allerdings zu Unrecht herabspielen, wollte man sie lediglich als Teil einer allgemeinen atlantischen Revolution darstellen.

Als ein solches epochales Ereignis hat die große Französische Revolution von 1789 (»groß« im Unterschied zu den Revolutionen von 1830 und 1848) nicht nur im nationalen französischen Rahmen gewirkt. Sie hat vielmehr auch tiefe Spuren in der geistigen und politischen Entwicklung anderer Länder hinterlassen. Vor allem die Nachbarstaaten verdanken ihr wichtige Impulse zur Modernisierung. Das gilt vor allem für die Niederlande, die Länder des Heiligen Römischen Reichs Deutscher Nation, für Österreich, die Schweiz und Italien. Aber auch in England, Polen, selbst in Skandinavien und Rußland löste die Französische Revolution positive Reaktionen aus.

Ihre internationale Bedeutung ist der Grundgedanke, auf dem die Darstellung aufbaut. Diese umfaßt zeitlich hauptsächlich die Jahre 1789–1799. (In dem Kapitel über das napoleonische Zeitalter 1799–1814 geht es vorrangig darum, auszuloten, was von den revolutionären Errungenschaften bestehen blieb.) Jedoch werden nicht nur die Ereignisse in Frankreich selbst dargestellt, sondern zugleich deren

Auswirkungen auf Europa, wenn auch nicht in gleicher Ausführlichkeit. Bei letzterem wird der Schwerpunkt auf Deutschland gelegt. Eine solche Aufteilung des Textes ist bisher in den meisten Gesamtdarstellungen nicht üblich gewesen; aber sie entspricht, wie wir heute immer deutlicher erkennen, der historischen Realität, und es ist an der Zeit, daß diese internationale (oder doch zumindest europäische) Perspektive auch in den Geschichtsbüchern ihren Platz findet.

Die Ereignisse, die im Jahre 1789 in Versailles und Paris ihren Anfang nahmen, tragen den Namen »Revolution« zu Recht. Unter »Revolution« wurde allerdings zunächst im wörtlichen Sinne nur eine Umwälzung verstanden. Im übertragenen Sinne meinte man damit noch im 18. Jahrhundert einen Kreislauf, also die Wiederkehr von etwas Früherem. Aber der Begriff »Revolution« veränderte sich schnell und nahm unter dem Einfluß der französischen Ereignisse seine moderne Bedeutung an. Nach einer Anekdote, die diese Begriffswandlung treffend erfaßt, soll der französische König Ludwig XVI. auf die Nachricht vom Sturm auf die Bastille ausgerufen haben: »Das ist ja eine Revolte!« Doch ein Herzog wagte ihm zu widersprechen und entgegnete: »Nein, Sire, das ist eine Revolution!«

In seiner modernen Bedeutung meint »Revolution« eine plötzliche Umwälzung der Machtverhältnisse von unten, d. h. durch Menschen, die bisher selbst oder durch ihre Repräsentanten nicht (oder nicht genug) an der Macht teilhatten und die mit einem bewußten politischen Programm auftreten: eine plötzliche Umwälzung im Unterschied zu einer langsamen, die man »Evolution« nennt; eine plötzliche Umwälzung von unten im Unterschied zu einer solchen von oben, die man »Staatsstreich« nennt; und eine Umwälzung mit politischem Programm im Unterschied zu einer solchen ohne Programm, die man »Revolte« nennt. Alle diese Definitionsmerkmale treffen auf die französischen Ereignisse von 1789 zu.

Revolutionen müssen nicht mit zwangsläufiger Notwendigkeit ausbrechen. Ein anderer Weg zur Modernisierung der Gesellschaft und zur Veränderung der Machtverhältnisse kann die Reform sein, verstanden als eine von oben (d. h. von der Regierung) ausgelöste langsame Veränderung der Verhältnisse. Dieser Weg scheint im Verlauf der Geschichte der normalere, d. h. öfter beschrittene gewesen zu sein. Demnach muß der Historiker den Ausbruch einer Revolution erklären, nicht so sehr das Ausbleiben einer Revolution. So ist die Frage, warum in Deutschland am Ende des 18. Jahrhunderts keine Revolution ausbrach, eigentlich falsch gestellt. Man kann diese Frage natürlich trotzdem zu beantworten versuchen. Aber im Mittelpunkt des historischen Interesses steht ein anderes Problem: Warum brach in Frankreich eine Revolution aus? Dieses soll in den Kapiteln über die Ursachen der Revolution und die Aufklärung gelöst werden.

Ferner geht es darum, auf das Verhältnis von Reform und Revolution zu achten. Verhindern Reformen eine Revolution? Werden Reformen aus Angst vor einer Revolution eingeleitet? Führt das Ausbleiben von Reformen zu einer revolutionären Situation? Das sind Fragen, die wenigstens gestellt werden müssen, wenn sie auch wegen ihrer Komplexität nicht mit wenigen Beispielen zu beantworten sind. In diesem Buch soll zum Abschluß untersucht werden, wie sich dieses Verhältnis in der Geschichte der Französischen Revolution und der aufgeklärten Reformstaaten entwickelt hat.

Abschließend seien noch einige Worte zur Einteilung der Stoffmassen angefügt. Trotz aller Unterschiede in der Bewertung der Revolution gibt es unter den Historikern eine weitgehende Übereinstimmung in der Gliederung ihres Verlaufs. Die verschiedenen Phasen werden zwar unterschiedlich bezeichnet, die Zäsuren aber in denselben Ereignissen gesehen.

Das Ancien régime, die alte Gesellschaft, sah sich einer Opposition gegenüber, die – wenn auch mit unterschiedlichen Zielsetzungen – von allen drei Ständen getragen wurde. Aber schon bald nach dem Sturz des alten Regimes wurde deutlich, daß bei den Siegern keine Einmütigkeit über die Ziele bestand. Nach jedem Sieg spalteten sie sich auf in einen zufriedenen Flügel, der an der Macht teilhatte, und in einen oppositionellen Flügel, der die Revolution weiter vorantreiben wollte. Bis zu einem genau bestimmbaren Zeitpunkt Ende Juli 1794 endete jede Phase mit dem Sieg der radikaleren Opposition. Diesem Phänomen, dem Weitertreiben der Revolution, liegt der Umstand zugrunde, daß sich in deren Verlauf verschiedene Schichten des Bürgertums durchzusetzen versuchten, d. h. Ziele verwirklichen wollten, die ihren Interessen entsprachen. Zur Bezeichnung der verschiedenen revolutionären Phasen ist es deshalb notwendig zu fragen, welche Schichten des Bürgertums jeweils das Geschehen bestimmten und welche Ziele sie durchzusetzen versuchten. Es geht dabei nicht um den dominierenden Gegensatz der Epoche, den zwischen Privilegierten und Nichtprivilegierten, sondern um die Formen, die der bürgerliche Kampf gegen die Privilegierten annahm.

An eine Vorphase (1787–1789), die als Revolte der Aristokraten oder als Vorrevolution der Privilegierten bezeichnet wird, schließen sich drei Hauptphasen an. Die erste Phase (1789–1792) gilt als die Revolution des besitzenden Bürgertums oder die Zeit der konstitutionellen Monarchie. Die zweite Phase (1792–1794) kann man die Revolution des radikalen Bürgertums oder die Zeit der Republik nennen. Die dritte Phase (1794–1799) ist die Restauration des besitzenden Bürgertums oder die Zeit des Direktoriums.

Worin liegt die Bedeutung der Französischen Revolution von 1789? Aus ihr entwickelten sich trotz aller menschlichen Unzulänglichkeiten und politischen Rückschläge die Grundlagen der bürgerlichen Gesellschaft. Sie war der furiose Aufbruch in die moderne Demokratie, für die es, trotz aller Kritik an ihr, keine echte Alternative, sondern nur deren Weiterentwicklung gibt.

Die Bedeutung der Französischen Revolution besteht aber auch darin, daß in ihr ein Teil des Bürgertums bereit war, als Regierungspartei bis an die Schwelle einer antikapitalistischen Revolution zu gehen. In den meisten Revolutionen des 19. Jahrhunderts zogen sich die Revolutionäre der ersten Stunde (aus dem Studium der Ereignisse von 1789 bis 1799 angeblich klug geworden) bereits in der Anfangsphase zurück, suchten einen Kompromiß mit König und Adel, so daß es zu einer radikalen Herrschaftsphase nicht mehr kam. In der gemäßigten ersten und in der radikalen zweiten Phase der großen Französischen Revolution entwickelten sich deshalb verschiedene Demokratiemodelle – Modelle, die auch heute noch miteinander konkurrieren. In diesem Sinne ist die Französische Revolution noch nicht beendet.

Die Darstellung wird schließlich in einem eigenen Kapitel einen Überblick über die Revolutionsgeschichtsschreibung geben, auch in der Hoffnung, dadurch die Arbeit mit dem Literaturverzeichnis zu erleichtern. Dieses strebt nicht nach Vollständigkeit, sondern führt die wesentlichen Titel auf, die zu einem vertiefenden Studium empfohlen werden können. Der Quellenanhang enthält in Auszügen die wichtigsten historischen Dokumente, die in den vorhergehenden Kapiteln besprochen oder doch wenigstens erwähnt wurden. Da die meisten Quellen in mehreren, voneinander abweichenden Fassungen ins Deutsche übersetzt worden sind, wurden die in diesem Band präsentierten Textauszüge zumeist mit dem französischen Original verglichen und, wenn es geboten schien, korrigiert. Hinweise auf diese französischen Fassungen sowie auf andere deutsche Übersetzungen finden sich zur Einleitung jeder Quelle; sie bieten die Möglichkeit, sich selbst mit einer adäquaten Textfassung auseinanderzusetzen.

Zeittafel

1787

22. Februar	Eröffnung einer Notabelnversammlung

1788

9. Juli	Religionsedikt in Preußen
21. Juli	Provinzialversammlung von Vizille
8. August	Einberufung der Generalstände
27. Dezember	Verdoppelung der Abgeordneten des Dritten Standes

1789

24. Januar	Wahlordnung für die Generalstände
Januar	Abbé Sieyès: *Was ist der Dritte Stand?*
5. Mai	Eröffnungssitzung der Generalstände
17. Juni	Die Versammlung des Dritten Standes erklärt sich zur Nationalversammlung
20. Juni	Ballhausschwur
14. Juli	Sturm auf die Bastille
17. Juli	Beginn der Adelsemigration
Juli	Bauernunruhen in der Provinz
4. August	Verzicht des Adels auf seine Privilegien
26. August	Erklärung der Menschen- und Bürgerrechte
12. September	Erste Ausgabe von Jean Paul Marats *L'Ami du peuple*
5. Oktober	Zug der Pariser Frauen nach Versailles
6. Oktober	Erste Sitzung des Bretonischen Klubs im Pariser Jakobinerkloster
2. November	Nationalisierung des Kirchengutes
19. Dezember	Gesetz über die Ausgabe von Assignaten
22. Dezember	Einteilung Frankreichs in 83 Departements

1790

13. Februar	Aufhebung der Klöster
20. Februar	Tod Kaiser Josephs II.

4. Juni	Einteilung von Paris in 48 Sektionen
19. Juni	Abschaffung des Adels
12. Juli	Zivilverfassung des Klerus
14. Juli	Föderationsfest auf dem Pariser Marsfeld, Solidaritätsfeier in Hamburg
August	Bauernaufstand in Kursachsen
31. Oktober	Aufhebung der Binnenzölle
27. November	Dekret über den Priestereid auf die neue Ordnung

1791

2. März	Abschaffung der Zünfte
3. Mai	Fertigstellung einer polnischen Verfassung
7. Juni	Entlassung des Bonner Professors Eulogius Schneider
14. Juni	Verbot von Arbeiterassoziationen und Streiks
21. Juni	Gescheiterte Flucht Ludwigs XVI.
16. Juli	Erste Spaltung des Jakobinerklubs
17. Juli	Massaker auf dem Marsfeld
27. August	Deklaration von Pillnitz
3. September	Bekanntmachung der Verfassung
28. September	Gleichstellung der Juden in Frankreich
September	»Erklärung der Rechte der Frau und Bürgerin«
1. Oktober	Erste Sitzung der Legislative

1792

7. Februar	Militärkonvention Österreich – Preußen
Februar	Thomas Paine: *Rights of Man*
20. April	Kriegserklärung Frankreichs an Österreich
Mai	Einmarsch russischer Truppen in Polen
11. Juli	Erklärung: »Das Vaterland in Gefahr«
14. Juli	Kaiserkrönung in Frankfurt a. M.
25. Juli	Manifest des Herzogs von Braunschweig
10. August	Sturm auf die Tuilerien
11. August	Aufhebung des Zensuswahlrechts
19. August	Preußische Invasion Frankreichs

26. August	Verleihung des französischen Bürgerrechts an 18 ausländische Persönlichkeiten
2. September	Massaker in Pariser Gefängnissen
20. September	Kanonade von Valmy
21. September	Errichtung der Republik
21. Oktober	Besetzung von Mainz durch franz. Truppen
23. Oktober	Gründung des Mainzer Jakobinerklubs
6. November	Sieg der Revolutionsarmee bei Jemappes
7. November	Göttinger »Freiheitsausruf«
19. November	Dekret: Unterstützung anderer Völker
3. Dezember	1. Flugblatt des Altonaer Jakobinerklubs
11. Dezember	Beginn des Prozesses gegen Ludwig XVI.

1793

21. Januar	Hinrichtung Ludwigs XVI.
23. Januar	Zweite Teilung Polens
1. Februar	Französische Kriegserklärung an England und die Niederlande
7. März	Kriegserklärung Frankreichs an Spanien
10. März	Errichtung des Revolutionstribunals
11. März	Ausbruch der Rebellion in der Vendée
17. März	Eröffnung des Rheinisch-deutschen National-konvents in Mainz
18. März	Französische Niederlage bei Neerwinden
6. April	Errichtung des Wohlfahrtsausschusses
2. Juni	Sturz der Girondisten
25. Juni	Jacques Roux: »Manifest der Enragés«
13. Juli	Ermordung Marats durch Charlotte Corday
17. Juli	Entschädigungslose Aufhebung der Feudalrechte
23. Juli	Kapitulation der Festung Mainz
26. Juli	Todesstrafe für Warenhortung
27. Juli	Maximilien Robespierre Mitglied des Wohlfahrts-ausschusses
4. August	Plebiszit über die neue Verfassung
23. August	Allgemeine Wehrpflicht in Frankreich
17. September	Gesetz über die Verdächtigen

29. September	Gesetz über das große Maximum
5. Oktober	Einführung des Revolutionskalenders
9. Oktober	Niederlage des Aufstands in Lyon
10. Oktober	Beginn der Entchristianisierungskampagne
17. Oktober	Niederlage des Aufstands in der Vendée
22. November	Neuregelung des Verkaufs der Nationalgüter

1794

4. Februar:	Abschaffung der Sklaverei
26. Februar	Ankündigung von Maßnahmen gegen Feinde der Republik (Ventôse-Dekrete)
5. April	Hinrichtung Georges Jacques Dantons
10. Juni	Gesetz zur Verschärfung der *Terreur*
26. Juni	Sieg der Revolutionstruppen bei Fleurus
23. Juli	Bekanntgabe der Tarife des Lohnmaximums
24. Juli	Verhaftung der Wiener Jakobiner
28. Juli	Hinrichtung Robespierres
10. November	Niederschlagung des polnischen Aufstands
11. November	Schließung des Pariser Jakobinerklubs
8. Dezember	Rückkehr girondistischer Abgeordneter

1795

1. April	Germinal-Aufstand der Sansculotten
5. April	Frieden von Basel
16. Mai	Proklamation der Batavischen Republik
20. Mai	Prairial-Aufstand der Sansculotten
27. Juni	Royalisten-Aufstand auf Quiberon
22. August	Konstitution des Jahres III (Direktorialverfassung)
5. Oktober	Royalistischer Aufstand in Paris
24. Oktober	Dritte Teilung Polens
31. Oktober	Wahl des ersten Direktoriums
30. November	Gracchus Babeuf: »Manifest der Plebejer«

1796

| 10. Mai | Verhaftung Babeufs |
| 15. November | Sieg Napoleon Bonapartes in Italien (bei Arcole) |

1797

18. März	Eröffnung des Landtags in Württemberg
15. Juli	Bildung der Cisalpinischen Republik
4. September	Staatsstreich vom 18. Fructidor
5. September	Wiederzulassung politischer Klubs
5. September	Ausrufung der cisrhenanischen Republik
17. Oktober	Frieden von Campo Formio
16. Dezember	Beginn des Rastatter Kongresses
29. Dezember	Übergabe von Mainz an Frankreich

1798

4. Februar	Annektion der linksrheinischen Gebiete
12. April	Errichtung der Helvetischen Republik
11. Mai	Staatsstreich vom 22. Floréal
19. Mai	Beginn der ägyptischen Expedition
1. August	Niederlage der französischen Flotte
13. Dezember	Vertrag zwischen Rußland und der Türkei
29. Dezember	Bündnis von England, Rußland und Neapel

1799

21. Januar	Proklamation der Republik von Neapel
12. März	Kriegserklärung Frankreichs an Österreich
25. März	Niederlage General Jean-Baptiste Jourdans bei Stockach
28. April	Rastatter Gesandtenmord
18. Juni	Staatsstreich vom 30. Prairial
9. Oktober	Landung Bonapartes in Frankreich
9. November	Staatsstreich Bonapartes (18. Brumaire)
13. Dezember	Proklamation der Konsulatsverfassung

1800

14. Juni	Sieg Bonapartes bei Marengo
3. Dezember	Sieg Jean Victor Marie Moreaus bei Hohenlinden
25. Dezember	Gescheitertes Attentat auf Bonaparte

1801

9. Februar   Frieden von Lunéville

1802

27. März   Frieden von Amiens
18. April   Verkündung des Konkordats zwischen Frank-
                  reich und dem Papst
2. August   Bonaparte Konsul auf Lebenszeit

1803

25. Februar   Reichsdeputationshauptschluß

1804

21. März   Hinrichtung des Herzogs von Enghien
24. März   Verkündung des *Code civil*
2. Dezember   Napoleon I. Kaiser der Franzosen

1805

11. April   Englisch-russisches Bündnis
21. Oktober   Vernichtung der französischen Flotte bei Trafal-
                  gar
2. Dezember   Französischer Sieg bei Austerlitz
26. Dezember   Frieden von Preßburg

1806

1. Januar   Wiedereinführung des christlichen Kalenders
6. August   Franz II. legt die Kaiserkrone nieder
14. Oktober   Französischer Sieg bei Jena und Auerstedt

1807

7. Juli   Frieden von Tilsit

1809

22. Mai   Österreichischer Sieg bei Aspern
6. Juli   Österreichische Niederlage bei Wagram
14. Oktober   Frieden von Schönbrunn

1810

20. Februar   Erschießung Andreas Hofers in Mantua

1812

14. September   Französischer Einzug in Moskau
30. Dezember   Konvention von Tauroggen

1813

28. Februar   Vertrag von Kalisch
15. März   Preußische Kriegserklärung an Frankreich
16.–19. Oktober Völkerschlacht bei Leipzig

1814

30. Mai   Frieden von Paris

1815

18. Juni   Schlacht bei Waterloo
7. Juli   Einzug der Verbündeten in Paris

I
Darstellung

1
Ursachen der Revolution

Wirtschaftliche und soziale Verhältnisse

Die Revolution brach 1789 nicht in dem wirtschaftlich am weitesten entwickelten Land aus. (Das wäre England gewesen, das bereits die Anfänge der industriellen Revolution hinter sich hatte.) Sie entstand aber auch nicht in einem wirtschaftlich zurückgebliebenen oder einem langfristig darniederliegenden Land. Frankreich hatte vielmehr im 18. Jahrhundert einen normalen wirtschaftlichen Aufschwung erlebt. Das Land geriet aber seit den 70er Jahren wie andere Länder Europas in eine Wirtschaftskrise. Diese wirkte sich vor allem in einer Verteuerung der Lebensmittel aus. Nach Berechnungen, die sich auf 24 Lebensmittel und Handelsgüter stützen und den Durchschnittspreis der Jahre zwischen 1726 und 1741 gleich 100 setzen, stiegen die Lebenshaltungskosten in der Periode von 1771 bis 1789 um 45 Prozent, wobei die Jahre 1785 bis 1789 mit 65 Prozent den Höhepunkt der Teuerung ausmachten.

Die langfristige Entwicklung wurde immer wieder durch saisonale Schwankungen überlagert, deren Ursachen meist Mißernten waren. Im Jahre 1789 fiel der saisonale Höchstpreis in die erste Julihälfte, also in die Zeit, als die Bastille gestürmt wurde. So kletterte der Weizenpreis in diesen Tagen auf 150 Prozent, der Roggenpreis auf 165 Prozent. Ein leerer Magen konnte 1789 wie in den folgenden Jahren also sehr wohl ein Antrieb zum Aufruhr sein. Mißernten hatte es jedoch schon früher gegeben, und die langfristigen Trends teilte Frankreich mit anderen Ländern, so daß die Teuerung allein als Erklärung für den Ausbruch der Revolution nicht ausreicht.

Frankreich war im 18. Jahrhundert noch eine Ständegesellschaft, aber diese befand sich im Umbruch. Zum ersten Stand gehörte der Klerus, zum zweiten der Adel, alle anderen Teile der Bevölkerung machten den *Tiers Etat* (Dritten Stand) aus. Jeder Mensch hatte durch seine Geburt einen festgelegten Platz in diesem sozialen Gefüge. Diese Dreiteilung der Gesellschaft entsprach jedoch nicht mehr den Besitzverhältnissen. Von den 25 Millionen Franzosen lebten nur etwa 2 Millionen in den Städten. Die bei weitem wichtigste Wirtschaftskraft war immer noch der Boden. Von diesem Boden besaß der Adel, der etwa 350 000 Personen und damit rund 1,3 Prozent der Bevölkerung ausmachte, 30 Prozent, der Klerus 10 Prozent, das Bürgertum 30 Prozent und die Bauern ebenfalls rund 30 Prozent.

An dieser Verteilung sind verschiedene Aspekte bemerkenswert. In letzter Zeit wies man mehrfach darauf hin, wieviel Land sich das Bürgertum gekauft hatte. Man schloß daraus, daß die Fronten der politischen Kämpfe nicht zwischen Adel und Bürgertum verlaufen sind. Man sprach von »proprietärem Reichtum«, an dem beide Gruppen, Adel und Bürgertum, teilhatten. Und man sah angesichts der Landkäufe von Bürgerlichen eine Tendenz zur »Modernisierung« der Gesellschaft: Neue Beweise für die alte These, daß es um die vorrevolutionäre Zeit nicht so schlecht bestellt war? Festzuhalten bleibt aber auch (und zwar als wichtigstes Kennzeichen), daß Adel und Klerus unverhältnismäßig viel Land besaßen, die große Masse der Bauern aber unverhältnismäßig wenig.

Der Adel hatte zwar seit dem Mittelalter einige Rechte verloren, war aber immer noch ein bevorrechtigter Stand. Vor allem brauchte er keine Steuern zu bezahlen. Er hatte

Anspruch auf die höchsten Ämter in Staat, Kirche und Armee. Da er kein Gewerbe treiben durfte, war er auf die Abgaben der Bauern oder auf die Renten des Königs angewiesen. Obwohl alle Adeligen diese Privilegien genießen konnten, machten sie keinen homogenen Stand aus. Neben dem Schwert- oder Geburtsadel (*noblesse d'épée*) gab es den Amtsadel (*noblesse de robe*), der seit ein oder zwei Jahrhunderten durch Ämterkauf entstanden und weniger angesehen war.

Am königlichen Hof in Versailles residierte nur der Schwertadel. Er teilte mit dem König dessen verschwenderisches Leben. Wenig von der Versailler Pracht hatten die Adeligen auf dem Lande. Sie lebten von den Feudalabgaben ihrer Bauern und waren am Ende des 18. Jahrhunderts fast zu einer adeligen »Plebs« abgesunken. Neidvoll blickten sie auf den Hofadel und das gewerbetreibende Bürgertum.

Der Klerus hatte sein Schicksal eng an das des Adels geknüpft. Bei der Vergabe der höchsten Kirchenämter spielten Eignung oder Berufung seit langem nur noch eine untergeordnete Rolle. Die etwa 10 000 Kleriker, die diese Ämter innehatten, waren durchweg adelig.

Sozial viel niedriger gestellt und auch viel weniger wohlhabend waren die einfachen Pfarrer. Diese schätzungsweise 50 000 Personen waren nicht nur für die Ausübung des Kirchendienstes zuständig, sondern auch für das Unterrichtswesen sowie die Armen und Krankenpflege. Sie waren nichtadelig und lebten von einem dürftigen Einkommen, das z. B. den tausendsten Anteil dessen ausmachte, was dem Bischof von Straßburg zur Verfügung stand. Dieser niedere Klerus hatte sich ebenfalls zu einer Art Plebs seines Standes entwickelt. Er kannte und teilte die Nöte und Meinungen des Volkes.

Die größten sozialen Unterschiede barg der Dritte Stand in sich. An dessen Spitze behauptete sich die große Geschäftsbourgeoisie, deren Vertreter von den Profiten ihrer Unternehmungen oder Geldgeschäfte lebten. Sie führten, je

nach Region und Branche, bisweilen ein ähnlich verschwenderisches Leben wie die Aristokratie.

Das vornehmlich in den Hafenstädten wie Marseille oder
Bordeaux beheimatete Handelsbürgertum konnte ebenfalls
vom Orient- bzw. Überseehandel (unter Einschluß des Ver-
kaufs von Sklaven) gut leben. Seine Angehörigen investier-
ten die erwirtschafteten Gewinne in die ersten modernen
Fabriken (etwa bei der Metallverarbeitung in Lothringen)
oder (wie erwähnt) in den Kauf von Ländereien.

Eine ganz andere Gruppe des Dritten Standes bildeten
die freiberuflich arbeitenden Gerichts- und Finanzbeamten
(Anwälte, Notare) und Ärzte. Zu ihnen gehörten auch die
Journalisten und Schriftsteller, die besonders in Paris in großer Zahl lebten. Die Vertreter dieser Gruppe waren zumeist
hochgebildet, registrierten wachen Geistes und kritisch die
Entwicklungen in Gesellschaft und Staat. Aus ihren Reihen
gingen viele Wortführer der Revolution hervor.

Zum Dritten Stand gehörten weiterhin das Kleinbürger-
tum (Ladenbesitzer, Handwerker), Lohnempfänger mit und
ohne feste Stellung (Dienstboten, Laufburschen) und in den
großen Städten, wie etwa den Pariser Faubourgs Saint-Antoine und Saint-Marcel, auch die Tagelöhner.

Die Bauern waren in der Hauptsache Pächter. Sie konnten also die Erträge des Bodens selbst nutzen, mußten aber
an den Grundherrn dafür Abgaben zahlen, wie den Grund-
zins (*cens*) und das Sterbegeld (*rachat*), eine erneute Abgabe
bei Besitzwechsel infolge eines Sterbefalls. Allerdings hatten
die Grundherren eine ganze Reihe feudaler Rechte gegenüber den Bauern behalten können. Dazu gehörten das
Brücken- und Wegegeld (*redevance*), der Mahl-, Back- und
Kelterzwang, d. h. die Pflicht, die Mühle, den Backofen und
die Kelter des Herrn zu benutzen und Gebühren dafür zu
zahlen (ein grundherrliches Monopol namens *banalité*),
darüber hinaus gab es das grundherrliche Recht, auf den
Feldern des Bauern zu jagen (*droit de chasse*) und auf dem
Besitz des Bauern Taubenschläge zu halten (*droit de fui*).

Gerade weil die Bauern auf dem Boden weitgehend selbständig wirtschafteten, stießen sie sich besonders an den Überresten aus der mittelalterlichen Zeit. Egal, ob ihre Herren adelig oder bürgerlich waren – die Bauern begriffen deren Rechte nur noch als Schikanen. Was die Wildschweine, die man noch nicht einmal verjagen, und die Tauben, die man nicht abschießen durfte, auf den bäuerlichen Feldern regelmäßig anrichteten, kann man sich leicht vorstellen. Übrigens wurden solche Rechte gegen Ende der alten Gesellschaft wieder verstärkt oder gar erst neu in Anspruch genommen. Wenn die Bauern dagegen angingen, war das kein Kampf gegen eine verschleierte Kapitalisierung der Gesellschaft, sondern vielmehr der Versuch, auf dem Lande frei leben und arbeiten zu können.

Zu den Abgaben an den Grundherrn kamen noch die Steuern, die der König erheben ließ. Das staatliche Steuersystem war insgesamt gesehen außerordentlich undurchsichtig. Klar war nur, daß die ersten beiden Stände weitgehend befreit waren. Der Klerus gab dem Staat nur freiwillige Zuwendungen (*dons gratuits*) und erhielt dafür den Zehnten (*dîme*). So lag die Hauptlast bei den Bauern, die als einzige soziale Gruppe keine Befreiung von Abgaben erreicht hatten. Ihnen blieb nur die Möglichkeit, sich ärmer zu stellen als sie waren, um Steuern zu sparen. Der Steuereintreiber war die bestgehaßte Person; er hatte sich ein Steueramt vom König überschreiben lassen und trieb mehr als nur die Steuern ein, um selbst leben zu können.

Es bestand dann nicht etwa eine direkte Steuer, die bei Bedarf erhöht wurde, sondern es wurden immer neue Arten der Besteuerung erfunden, wenn der Staat Geld brauchte, wie die *taille* (Leibsteuer), die *capitation* (Kopfsteuer), die *corvée* (Frondienststeuer) oder der *vingtième* (Zwanzigste). Dazu gab es noch indirekte Steuern, wie etwa die besonders verhaßte *gabelle* (Salzsteuer) oder die *aides* (Verbrauchssteuern auf Wein und andere Alkoholika).

Zusammengefaßt kann gesagt werden: In Frankreich gab es vor der Revolution eine kleine Kaste von Privilegierten. Sie bestand aus dem alten Blut- und dem neuen Geldadel und übte die Macht auf dem Lande aus. Die herkömmliche ständische Gliederung verdeckte nur noch notdürftig, daß sich innerhalb des Dritten Standes bürgerliche und bäuerliche Interessen zu trennen begannen und innerhalb des ersten Standes der hohe Klerus und die Landpfarrer nicht mehr eine Sprache sprachen. Die alte Ständeordnung wurde durch einen neuen Gegensatz von Arm und Reich gekreuzt. Diese Durchkreuzung mußte auch nicht automatisch zu einer Revolution führen. Sie ließ aber eine brisante Situation entstehen, der zumindest durch eine umfassende Steuerreform zu begegnen gewesen wäre.

Das politische System

Frankreich war das Land, in dem sich die Herrschaftsform des Absolutismus am reinsten ausgebildet hatte. »Absolutismus« ist ein Kunstbegriff der Geschichtswissenschaft und bezeichnet eine Königsherrschaft, die nicht durch Gesetze oder Institutionen begrenzt ist (*rex legibus absolutus*). Die Zeitgenossen sprachen in diesem Zusammenhang von »Despotismus«.

Die theoretische Begründung der absoluten Monarchie war das Gottesgnadentum. Mit dem göttlichen Recht hatte noch Jacques Bossuet den Absolutismus gerechtfertigt. Er lehrte, der König habe als Stellvertreter Gottes auf Erden teil an Gottes unfehlbarer Erkenntnis und Autorität. Bossuet, der in seiner Rechtfertigung monarchischer Herrschaft an die mittelalterliche Staatstheorie anknüpfte, brachte den Absolutismus auf die Formel: ein König, ein Glaube, ein Gesetz.

Der Absolutismus hatte sich in Frankreich im 17. Jahrhundert seit Ludwig XIV. (reg. 1661–1715) durchgesetzt.

Doch in der Praxis war auch die Herrschaft der französischen Könige nicht ganz unbegrenzt. Sie mußten sich an das salische Erbfolgerecht halten und die Vormacht der gallikanischen Kirche anerkennen. Aber immerhin waren die Monarchen, und das ist das wichtigste Kennzeichen des Absolutismus, von einem ständischen Kontrollorgan befreit, nachdem die Generalstände seit 1614 nicht mehr einberufen worden waren. Allerdings gab es in Frankreich noch die sogenannten »Zwischengewalten«, Ständevertretungen auf Provinzebene. Am Vorabend der Revolution hatten noch 7 von 34 Provinzen solche Vertretungen. Ferner mußten die Gesetze von den *parléments* registriert werden, eine Maßnahme, aus der man mehr als einen administrativen Akt machen konnte. Die *parléments* waren Gerichtshöfe, die für den Teil des Landes, in dem sie sich befanden, zuständig waren. Deren Mitglieder stammten zumeist aus dem Adel, hatten das Richteramt geerbt und konnten nicht abgesetzt werden. Vom Standpunkt des Königs und seiner Getreuen aus konnte man auch in Frankreich noch von einem unvollendeten Absolutismus sprechen.

Im 18. Jahrhundert geriet der französische Absolutismus unter Ludwig XVI., er regierte von 1774 bis 1792, in eine Krise. Es zeigte sich, daß der Adel nicht vollends entmachtet war und daß mit dem Bürgertum eine neue Schicht aufstieg, die nach politischem Einfluß verlangte. Der Absolutismus ist vor allem von Friedrich Engels als politischer Ausdruck eines historisch vorübergehenden gesellschaftlichen Gleichgewichts zwischen Adel und Bürgertum gedeutet worden: Der Adel kann nicht mehr, das Bürgertum kann noch nicht über die wirtschaftliche und politische Macht im Staate verfügen. In dieser Situation vermag der Staat den Anschein zu erwecken, über den gesellschaftlichen Kräften zu stehen, und der Herrscher absolute Macht auszuüben.

Was immer man von dieser Interpretation halten mag, so steht doch folgendes fest: Absolutistische Herrschaft mußte sich auf das gewagte Spiel einlassen, zwischen den Privilegierten und dem Bürgertum ständig zu lavieren. Dafür waren starke Herrscherpersönlichkeiten nötig. Ludwig XVI. gehörte ganz und gar nicht zu ihnen: Er war keine königliche Erscheinung, sondern klein, dick, schüchtern, gutmütig und willensschwach sowie zielstrebiger Beeinflussung leicht ergeben.

Skandale, wie die Halsbandaffäre des Jahres 1786, sorgten dafür, daß der Ruf des Königtums weiter sank. Eine Schwindlerin hatte dem Fürstbischof von Straßburg mit gefälschten Briefen weisgemacht, daß die Königin Marie Antoinette für ein Diamanthalsband ihm nicht nur politisch entgegenkommen werde, sondern auch zu einem Rendezvous bereit sei. Der Fürstbischof verbürgte sich für die Bezahlung des Halsbands, übergab es der Schwindlerin, die es jedoch behielt. Der Betrug wurde aufgedeckt, als die Juweliere die versprochenen Geldzahlungen nicht erhielten. Der Fürstbischof wurde verhaftet, aber vom _parlément_ freigesprochen. Die Affäre zeigte, daß es nicht strafbar war, die Königin, eine Tochter der Kaiserin Maria Theresia, für eine Hure zu halten.

So vermochte die französische Monarchie im letzten Drittel des 18. Jahrhunderts dem hohen theoretischen Anspruch des Gottesgnadentums nicht mehr gerecht zu werden. Der Staat, in dem der König der Theorie nach der Inhaber aller Macht war und als Stellvertreter Gottes losgelöst von den Gesetzen regierte, war durch Willkür und nicht durch Ordnung gekennzeichnet, auf dem Gebiet der Finanzpolitik ebenso wie im Rechtswesen.

Was die Rechtsprechung verhaßt machte, war nicht etwa eine praktizierte Standesjustiz zugunsten der Privilegierten, sondern die fehlende Sicherheit gegen königliche Rechtseingriffe. Mit einer _lettre de cachet_ (einem schriftlichen Haftbefehl) konnte jeder einzelne Fall durch den König den Gerichten entzogen werden. Solche Briefe stellten allerdings nicht nur ein Mittel staatlicher Repression dar, sie wurden

Ludwig XVI. und Marie Antoinette
Zeitgenössischer Kupferstich

auch vielfach von Untertanen erbeten, um sich unliebsamer Personen zu entledigen.

Zum Handeln gezwungen wurde die königliche Regierung, als sich herausstellte, daß Frankreich auf einen Bankrott zusteuerte. Doch nicht die Verschwendungssucht des Versailler Hofes hatte den Staat in finanzielle Schwierigkeiten gebracht, sondern der verlorengegangene Siebenjährige Krieg (1756–1763) und das erfolgreiche Engagement im amerikanischen Unabhängigkeitskrieg. Von den jährlichen Ausgaben des Staates mußten ungefähr 50 Prozent für die Verzinsung der Schulden, 25 Prozent für den Unterhalt des Militärs, 19 Prozent für die Zivilverwaltung und 6 Prozent für die königliche Hofhaltung ausgegeben werden.

Prinzipiell hatte der Staat in dieser Situation zwei Möglichkeiten, zu Geld zu kommen. Man konnte die ständischen Privilegien abschaffen, indem man die Ausgaben für die adeligen Pensionen kürzte und den Adel an den Steuern beteiligte. Diesen Plan verfolgten Robert Jacques Baron de Turgot, 1774–1776 Generalkontrolleur der Finanzen, und Charles Alexandre de Calonne, der dieses Amt 1783–1787 innehatte. Turgot wurde entlassen, nachdem das *Parlément de Paris* seine Gesetze abgelehnt und er sich zudem gegen die französische Beteiligung am amerikanischen Unabhängigkeitskrieg ausgesprochen hatte. Calonne erhielt seinen Abschied, als eine vom König einberufene Notabelnversammlung sich seinen Reformvorschlägen widersetzt hatte.

Zwischen beiden Ministern, die mit ihren Reformen die absolute Macht des Königs gestärkt hätten, war mit Jacques Necker 1776–1781 ein Vertreter des zweiten Weges im Amt. Er wollte die Staatsausgaben durch Anleihen decken, die er vom besitzenden Bürgertum erwartete. Dazu mußte man freilich den Geldgebern politische Konzessionen machen. Neckers Politik lief also auf eine Beschränkung der Königsmacht hinaus. Als ersten Schritt dazu verstand er die Veröffentlichung eines Rechenschaftsberichts (*Compte rendu*) über die Finanzen. Obwohl der 1781 erschienene Bericht die wirkliche Lage verschleierte, wurde er zu einem vielgelesenen Zeitdokument. Nicht der Inhalt, sondern das Prinzip, daß der Staat überhaupt Rechenschaft gab, interessierte die Menschen. Auch Necker trat für die Beendigung der französischen Kriegsbeteiligung ein und wurde deshalb entlassen.

In dieser Situation zeigte sich die ganze Funktionsunfähigkeit des politischen Systems Absolutismus. Der Staat mußte sich auf eine Seite, die der Privilegierten oder die des Bürgertums, stellen. Was doch eigentlich zum Prinzip des Absolutismus gehörte, konnte dagegen nicht weiter geschehen: das Lavieren zwischen beiden Gruppen. Ludwig XVI. entschied sich jedoch nicht für einen klaren Kurs, stellte zudem das außenpolitische Ziel in den Vordergrund, sich für die Niederlage im Siebenjährigen Krieg an England zu entschädigen, und löste damit den Staatsbankrott aus.

Bauernunruhen

Im Laufe des 18. Jahrhunderts kam es in Frankreich, wie in anderen Ländern auch, immer wieder zu Bauernunruhen. Diese liefen in einer typischen Form ab, die sich aus der bäuerlichen Lebensweise und Mentalität ergab.

Das bäuerliche Leben war von einem natürlichen Rhythmus her bestimmt. Die Bauern standen auf, wenn es hell wurde, und gingen abends bei Sonnenuntergang zu Bett. Die Tagesarbeit unterlag (etwa bei der Viehhaltung) einer Ordnung, die sich jeden Morgen erneuerte. Auch die saisonal bedingten Feldarbeiten standen jedes Jahr wieder in derselben Form an. Änderungen kamen in diese zyklische Welt der Arbeit nur in Form von Katastrophen, wie Unwetter oder Dürre, und auch diese waren naturbedingt.

Der einzelne Bauernhof bildete prinzipiell eine autarke Wirtschaftseinheit. Im bäuerlichen Haushalt wurden alle unerläßlichen Dinge selbst hergestellt. Überleben war das Lebensziel. Die Ernteerträge mußten bis zum nächsten Jahr reichen. Es gab keine Vorratswirtschaft und keinen Überfluß, der verkauft wurde. Das Leben entwickelte sich langsam und gemächlich; Neuerungen wurden im wesentlichen abgewehrt. Aus sich selbst heraus hatte dieses fast statische Wirtschaftssystem selten die Kraft zu Veränderungen. Kurz: die Bauern gehörten nicht zu den Schichten, die eine grundlegende Umgestaltung der Gesellschaft anstrebten.

Ein gutes Beispiel für die französischen Landunruhen des 18. Jahrhunderts war der sogenannte Mehlkrieg im April und Mai 1775. Er war keineswegs die letzte bäuerliche Protestbewegung vor dem Ausbruch der Revolution; aber doch so weit von ihr entfernt, daß sich die neue revolutionäre Haltung noch nicht zeigte. Insofern kann er als ein klassisches Beispiel für einen Teuerungsaufstand in vorrevolutionärer Zeit gelten.

Der Ausgangspunkt der Unruhen war wie fast immer im 18. Jahrhundert eine Mißernte, was bei der geschilderten bäuerlichen Wirtschaftsweise nicht verwunderlich sein kann. Nach der Mißernte von 1774 erschöpften sich im Frühjahr 1775 die Vorräte wieder einmal auf den Märkten. Die Preise für Getreide, Mehl und Brot stiegen in die Höhe. Damit erhielten Kaufleute und Spekulanten ihre Chance. In einem Dorf nördlich von Paris (der Name tut nichts zur Sache, weil es im Prinzip jedes Dorf sein konnte) besetzten daraufhin Bewohner den Markt und zwangen die Händler, den Weizen zu einem »gerechten und vernünftigen« Preis zu verkaufen. Es ging um die Durchsetzung einer inoffiziellen Preiskontrolle durch kollektive Aktion (*taxation populaire*). Der Funke sprang auf andere Dörfer über; weitere Aktionen folgten entlang der Nachrichtenwege, wie z. B. der Flüsse, bis sie schließlich mehrere Provinzen umfaßten. Diese Unruhen waren ein echter, weitgehend spontaner Ausdruck allgemeiner Besorgnis über steigende Lebensmittelpreise. Es handelte sich bei ihnen keineswegs um eine von einem Zentrum ausgelöste Erhebung, sondern um eine Reihe von kleineren Unternehmungen.

Wie sich bei den Verhafteten zeigte, waren die Aktiven bekannte Einheimische, kaum ziehendes Volk, nicht einmal junge Leute und kaum Vorbestrafte. Die Aufrührer richteten ihren Protest auf eine ganz bestimmte Personengruppe: den Gutsbesitzer, den wohlhabenden Bauern, den Kornhändler, den Müller, den Bäcker. Sie dachten nicht entfernt daran, die Regierung, den König oder die alte Ordnung insgesamt zu stürzen. Sie dachten auch nicht daran, durch politische Aktionen langfristige Abhilfe zu schaffen. Sie wollten ihr gutes Recht erzwingen und erreichten auch meist kurzfristig ihr Ziel. Die örtlichen Magistrate fanden sich unter dem Druck bereit, die Preise herabzusetzen. Einige Zeit später stiegen diese jedoch wieder an, und bei der nächsten Mißernte stand man vor demselben Problem. In diesen Unruhen war kein Moment von Fortschritt enthalten. Sie standen nicht am Anfang der Französischen Revolution.

Die Revolte der Aristokraten

Die Vorphase der Revolution ging von den Privilegierten der ersten beiden Stände aus, wurde aber auch vom Dritten Stand unterstützt. Insofern war die Revolte der Aristokraten das Vorspiel zur bürgerlichen Revolution. Die Revolte brach offen aus, als die zum 22. Februar 1787 einberufene Notabelnversammlung nach der Ablehnung der Reformvorschläge Calonnes von dessen Nachfolger Loménie de Brienne am 25. Mai 1787 aufgelöst wurde. Freilich war es schon ein Akt der Kapitulation gewesen, diese Versammlung überhaupt einzuberufen. Sie bestand aus 144 vom König ausgewählten Personen, hauptsächlich Mitgliedern des Hochadels, denen zugemutet wurde, den Verzicht des Adels auf einen Teil seiner Privilegien auszusprechen. Daß dies mißlang, war eigentlich vorherzusehen.

Auf den Widerstand der Notabeln folgte der Widerstand der *parléments*. Im Laufe des Jahres 1787 widersetzten diese sich neuen Gesetzen, die in das traditionelle Steuersystem eingriffen. Als der Justizminister Charles François Lamoignon daraufhin am 8. Mai 1788 ein Gesetz vorlegte, das die Kompetenzen der *parléments* verminderte, brachen in Dijon und Toulouse Aufstände aus; in der Dauphiné steigerte sich die Unruhe zu einem echten revolutionären Vorspiel. Das *parlément* von Grenoble protestierte gegen die Verord-

nungen vom 8. Mai, wurde beurlaubt und kam am 20. Mai
trotzdem wieder zusammen. Am 21. Juli 1788 fand im
Schloß von Vizille vor den Toren Grenobles eine Provin-
zialversammlung aller drei Stände statt. Sie forderte die
Wiedereinsetzung der *parléments* und die Einberufung der
Provinzialstände.

Das Erwachen des Dritten Standes

Zeitgenössische Radierung

Die beiden Hauptforderungen waren in dieser Phase also
die Wiedereinberufung von Ständeversammlungen und eine
Aufwertung der *parléments*. Die Generalstände sollten wie
zuletzt im Jahre 1614 als drei Vertretungskörperschaften gegenüber dem König zusammenkommen. Die *parléments*
wollte man dahingehend aufgewertet wissen, daß die Regi-

strierung der Gesetze nicht mehr als ein formaler Akt, sondern als Bestätigung der Rechtmäßigkeit dieser Gesetze galt. Beide Forderungen liefen also auf das Ziel hinaus, die Königsgewalt wieder der alten Kontrolle durch ständische Einrichtungen zu unterwerfen. Es ging um die Wiederherstellung vorabsolutistischer Zustände. Insofern handelte es sich noch nicht um eine Revolution in dem definierten modernen Sinne.

Mit der Einberufung der Generalstände versuchten König und Minister nun, eine neue Grundsteuer mit Hilfe des Dritten Standes gegen die Privilegierten durchzusetzen, wollten dann aber die Ständevertretung wieder auflösen. Das eine, die Steuer, ließen sich die Privilegierten nicht gefallen, das andere, die Auflösung, der Dritte Stand nicht. So kam es zu einem Bündnis von im Grunde entgegengesetzten Interessen, das zwar stark genug war, den Absolutismus zu stürzen, aber zu heterogen, um eine neue Gesellschaft aufzubauen.

Ursachendiskussion

Es ist eine Binsenweisheit, daß sich komplexe politische Phänomene, wie die Französische Revolution, nicht auf eine Ursache zurückführen lassen. Doch sollte die Ablehnung monokausaler Erklärungen nicht als Alibi benutzt werden, sich einer Stellungnahme ganz zu entziehen. In Frankreich führten unzufriedene Massen, eine ökonomisch erstarkte bürgerliche Klasse mit politisch versierten Wortführern und die Zwangslage eines bankrotten Staates zu einer revolutionären Situation, in der der König und seine Berater durch halbherzige und widersprüchliche Reformen die Chance zur evolutionären Veränderung von Staat und Gesellschaft verspielten.

Lange Zeit hat ein Grundthema die Diskussion der Revolutionsursachen bestimmt: der Aufstieg des Bürgertums. Es gehört auch zu den immer wiederholten, doch deshalb noch

nicht zutreffenden Stereotypen, daß in Deutschland keine
Revolution ausbrach, weil dort das Bürgertum im Unterschied zu Frankreich zu schwach gewesen sei. Offenkundig
ist es jedoch ein Fehler anzunehmen, daß Revolutionen von
zielbewußten Bewegungen gemacht werden. Auch der hi-
storische Materialismus geht trotz der Betonung ökonomi-
scher Voraussetzungen davon aus, daß das Erscheinen einer
selbstbewußten, organisierten Klasse für eine erfolgreiche
revolutionäre Umwälzung notwendig ist. Die Logik der
Konflikte im vorrevolutionären Frankreich unterlag aber
nie der Kontrolle einer Klasse oder parteiähnlichen Grup-
pierung, auch wenn eine solche sich später im revolutionären Prozeß in den Mittelpunkt stellte. Die Konflikte zeitig-
ten Folgen, die vorher nicht beabsichtigt worden waren. In
der Vorgeschichte der Revolution war keine revolutionäre
Regie vorhanden.

Was die Bedeutung der Volksmassen für die Revolution
betrifft, so wird oft von einem Modell ausgegangen, das
man »Vehikeltheorie« nennen könnte. Bauernunruhen und
städtische Unruhen waren ein wichtiger Bestandteil der als
bürgerlich zu bezeichnenden Französischen Revolution. Sie
waren sozusagen ein Vehikel für die Durchsetzung bürgerlicher Interessen. Es ist auch nicht zu übersehen, daß sich
die bäuerlichen Ziele in der Französischen Revolution nicht
wesentlich von denen früherer Aufstände unterschieden.

Die Bauern (und dasselbe gilt für die städtischen Unterschichten) nahmen an der Revolution teil, ohne zu den radikalen Visionen einer neuen Gesellschaft zu stehen. Statt
dessen kämpften sie wie immer für handfeste Ziele – Ziele,
die sich aus ihrer lokalen Situation ergaben. Sie übten aber
damit Druck auf die Abgeordneten aus und zwangen diese
im Laufe der Revolution, je nach politischem Standort mehr
oder weniger, auf sie einzugehen. Es ist also auch eine irrige
Vorstellung anzunehmen, traditionelle Volksunruhen müßten sich in ihrem Charakter ändern, damit es zu einer Revolution kommt.

Innerhalb des ganzen Ursachenbündels sind also unruhige Massen und revolutionsbereite Bürger zwar notwendige Voraussetzungen der Revolution, aber nicht hinreichend für sie. Von entscheidender Bedeutung waren vielmehr der Zustand des Staatsapparates und die internationale Situation, in der er Frankreich zu vertreten hatte. Die revolutionäre Krise brach aus, als sich die Unfähigkeit des alten Regimes zeigte, die sich aus der internationalen Situation ergebenden Herausforderungen zu meistern. Im Wettbewerb mit England hatte Frankreich im 18. Jahrhundert militärische Niederlagen einstecken müssen. Das Land hatte früher fast ganz Europa beherrscht und trat nun in einer dynamischen internationalen Entwicklung immer mehr in den Schatten der Handelsmacht England. Frankreich entschied sich dafür, im amerikanischen Unabhängigkeitskrieg den Wettbewerb mit England um die Führungsrolle fortzusetzen, auch um den Preis des finanziellen Zusammenbruchs. Um die Wichtigkeit dieses Faktors zu verstehen, muß man sich den absolutistischen Staat von einer kleinen Privilegiertenschicht regiert vorstellen, die ihre eigenen Interessen über die der Bevölkerung setzte. Dazu brauchte sie Instanzen, die die Eintreibung der Steuern und die Rekrutierung von Soldaten gewährleisteten. War diese Kontrollfunktion nicht mehr gegeben, dann konnte sich der Staatsapparat auch nicht mehr gegen rebellierende Untertanen zur Wehr setzen.

Wenn es also stimmt, daß Revolutionen nicht mit gesetzmäßiger Notwendigkeit ausbrechen, so stimmt es doch auch, daß diese Revolution in Frankreich ausbrechen mußte, angesichts des Zustandes der sozialökonomischen Verhältnisse und der Unfähigkeit des absolutistischen Staates zu Reformen.

2
Die Aufklärung

Was ist Aufklärung?

Wenn auch die Aufklärung nicht direkt zu den Ursachen der Französischen Revolution zu rechnen ist, so trugen die Philosophen doch wesentlich dazu bei, die ideologischen Stützen der alten Gesellschaft zu untergraben. Aufklärung ist nach der berühmt gewordenen, 1783 von Immanuel Kant gegebenen Definition der Ausgang des Menschen aus seiner Unmündigkeit – einer Unmündigkeit, die selbst verschuldet sei, weil der Mensch sich seines Verstandes nicht ohne die Leitung eines anderen bedient habe. Durch den Gebrauch der Vernunft, so Kant weiter in seiner Antwort auf eine Frage der *Berlinischen Monatsschrift*, werde der Mensch auch die Freiheit des Handelns erreichen. Aufklärung wird also als ein Werkzeug zur Befreiung des Menschen verstanden.

Wenn wir uns der Aufklärung von einer anderen Seite als der rationalen nähern, dann tritt uns das Symbol des Sonnenaufgangs entgegen. Künstler der Zeit verwendeten als allgemeines Symbol der Aufklärung die Sonne, die mit ihrem Licht die Nacht des Aberglaubens vertreibt, die Nebel der Ungewißheit auflöst und eine klare Erkenntnis von der Beschaffenheit der Welt ermöglicht. Nicht von ungefähr lautet die französische Bezeichnung für Aufklärung *»Les Lumières«*.

Als Epochenbezeichnung der Geschichte meint Aufklärung eine gesamteuropäische Bewegung des 17. und 18. Jahrhunderts, die alle Lebensbereiche beeinflußte. Sie hatte im 17. Jahrhundert ihren ersten Schwerpunkt in England und erlebte ihren Höhepunkt in der zweiten Hälfte des 18. Jahrhunderts in Frankreich. Als Aufruf, sich seines

»Sie (die Sonne) läßt das Licht nach der Finsternis wiederkehren«.
Allegorische Darstellung der Aufklärung

Radierung 1747

eigenen Verstandes zu bedienen, richtet sich Aufklärung jedoch an alle Menschen zu allen Zeiten.

Den Weg, den die Aufklärungsphilosophie im 17. und 18. Jahrhundert durchlief, hat Denis Diderot am 3. April 1771 in einem Privatbrief an die Fürstin Daschkov mit einfachen Worten zusammengefaßt. Er erklärte seiner Briefpartnerin, daß die Vernunft während des gesamten Aufklärungszeitalters ihre Einflußsphäre beständig erweitert habe. Von der Kritik der Religion sei man zur Kritik der Gesellschaft fortgeschritten und habe dabei keinen Bereich von der freien und vorurteilslosen Untersuchung ausgenommen.

Der Kantschen Definition von Aufklärung, der Diderotschen Beschreibung ihres Weges und der Sonnenmetapher lagen noch eine ungebrochen optimistische Einstellung zur Rationalität zugrunde, die heute als problematisch erscheint. Immer deutlicher wurden im 20. Jahrhundert auch die negativen Seiten der Aufklärung, und es tritt zutage, was die Vernunft in ihrem Siegeszug alles umgangen oder sogar zerstört hat.

Das Konzept der Aufklärung galt nur bedingt für beide Hälften der Menschheit. Zwar wollten einige, wie der Franzose Antoine Nicolas Marquis de Condorcet sowie die Deutschen Theodor Gottlieb von Hippel und Jakob Mauvillon, die Menschen- und Bürgerrechte auch auf die Frauen ausgedehnt wissen, zwar forderten Frauenrechtlerinnen wie Olympe de Gouges und Mary Wollstonecraft vehement die Gleichberechtigung des weiblichen Geschlechts, aber in der Realität setzte sich ein anderes Konzept durch: Weiblichkeit wurde mit Emotionalität, Männlichkeit mit Rationalität gleichgesetzt. In der Folge davon wurde den Männern die Welt der bezahlten Arbeit, den Frauen aber wurden Kinder, Küche, Kirche zugewiesen.

Zweitens beschränkte sich das Konzept der Aufklärung auf den europäischen Kontinent. In den letzten 200 Jahren hat sich gezeigt, daß sich die von den Aufklärern bis hin zu

Marx entwickelte Prognose, die Welt würde zu einer einzigen Gemeinschaft zusammenwachsen, nicht bewahrheitet hat. Der Abstand zwischen der sogenannten ersten Welt und den Entwicklungsländern ist größer geworden. Die in der Südsee und später in den Kolonien ankommenden Europäer veränderten mit ihren Wertvorstellungen die Wirtschafts- und Sozialordnung der Eingeborenen tiefgreifend. Gleichzeitig verhinderten sie erfolgreich den Aufbau einheimischer Industrien in Übersee. Während die Europäer dieses zwei Jahrhunderte übergreifende Geschehen als eine Geschichte zunehmender persönlicher Freiheit und wachsenden Wohlstands erfuhren, war der Aufstieg des europäischen Wirtschaftssystems in Übersee mit der wohl größten Zwangsemigration der Weltgeschichte verbunden: Millionen und Abermillionen von Afrikanern wurden über den Atlantik in die Sklaverei geführt.

Drittens hat eine lange Serie von Katastrophen unser Mißtrauen immer wieder genährt, ob die Wissenschaftler, die den Menschen Aufklärung und Fortschritt verkünden, das Heft eigentlich noch in der Hand behalten. Die schlimmsten Katastrophen setzten allerdings erst im 19. Jahrhundert ein. Vom Zusammenbruch der Eisenbahnbrücke am Tay 1879 über den Untergang der Titanic 1912 bis hin zu Tschernobyl 1986 wird die Geschichte der Technisierung von einer Geschichte der Technikschocks begleitet. Mit jedem Unglück wurde der aufklärerische Glaube an die Naturbeherrschung und Welteroberung durch den Menschen erschüttert – wenigstens für ein paar Jahre.

Die Ausgrenzung der Frauen und der dritten Welt aus dem Konzept der Aufklärung sowie die immer wiederkehrenden Rückschläge können nicht dadurch überwunden werden, daß der Aufklärungsprozeß energischer und zielstrebiger fortgesetzt wird.

Die Kritik an der Aufklärung, wie etwa in den Büchern von Norbert Elias (*Über den Prozeß der Zivilisation*) sowie von Max Horkheimer und Theodor W. Adorno (*Dialektik der Aufklärung*), greift tiefer. Die Entwicklung der neueren Geschichte ist für Elias kein Weg zur Verbesserung der Menschen. Die Verhöflichung der mittelalterlichen Krieger, die Pazifizierung der Gefühle seien Prozesse gewesen, die den Menschen nicht veredelten, sondern nur veränderten. Zwischenmenschliche Konflikte seien rationalisiert worden und hätten nicht abgenommen, sondern seien von außen nach innen verlagert worden. Die unmittelbaren Ängste der Menschen hätten sich in vermittelte oder verinnerlichte Ängste verwandelt, aus direkten Aggressionen seien indirekte geworden.

Horkheimer und Adorno vertreten die These, daß die ideelle und praktische Tendenz zur Selbstvernichtung von Anfang an der Rationalität zugehöre. Sie begreifen den Rückfall der Menschheit in die faschistische Barbarei nicht als Gegensatz zur Aufklärung, sondern als deren andere Seite. Das Programm der Aufklärung sei die Entzauberung der Welt; der Verstand gebiete über die entzauberte Natur wie der Diktator über die Menschen.

Von solchen selbstkritischen Tönen waren die Schriften der Aufklärer, mit Ausnahme Jean-Jacques Rousseaus, weit entfernt. Für sie ging es darum, eine ideologische Auseinandersetzung mit dem »göttlichen Recht« zu gewinnen, die seit René Descartes die Philosophie beherrscht hatte.

Der Kampf der Aufklärungsphilosophie gegen das Gottesgnadentum gipfelte in der Durchsetzung der Naturrechtslehre. Es wurde, schlicht gesagt, die Vernunft an die Stelle Gottes und die Wissenschaft an die Stelle der Bibel gesetzt. Nicht mehr die göttliche Offenbarung, von der Kirche verwaltet, hatte alle Fragen nach dem Leben, nach der rechten Ordnung des Staates und nach der Beschaffenheit der Natur zu beantworten, sondern der menschliche Verstand. Bevor das Ancien régime in der Revolution gestürzt wurde, hatte die Aufklärungsphilosophie in Frankreich die Herrschaft über die Köpfe errungen.

Man kann die Philosophie des 18. Jahrhunderts unter verschiedenen Aspekten behandeln. Hier geht es um die Wirkungen, die die Philosophen auf die Veränderung der Gesellschaft ausübten. Unter diesem Gesichtspunkt traten besonders Charles Baron de Montesquieu als Theoretiker der Gewaltenteilung, François Marie Arouet, genannt Voltaire, als Vorkämpfer des Rechtsstaates, Rousseau als Vertreter einer direkten Demokratie und Morelly als Vorläufer kommunistischen Denkens hervor.

Freilich hat es nicht an Versuchen gefehlt, den Absolutismus mit dem siegreich im Vormarsch befindlichen Naturrecht zu verbinden. Die Staatstheorie von Thomas Hobbes, verfaßt im 17. Jahrhundert angesichts der englischen Revolution, war ein solcher Versuch gewesen, die neue revolutionäre Philosophie zur Stabilisierung alter Herrschaftsverhältnisse anzuwenden. Hobbes ging in seiner lateinisch verfaßten Schrift *Leviathan* (1651) davon aus, daß die menschlichen Triebe der Selbsterhaltung und Machtgier zu einem Krieg aller gegen alle führen würden, wenn die Menschen nicht freiwillig ihre Macht auf einen Souverän delegieren. Dieser müsse absolute Gewalt in der Gesetzgebung und Rechtsprechung haben und weder durch Gewaltenteilung noch Gesetze eingeschränkt sein. An dieser naturrechtlichen Begründung des Absolutismus rieben sich die französischen Philosophen des 18. Jahrhunderts.

Im allgemeinen verband sich die französische Aufklärung dieser Zeit mit den Interessen des Dritten Standes. Sowie sich jedoch in diesem verschiedene Schichten regten, so offenbarten sich in den Hauptströmungen dieser modernen Philosophie Bedürfnisse und Ziele verschiedener Teile des Dritten Standes.

Montesquieus Hauptwerk *Vom Geist der Gesetze* erschien 1748. Die Fortschrittlichkeit Montesquieus lag in der von ihm angewandten Methode, die Gesetze nicht aus gött-

lichen Geboten abzuleiten, wie man es vor der Aufklärung
getan hatte, sondern aus der Erfahrung. Jedes Volk habe
seine eigene Individualität, sagt Montesquieu. Die nationalen Unterschiede seien aus den natürlichen Bedingungen zu
erklären, die in den betreffenden Ländern herrschen, z. B.
dem Klima oder der Geographie. Dabei formuliert er zwar
auch viele Klischees, doch wichtiger sind die Folgen dieses
Ansatzes für die Gesetzgeber. Ihnen macht es Montesquieu
zur Pflicht, die Gesetze dem speziellen Charakter des Landes anzupassen. Er versuchte also nicht, eine vollkommene
Regierungsform zu finden.

Montesquieu war darüber hinaus der Meinung, es sei ein
ganz ungewöhnlicher Zufall, wenn die Gesetze einer Nation für eine andere Nation ebenfalls geeignet wären. Die
neue revolutionäre Geisteshaltung zeigte sich ferner darin,
daß er prinzipiell das Gesetz über den jeweiligen Souverän
stellte. Die Senatoren in einer Republik, der König und
seine Beamten in einer Monarchie seien nur Räder im Ge-
setzesmechanismus. Ihre Tätigkeit könne sich nur in den
durch das Gesetz gegebenen Formen (»im Namen des Gesetzes«) entfalten.

Als im Jahre 1789 in Frankreich die Revolution ausbrach,
waren Montesquieu, Voltaire und Rousseau längst tot, aber
ihre Ideen lebten weiter. Nun jedoch genügte Montesquieus
Relativismus in Sachen Staatsform nicht mehr. Es ging
jetzt ganz konkret um die Frage, wie ein Gesetz zustande
komme. Dabei übernahm man von Montesquieu einen Gedanken, den er unter anderen auch geäußert hatte: Wenn ein
Staat sich als Ziel die Freiheit der Bürger gesetzt habe, dann
dürfen gesetzgebende und ausübende Gewalt nicht in einer
Hand liegen.

Mit dieser Idee wirkte Montesquieu vor allem auf diejenigen Bürger, die kein vollständiges Ende der alten Gesellschaft wollten, weil sie schon mit einem Bein in ihr standen:
Sei es, daß sie sich mit ihrem Geld Ämter gekauft, sei es,
daß sie sich durch Heirat die Verwandtschaft der Adeligen

›eingehandelt‹ hatten. Ihnen bot Montesquieus Werk den vorteilhaften Kompromiß an, den König zu behalten, aber ein wenig mehr Ordnung in das Gewirr der rechtlichen Einrichtungen zu bringen und vor allem die Macht zwischen den alten und den neuen Eliten zu teilen. Montesquieu gilt ein wenig zu Unrecht als Theoretiker der Gewaltenteilung, denn was er formulierte, war keine Funktionsteilung der Gewalten (wie wir sie heute haben), sondern die reale Teilung der Macht zwischen verschiedenen Schichten der Gesellschaft: dem König die Exekutive, der Aristokratie das Oberhaus, dem Bürgertum das Unterhaus. Kurz: In der Französischen Revolution wurde Montesquieu zum Ideengeber von Anhängern der konstitutionellen Monarchie.

Voltaire hat kein Hauptwerk verfaßt. Er formulierte seine Gedanken in systematisch angelegten Untersuchungen, durch polemische Eingriffe in spektakuläre Streitfälle der Zeit, wie den Kriminalprozeß des Montbailli, in einem umfangreichen Briefwechsel, u. a. mit Friedrich II. von Preußen und Katharina II. von Rußland, sowie in literarischen Schriften. Sein Denken kreiste ständig um die Idee eines bürgerlichen Rechtsstaates.

Es gibt nach Voltaire eine allgemeine Vorstellung von dem, was recht oder unrecht ist. Diese Vorstellung ist unabhängig von allen Gesetzen, Verträgen, unabhängig auch von der Religion. Voltaire geht von einem allgemeingültigen Wertmaßstab aus, an dem sich auch die Gesetze messen lassen müssen. Montesquieu hätte das nie gesagt. Um zu ermitteln, was recht ist, braucht der Mensch nach Voltaire nur auf die Stimme seines Gewissens zu hören.

Individuelle Empörung ist für ihn der Ausdruck eines höheren und allgemeinen Rechtsbewußtseins. Von dieser Position aus beobachtete er alles und unterwarf alles wie ein Richter seiner Kritik. Mit leidenschaftlicher Vernunft zog er gegen jede Ungerechtigkeit zu Felde, vor allem aber gegen die Kirche. Wenn Montesquieu die Politiker lehrte, welche Maßnahmen der Gesetzgeber ergreifen müsse, um die Freiheit der Bürger zu sichern, dann lehrte Voltaire die Bürger, welche Haltung gegenüber dem Gesetzgeber einzunehmen sei. Es ist ein Glück, frei zu sein von Vorurteilen, das war seine Botschaft.

Doch Voltaires Revolte gegen die Herrschaft der Unvernunft blieb destruktiv. Er zeigte nicht, was an die Stelle der Unvernunft konkret gesetzt werden sollte, außer der Vernunft. Die Herrschaft der aufgeklärten Menschen – das aber war in der Revolution zu wenig, und zwar nicht irgendwann, sondern genau in dem Moment, als das einfache Volk auf Mitbestimmung drängte. Es werde immer Gescheite und Einfältige geben, lehrte Voltaire – und: Die große Masse bedürfe der Führung. Das aufgeklärte Denken müsse stufenweise hinabsteigen, aber dem niederen Volk werde es immer fremd bleiben. Hier genüge das Beispiel der Höhergestellten. So dachte Voltaire; mit anderen Worten: Er verteidigte die bürgerliche Gesellschaft nicht nur vor willkürlichen Eingriffen des Staatsapparates, sondern auch vor der Einmischung der »*Canaille*«, wie er das gemeine Volk nannte. So wurde er während der Revolution zum Ideengeber der Handelsbourgeoisie und ihrer politischen Fraktion, der Girondisten.

Rousseaus Philosophie bildete in der zukunftsorientierten und technikbesessenen Welt des 18. Jahrhunderts eine große Ausnahme. Bereits in seiner ersten Schrift *Abhandlung über die Wissenschaften und Künste* zeichnete er 1750 ein negatives Bild der modernen Gesellschaft, die durch Wissenschaft und Künste verdorben worden sei. Diese ganz und gar unerwartete Antwort auf eine Preisfrage machte ihn mit einem Schlage berühmt und zum Gewährsmann einer modischen »Zurück-zur-Natur-Bewegung«.

In seinem zweiten *Discours* entwickelte Rousseau im Jahre 1754 weitere gesellschaftskritische Ansätze. So sah er beispielsweise im Eigentum die Ursache der Ungleichheit unter den Menschen und in den Gesetzen nur einen Schutz ungerechter Besitzverhältnisse. Er folgerte daraus

aber nicht die Abschaffung des Eigentums, sondern dessen
gleichmäßige Verteilung – eine Idee, die man heute als »Sozialbindung des Eigentums« bezeichnet.

1762 schließlich stellte er in der Schrift *Der Gesellschaftsvertrag* (*Contrat social*) eine politische Utopie vom Zusammenleben der Menschen vor. Das Ziel des Zusammenlebens
sei es, die Herrschaft unter den Menschen nicht abzuschaffen, sondern so gerecht wie möglich zu organisieren. Zu
diesem Zweck solle sich jeder Mensch dem allgemeinen
Willen (der *volonté générale*) unterordnen, einer Grundhaltung, die in jedem angelegt sei und zu der man erzogen werden könne.

Obwohl er selbst seine Utopie bloß in kleinen Staaten für
anwendbar hielt und für die großen Nationen nur den resignierenden Vorschlag übrig hatte, den Verfallsprozeß so gut
wie möglich zu verlangsamen, wurde Rousseau in der Französischen Revolution zum Ideengeber des demokratischen
Kleinbürgertums und seiner politischen Vertretung, der Jakobiner.

Diese interessierten sich für die von ihm entwickelten
Elemente der direkten Demokratie. Rousseau wollte nämlich auf die Gewaltenteilung verzichten und auch die Richter durch das Volk wählen lassen. Er entwickelte ein handfestes Mißtrauen gegenüber den gewählten Abgeordneten.
Am liebsten hätte er auch das Volk zur Verabschiedung der
Gesetze auf den Marktplätzen zusammenkommen lassen.
Da das nicht ging, wollte er den Volksvertretern nur wenig
Diäten geben, sie nicht zur direkten Wiederwahl zulassen
und die Möglichkeit einräumen, sie während der Legislaturperiode abzuwählen, wenn sie nicht mehr die Interessen ihrer Wähler vertraten. Das läuft auf eine Form von Demokratie hinaus, die es heute, da die Abgeordneten nur ihrem
Gewissen verantwortlich sind, noch nicht gibt.

Was Rousseau nicht auszudenken wagte, daß nämlich
die Aufhebung des Privateigentums nötig wird, wenn das
Eigentum als Ursache der Ungleichheit erkannt worden

ist, wurde in der utopisch-kommunistischen Strömung der französischen Aufklärung ausgesprochen. Deren konsequentester Vertreter war Morelly, ein Mann, über dessen Leben wir nur sehr wenig wissen. Im Jahre 1754 erschien anonym sein Hauptwerk *Code de la Nature* (Grundgesetz der Natur). Er führte darin aus, daß nichts in der Gesellschaft jemandem als Eigentum gehören solle, außer den Sachen, die er wirklich brauche. Alle Güter müßten in öffentlichen Vorratshäusern gespeichert und dort allen Bürgern nach ihren Bedürfnissen ausgeliefert werden. Ferner forderte Morelly, daß jeder Bürger auf Staatskosten unterhalten und beschäftigt und die Ehescheidung im Zusammenleben der Geschlechter als eine ganz normale Angelegenheit eingeführt werden solle.

In den Schriften Morellys spiegelten sich die Interessen der nichtbürgerlichen Schichten des Dritten Standes. In der Revolution wurde er zum Ideengeber von François-Noël Babeuf und seiner Verschwörung für die Gleichheit.

Institutionen der Aufklärung

Die Aufklärung hätte sich im 18. Jahrhundert nicht so weit durchsetzen können und nicht so umfassend alle Lebensbereiche ergriffen, wenn sie nur auf philosophische Traktate beschränkt geblieben wäre. Großen Einfluß auf ihre Breitenwirkung übten verschiedene Institutionen aus, in denen Menschen selbst tätig werden oder mit deren Hilfe sie selbst denken lernen konnten. Dazu gehörten die Lesegesellschaften, das Vereinswesen überhaupt, die literarischen Salons und die Kaffeehäuser.

Zunächst jedoch ist die *Encyclopédie* zu erwähnen, das berühmte Aufklärungslexikon. Das vielbändige Werk wurde von einer Gesellschaft von Literaten verfaßt, von Denis Diderot und Jean-Baptiste d'Alembert herausgegeben und erschien erstmals zwischen 1751 und 1772. Mehrfach verboten, aber auch bald in mehrere andere Sprachen übersetzt, wurde es zum gebräuchlichsten Lexikon für die europäische Bildungswelt des 18. Jahrhunderts. Verpackt zwischen vielen Bildtafeln und Artikeln über Technik, Handwerk und Gewerbe standen die geisteswissenschaftlichen Artikel, die die modernen Ideen vertraten und Sprengstoff enthielten, um mehr als ein Ancien régime zu unterminieren.

Die Entstehung von Lesegesellschaften war eine gesamteuropäische Entwicklung in der zweiten Hälfte des 18. Jahrhunderts. Alle Lesezirkel hatten das gemeinsame Ziel, Aufklärung und Bildung zu verbreiten, auch unter denjenigen Menschen, die es sich nicht leisten konnten, neue Literatur zu kaufen. Die meisten boten gesellige Zusammenkünfte an, bei denen über das Gelesene diskutiert wurde. In den bedeutenderen Lesegesellschaften nahm die literarische Diskussion oft politische Ausmaße an und trug damit zur öffentlichen Meinungsbildung bei. Auch wurden die inneren Angelegenheiten oft durch Abstimmung geregelt; so etwa der Bücherkauf, die Aufnahme neuer Mitglieder oder die Zulassung von Besuchern. Dort konnte man demokratische Verhaltensweisen einüben, noch bevor es die Demokratie im Großen gab. So haben die Lesegesellschaften nicht unerheblich zur Verbreitung der Aufklärungsliteratur beigetragen. In ihrer Organisation drückte sich der Wunsch nach freier Selbsttätigkeit der Menschen aus, der ja nach Kant das Besondere jeder Aufklärung ist.

Das Vereinswesen erlebte mit der Durchsetzung der bürgerlichen Gesellschaft seinen Aufstieg. Als Verein gilt ein freier organisatorischer Zusammenschluß von Personen, um selbstgesetzte Zwecke zu verfolgen. Als solche freien Zusammenschlüsse spielten die Vereine im Übergang von der Ständegesellschaft zur Klassengesellschaft eine wichtige Rolle. Im 18. Jahrhundert war die Bildung von Vereinen ausdrücklich gegen das Prinzip der Ständeordnung gerichtet, in der man nur mit seinesgleichen verkehrte. Vereine er-

streckten sich auf praktisch alle Bereiche des gesellschaftlichen Lebens: Es gab Ackerbaugesellschaften, Vereine zur
Förderung der Industrie und wissenschaftliche Akademien,
um nur einige Typen zu nennen. In solchen Gründungen
spielten sich entscheidende Basisprozesse der Aufklärung
ab: In ihrem Wunsch, tätig zu werden und öffentliche Aufgaben zu übernehmen, drängten Menschen in Bereiche vor,
die bisher von Staat und Kirche wahrgenommen wurden.

Eine ähnlich übergreifende Funktion übten in dieser Zeit
die literarischen Salons aus. In ihnen begegneten sich Adelige und Bürger mit den Gebildeten auf gleichem Fuße.
Während in der höfischen Gesellschaft der Fürst seine Feste
feierte und als Förderer seine Künstler um sich versammelte, traf man sich in der entstehenden bürgerlichen Gesellschaft in den Salons. Sie wurden meistens von Frauen
geleitet und entwickelten sich zu Umschlagplätzen des
freien, unabhängigen Diskurses. Im Salon war der Geist
nicht länger der Dienstleistung für einen Mäzen unterworfen. Die »Meinung« befreite sich von den Bindungen wirt-
schaftlicher Abhängigkeit. In Paris wurden die Salons immer wieder zu Keimzellen neuer literarischer, wissenschaft-
licher und politischer Gedanken.

In der Zeit, als sich der Kaffee als ein neues Getränk in
Europa durchsetzte, war sein Genuß kein privates, sondern
ein öffentliches Ereignis. Er wurde nicht zu Hause, sondern
in Kaffeehäusern getrunken. Die Besucher waren in erster
Linie Geschäftsleute und ihre Kunden sowie Schriftsteller
und Journalisten. Auch die Kaffeehäuser wurden am Ende
des 18. Jahrhunderts zu Zentren der Kommunikation. Damit spielten sie eine wichtige Rolle im Prozeß der Erset-
zung des Fürstenhofes als Meinungszentrum durch die bürgerliche Öffentlichkeit. In dem berühmtesten Pariser Kaf-
feehaus der Zeit, dem »Procope« (in der heutigen Rue de
L'Ancienne Comédie), trafen sich im letzten Jahrzehnt des
18. Jahrhunderts die Revolutionsanhänger. Aber auch am
Palais Royal, im »Café de Foix« und im »Du Caveau«,

konnte man von morgens bis abends debattierende Politiker antreffen.

Ohne diese Emanzipationsprozesse, die dem Aufklärungszeitalter zu danken sind und die dem Bürgertum noch jenseits der großen Politik Gelegenheit gaben, in der Gesellschaft tätig zu werden, hätte auch die Revolution, so steht zu vermuten, nicht diese Breitenwirkung entfalten können.

Formen der Öffentlichkeit

Die traditionellen Formen der höfischen Öffentlichkeit waren durch eine bürgerliche Öffentlichkeit abgelöst worden. In der höfischen Gesellschaft hatte für die Herrschaft die Notwendigkeit bestanden, sich vor den Untertanen zu präsentieren. Der Grundbesitzer zeigte sich den Bauern als Verkörperung einer höheren Gewalt. Der Geistliche zelebrierte das kirchliche Ritual vor den versammelten Gläubigen. Selbst der König mußte sich anscheinend immer wieder seinen Untertanen zur Schau stellen. Die Entfaltung dieser Formen von höfischer Öffentlichkeit war an Attribute der Person geknüpft: an Insignien, Habitus, Gestus und Rhetorik.

Die bürgerliche Öffentlichkeit konstituierte sich dagegen als ein freier Zusammenschluß von aufgeklärten Personen gegenüber der Herrschaft. Außer den schon genannten Institutionen wären noch Theater, Konzerte und Museen zu nennen. Im Theater eroberten sich die Gebildeten das Parterre als eigenen Raum gegenüber dem Adel, der auf den Rängen saß. Während der Revolution verwischten sich immer wieder die Unterschiede zwischen Realität und Fiktion: Die Politik wurde zum Schauspiel, wenn man den Debatten in den Klubs und der Volksvertretung zuhörte, und das traditionelle Schauspiel politisiert. So machten Royalisten Schillers Jugendstück *Die Räuber*, das seit dem 10. März

1792 im Pariser Théâtre du Marais unter dem Titel *Robert, chef des brigands* zur Aufführung kam, für die Hinrichtung des französischen Königs mitverantwortlich.

Die Musik blieb bis zum Ende des 18. Jahrhunderts weitgehend zum Gebrauch bei Gottesdiensten und höfischen Festen bestimmt. Dann wurde auch sie zweckfrei aufgeführt, und ein Publikum versammelte sich im Konzertsaal, um sie gegen ein Entgelt zu hören. Mit den ersten öffentlichen Ausstellungen von Kunstwerken wurden diese ebenfalls in den Bereich allgemeiner Erörterung gezogen. Die königlichen Kunstsammlungen des Louvre konnte die Öffentlichkeit erstmals besichtigen, nachdem das Schloß zum Museum umgewidmet worden war und am Jahrestag des Tuilerien-Sturms, dem 10. August 1793, eröffnet wurde.

Freilich mußten die aufgeklärten Bürger auch einen Preis dafür zahlen, daß sie in ihrem Diskurs den Absolutismus aushöhlten und den Staat schwächten: Sie leisteten der Emanzipation einer plebejischen Öffentlichkeit Vorschub. Die Zügellosigkeit der Menge brachte wenig Schriftliches hervor, sondern artikulierte sich in anderen Formen. Sie stand in der Tradition der Anonymität (etwa bei vermummten Karnevalsumzügen), in der Tradition des Gegentheaters (etwa bei der symbolischen Verbrennung von Puppen) und in der Tradition der direkten Aktion. Sie war nicht auf Dauer organisiert, sondern handelte, wenn es nötig erschien, mußte sofort Erfolg haben und verschwunden sein, bevor die Ordnungshüter auftraten.

Diese Formen, in denen sich plebejische Öffentlichkeit äußerte, waren politisch widersprüchlich, d. h., sie konnten altes Brauchtum gegen Neuerungen verteidigen, sie konnten sich gegen Aufklärer richten, aber auch korrupte Beamte treffen. So wurde am 22. Juli 1789 ein Mitarbeiter des Kriegsministers an der Place de Grève, dem traditionellen Hinrichtungsort, von einer aufgebrachten Menge an einer Laterne aufgehängt, über der sich ein Bildnis Ludwigs XIV., des Sonnenkönigs, befand. Das war ein Akt voller Symbo-

lik, der Ausgangspunkt für das Gerede vom »Laternisieren«
und für das erste bedeutende Revolutionslied »*Ça ira*«.
Dessen Refrain lautete: »Die Aristokraten an die Laterne!«
Der bürgerlichen Öffentlichkeit entsprach in diesem Bereich eher das systematische Töten durch die Guillotine.

Bürgerliche und plebejische Öffentlichkeit entstanden
beide im Zuge der Aufklärung und wirkten, wenn auch
unterschiedlich, kräftig an der Unterminierung des Absolutismus mit. Bürgerliche Gruppen setzten der höfisch-ari-
stokratischen Lebensform immer entschiedener eigene Ge-
bots- und Verbotstafeln entgegen. Sie stellten die Arbeit
gegen den aristokratischen Müßiggang, die Natur gegen die
Etikette, die Pflege des Wissens gegen die Pflege der Um-
gangsformen und vor allem die Tugend gegen die höfische
Frivolität. Als der König schließlich selbst zur Disposition
stand, nannte die plebejische Öffentlichkeit ihn nur noch
despektierlich »*Monsieur Veto*«, nach dem aufschiebenden
Vetorecht, das ihm die Verfassung von 1791 zubilligte. Sie
war auch entschlossen, Ludwig nicht mehr als König von
Frankreich zu titulieren, brachte es aber nur bis zu Louis
Capet, die Herkunft von den Kapetingern in einen Nachna-
men umwandelnd. Für den adeligen Beichtvater blieb Ludwig selbstverständlich noch auf dem Schafott der König.

Doch den Kampf um die herrschenden Werte hatte die
bürgerliche Öffentlichkeit längst gewonnen, bevor auch
die politischen Verhältnisse in der Revolution umgewälzt
wurden.

3

Die ersten Jahre der Revolution

Die Einberufung der Generalstände

Am 5. Juli 1788 ließ der König verlauten, er stimme der Einberufung der Generalstände zu, am 8. August erneuerte er sein Versprechen und legte den Termin fest. Die Generalstände sollten eine neue Steuer beschließen und dann wieder aufgelöst werden. Wie sich herausstellte, gelang das auch nicht. Insofern markierte die königliche Zustimmung zur Einberufung, im nachhinein gesehen, das Ende der absolutistischen Regierungsform in Frankreich.

Die Einberufungsbriefe des Königs und die Wahlordnung für die Generalstände erschienen am 24. Januar 1789. Die Wahlordnung war kompliziert, aber höchst fortschrittlich. Klerus, Adel und Dritter Stand wählten ihre Vertreter getrennt. Die Adeligen konnten ihre wenigen Abgeordneten in den Bezirken direkt wählen. Beim Klerus konnte jedes Kloster nur einen Wahlmann in eine Wahlversammlung entsenden. Da nun für den Bischof und den armen Landpfarrer das gleiche Stimmrecht galt, wurde schließlich eine große Mehrheit des niederen Klerus gewählt. Auch im Dritten Stand hatte jeder männliche Franzose, der über 25 Jahre alt war, einen festen Wohnsitz hatte und in die Steuerliste eingetragen war, eine Stimme. Hier wurde, wie beim Klerus, indirekt gewählt: zunächst Delegierte, dann von diesen Wahlmänner, zuletzt von diesen der Abgeordnete. Die Delegierten bzw. Wahlmänner wählten natürlich fast ausschließlich Abgeordnete ihres Standes; aber da sie dazu nicht gezwungen waren, saßen schließlich auch Adelige und Geistliche, die sich für den Dritten Stand eingesetzt hatten (wie Graf Mirabeau und Abbé Sieyès), in der Versammlung dieses Standes. Das verhältnismäßig demokratische Wahlrecht war vom königlichen Ministerium mit Bedacht ausgewählt worden, um die Macht der Privilegierten zu brechen.

Die Tatsache, daß gewählt wurde, versetzte das ganze Land in Erregung. Es wurde von einer Flut von Broschüren überschüttet, in denen die Verfasser ihre Forderungen zur Reform der Gesellschaft formulierten. Hinzu kam, daß bei den Wahlen jede Wählerversammlung eine Liste von Beschwerden (*cahier de doléances*) aufsetzen konnte, die von den Abgeordneten nach Versailles mitgenommen wurde. Von dieser Möglichkeit wurde rege Gebrauch gemacht. Rund 60 000 solcher *cahiers* sind erhalten geblieben. Sie geben ein deutlicheres Bild über die Wünsche der Franzosen, als es zu irgendeinem anderen Zeitpunkt der Revolution sichtbar ist. Jedoch ist der Quellenwert dieser Beschwerdehefte bis heute umstritten, so daß sich die Debatte um die Gesamteinschätzung der Revolution bis in den Streit um die Einschätzung von Dokumenten hinein verlängert. Da die einfachen Leute nicht schreiben konnten, mußte ihnen jemand die Feder geführt haben, vielleicht der Pfarrer, der Lehrer, der Jurist oder der Kaufmann. Sie alle werden sich die in der Versammlung vorgebrachten Beschwerden notiert und dann zu Hause eine Reinschrift hergestellt haben. Milderten sie dabei eine allzu heftige Ausdrucksweise? Brachten sie die Beschwerden in eine andere (vielleicht logische) Reihenfolge? Fügten sie Beschwerden hinzu, die ihnen wichtig waren? Auch gab es Muster, die findige Intellektuelle aufgestellt hatten und an die sich der weniger geübte Abschreiber halten konnte. Kurz, der Streit um die Einschätzung dreht sich um die Frage: Geben die *cahiers* wirklich einen Eindruck von der Stimmung des Volkes, oder sind sie nicht doch durch das Interessenfilter der Schreibkundigen gegangen?

Den Inhalt der Beschwerdenhefte kann man recht genau zusammenfassen. Als Hauptforderungen treten immer wieder auf: die Vereinfachung des Steuersystems und die Kontrolle der Monarchie durch eine Körperschaft. Diese Forde-

rungen gehen einher mit einem oft rührenden Vertrauen in
den König und mit Wünschen nach Abschaffung lokaler
Mißstände. Die Monarchie als Staatsform wird mit keinem
Wort in Frage gestellt.

Nachdem man den Termin mehrfach verschoben hatte,
fand die Eröffnungssitzung der Generalstände am 5. Mai
1789 statt. An diesem Tag traten alle Abgeordneten in Versailles in einem Saal zusammen, um die Thronrede und den
Rechenschaftsbericht anzuhören. Die Abgeordneten saßen
streng nach Ständen getrennt. Der Adel erschien pompös
mit Federhut und Degen, der Klerus in seinem Ornat und
der Dritte Stand in einfachen schwarzen Kleidern. Die Sitzung endete mit einer allgemeinen Enttäuschung. In der
Ansprache des Königs war von den großen ungelösten politischen Problemen nicht die Rede. Anschließend gab es einen dreistündigen Bericht Neckers, der das Amt des Fi-
nanzministers seit dem 26. August 1788 als Nachfolger von
Brienne zum zweitenmal bekleidete. Auch Necker stellte
die Dinge so dar, als könne der König die Finanzlage ohne
die Generalstände meistern.

Die dreifache Revolution des Jahres 1789

Nach ihrem gemeinsamen Sieg über das absolutistische Königtum zerfiel das unnatürliche Bündnis zwischen den Privilegierten und dem Dritten Stand. Es war noch nicht einmal möglich, die Wahlprüfung in einer einzigen Versammlung aller Stände durchzuführen. Die Abgeordneten jeden
Standes begannen, in getrennten Sitzungen zu beraten. Vor
allem ging es nun um eine Frage, die nur vordergründig
technisch war, in Wirklichkeit aber den Aufbau der neuen
Gesellschaft betraf. Wie sollte in den Generalständen abgestimmt werden?

Dem Dritten Stand war schon am 27. Dezember 1788
eine Verdoppelung seiner Abgeordneten zugestanden wor-

den; etwa 600 Personen vertraten ihn nunmehr gegenüber je 300 der ersten beiden Stände. Die Privilegierten forderten Abstimmung wie früher, nämlich getrennt nach Ständen. Sie konnten sich ausrechnen, daß sie dann die Chance hatten, häufig Zwei-zu-eins-Mehrheiten zu erreichen, egal wie viele Abgeordnete den Dritten Stand repräsentierten. Dieser trat für ein ganz neues Prinzip ein, für eine Abstimmung nach Köpfen. Dieser Modus hätte ihm die Mehrheit gebracht, nicht nur wegen der Verdoppelung seiner Abgeordnetenzahl, sondern auch, weil man damit rechnen konnte, weitere Stimmen aus dem niederen Klerus zu bekommen. In der Argumentation der Abgeordneten des Dritten Standes zeigte sich, daß die Aufklärungsphilosophie bei ihnen auf einen fruchtbaren Boden gefallen war. Die Ideen der Volkssouveränität hatte Sieyès im Januar 1789 noch einmal in einer Schrift mit dem Titel *Was ist der Dritte Stand?* zusammengefaßt. Die Antwort auf diese Suggestivfrage lautete natürlich, daß er alles sei, obwohl er bisher nichts zu sagen habe. Sieyès forderte, die Generalstände in eine Nationalversammlung umzuwandeln, in der nach Köpfen abgestimmt wurde.

In dieser Grundfrage kam es zu keiner Übereinstimmung. Die Adelsversammlung lehnte die Abstimmung nach Köpfen mit 141 gegen 47 Stimmen ab. Auch der Klerus war gegen diesen Modus, allerdings mit dem knapperen Ergebnis von 133 gegen 114 Stimmen. So entschlossen sich die Abgeordneten des Dritten Standes, die sich inzwischen als Abgeordnete der Kommunen bezeichneten, am 17. Juni zu einem ersten wirklich revolutionären Akt: Auf Antrag von Sieyès erklärten sie sich, angesichts der Tatsache, daß sie wenigstens 96 Prozent der Bevölkerung repräsentierten, mit 490 gegen 90 Stimmen zur *Assemblée nationale* (Nationalversammlung). Gleichzeitig gaben sie ihrer Hoffnung Ausdruck, daß alle noch abwesenden Abgeordneten zu ihnen kommen würden.

In der Versammlung des Klerus wurde am 19. Juni mit knapper Mehrheit (149:137) für eine Vereinigung mit der Nationalversammlung gestimmt. Unter denjenigen, die dieser freiwillig beitraten, war auch Charles Maurice de Talleyrand-Périgord, der Bischof von Autun. Die Adelsversammlung protestierte gegen den Beschluß des ehemaligen Dritten Standes, sich zur Nationalversammlung zu erklären. Als deren Abgeordneten am Morgen des 20. Juni die Tür zu ihrem Versammlungssaal verschlossen fanden, zogen sie zum nahegelegenen *Jeu de Paume* (Ballhaus). Unter dem Vorsitz von Jean Sylvain Bailly leisteten sie dort in einer Welle großer Begeisterung mit einer Ausnahme den Schwur, sich niemals zu trennen und sich überall zu versammeln, wo die Umstände es erforderlich machten, bis die Verfassung errichtet sei. Am 23. Juni proklamierte die Versammlung die Immunität der Abgeordneten.

Das waren insofern revolutionäre Akte, als sie das Prinzip der Volkssouveränität durchsetzten, und zwar gegen die privilegierten Stände und das Königtum. Die Nationalversammlung übernahm die volle legislative Gewalt. Mit der Permanenzerklärung setzte sie sich über den königlichen Wunsch hinweg, die Versammlung so bald wie möglich wieder aufzulösen. Ende Juli zog der König die Konsequenz aus der Entwicklung und befahl der Adelsversammlung ebenfalls die Vereinigung mit der *Assemblée nationale*. Er wollte sich damit einen Einfluß auf die Nationalversammlung sichern. In Wirklichkeit war es eine Kapitulation vor der Entwicklung, die er nicht hatte verhindern können. Mit den großen pathetischen Erklärungen vom 17. und 20. Juni war die Revolution der Abgeordneten zu einem vorläufigen Ende gekommen.

Das Volk war bisher noch nicht in der politischen Arena erschienen. Sein Eingreifen wurde notwendig, um die Errungenschaften zu sichern. Das wichtigste Ereignis der Volksrevolution war der Sturm auf die Pariser Bastille am 14. Juli 1789.

Gefechtspause im Kampf um die Bastille
Gemälde von Jean-François Janinet, 1752–1814

Am 11. Juli war Necker, der populäre Reformminister des Königs, überraschend entlassen worden. Der König ließ fremde Truppen zusammenziehen. Drohte die Auflösung der Nationalversammlung? Paris geriet in Aufruhr. Der brodelnden Masse gab Camille Desmoulins, ein junger Advokat, im Palais Royal die Richtung, indem er zur Bewaffnung aufforderte. Auf der Suche nach Waffen zerstörte die Menge auch die Pariser Zollhäuser. Im Invalidenhaus erbeutete sie 32 000 Gewehre. Dann zog sie zur Bastille, einer Festung inmitten der Stadt. Ihr Kommandant Bernard René Jordan Marquis de Launay ließ zunächst auf die Angreifer schießen, entschied sich dann aber angesichts von fünf Kanonen zur Kapitulation. Er ließ die Zugbrücke herab, und das Volk konnte die Bastille stürmen. Es fand in ihrem Inneren sieben Gefangene, von denen zwei durch jahrelange Haft wahnsinnig geworden waren.

Die gesamte Volksaktion war über alle Maßen erfolgreich. Der König mußte Necker, der sich schon nach Brüssel abgesetzt hatte, zurückholen. Er versprach, die Truppen abzuziehen, und erkannte erstmals die Nationalversammlung als Autorität an, indem er die Abgeordneten bat, bei der Wiederherstellung der Ordnung behilflich zu sein. An diesem 14. Juli hatte die Pariser Bevölkerung erstmals in den revolutionären Prozeß eingegriffen. Sie tat es auf ihre Weise: Es ging um ganz handfeste Dinge. Schon einen Tag nach dem Sturm begann ohne jeden Auftrag, aber einem allgemeinen Bedürfnis folgend, die Demolierung der Bastille. Erst mit dem Entschluß, diese dem Erdboden gleichzumachen, wollte man eine symbolische Tat einleiten: die Beseitigung des Despotismus. Steine der Festung wurden unter Revolutionsanhängern zu einem beliebten Souvenir.

Mit dem Scheitern eines wohl nur halbherzig eingeleiteten Staatsstreichs und der Kapitulation des Königs vor der Nationalversammlung verband sich auch das erste revolutionäre Symbol: die Kokarde. Sie ist als Hutband in den Farben eines bestimmten Regiments militärischen Ur-

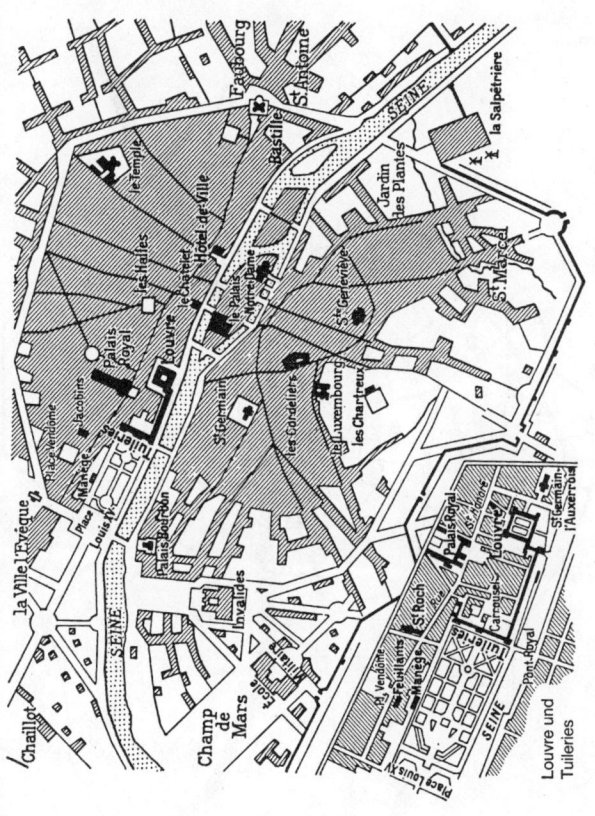

Plan des Stadtkerns von Paris zur Zeit der Revolution

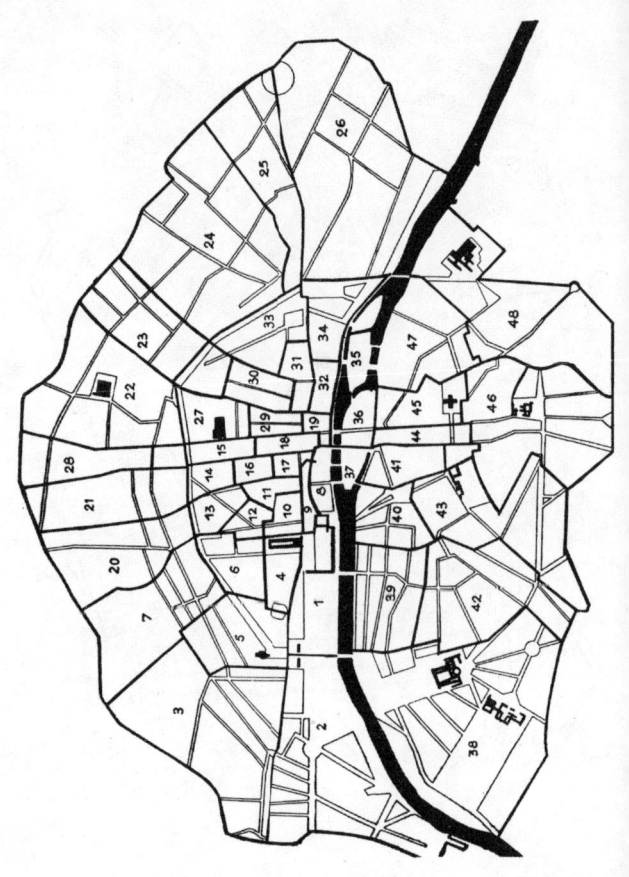

Die Pariser Sektionen von 1790–1795

Die Pariser Sektionen von 1790–1795

Die Namen von 1790/91 stehen an erster Stelle, spätere Namen in Klammern

1. Tuileries
2. Champs Élysées
3. Roule (République)
4. Palais Royal (Butte des Moulins, Montagne)
5. Place Vendôme (Piques)
6. Bibliothèque (1792. Lepeletier)
7. Grange Batelière (Mirabeau, Mont Blanc)
8. Louvre (Muséum)
9. Oratoire (Gardes Françaises)
10. Halle au Blé
11. Postes (Contrat Social)
12. Place Louis XIV (Mail. Guillaume Tell)
13. Fontaine Montmorency (Molèire et la Fontaine. Brutus)
14. Bonne Nouvelle
15. Ponceau (Amis de la Patrie)
16. Mauconseil (Bon Conseil)
17. Marchés des Innocents (Halles. Marchés)
18. Lombards
19. Arcis
20. Faubourg Montmartre (Fbg. Mont-Marat)
21. Poissonnière
22. Bondy
23. Temple
24. Popincourt
25. Montreuil
26. Quinze Vingts
27. Gravilliers
28. Faubourg Saint-Denis (Fbg. du Nord)
29. Beaubourg (Réunion)
30. Enfants Rouges (Marais, Homme Armé)
31. Roi de Sicile (Droits de l'Homme)
32. Hôtel de Ville (Maison Commune. Fidélité)
33. Place Royale (Fédérés. Indivisibilité)
34. Arsenal
35. Île Saint-Louis (Fraternité)
36. Notre Dame (Cité. Raison)
37. Henri IV (Pont Neuf. Révolutionnaire)
38. Invalides
39. Fontaine de Grenelle
40. Quatre Nations (Unité)
41. Théâtre Français (Marseille. Marat)
42. Croix Rouge (Bonnet Rouge. Bonnet de la Liberté. Ouest)
43. Luxembourg (Mutius Scaevola)
44. Thermes de Julien (Beaurepaire. Chalier. Régénérée. Thermes)
45. Sainte-Geneviève (Panthéon Français)
46. Observatoire
47. Jardin des Plantes
48. Gobelins (Lazowski. Finistère)

sprungs. Von politischer Bedeutung wurde sie im Juli 1789. König Ludwig XVI. soll damals als Ausdruck seiner angeblichen Revolutionsbejahung die blau-rote Kokarde der Pariser Bürgerwehr auf seine weiße Hutschleife gesteckt haben. Doch hat sich die blau-weiß-rote Kokarde schnell von dieser Bedeutung gelöst. Ein Gesetz vom 5. Juli 1792 schrieb schließlich ihr Tragen allen Menschen vor, die in Frankreich wohnten oder herumreisten, und erklärte es als Zeichen der Rebellion, eine andere Kokarde als die mit den drei Nationalfarben zu tragen.

Die Nachricht von den Pariser Vorgängen rief überall in den Städten mehr oder minder heftige lokale politische Umwälzungen hervor, die sich bis in den November 1789 hinzogen. Die Verwaltungen, die Polizei, die Justiz und die Lebensmittelbehörden wurden mit neuen Männern besetzt. In Paris wählte ein Ausschuß von Wahlmännern Bailly am 15. Juli zum Bürgermeister. Ein Gesetz vom 21. Mai 1790 setzte dann an Stelle des vorläufig gebildeten Gemeinderats einen Generalrat von 144 Abgeordneten ein, jeweils drei aus den ebenfalls neugebildeten 48 Sektionen der Stadt. Vor allem schuf diese »munizipale Revolution« mit den Nationalgarden die notwendigen Kräfte zur weiteren Verteidigung der Revolution. An die Spitze der Pariser Nationalgarde wurde Marie Joseph Marquis de Lafayette gewählt, der als Teilnehmer des amerikanischen Unabhängigkeitskrieges berühmt geworden war. Lafayette kam 1789 als Abgeordneter des Adels in die Generalstände, unterstützte dort aber den Dritten Stand.

Auf der anderen Seite begannen die ersten Aristokraten, Frankreich zu verlassen: Im Morgengrauen des 17. Juli emigrierte der Graf von Artois mit seinen Kindern und seinem Gefolge in die Niederlande; bald darauf setzte sich der Prinz von Condé mit seiner ganzen Familie ab.

In einigen Gegenden Frankreichs kam es nach dem 14. Juli zu Bauernunruhen. Bewaffnete Bauern stürmten Schlösser und Klöster und verbrannten in großen Freudenfeuern die alten Dokumente ihrer Abhängigkeit. Getrieben wurden sie von einer meist nicht begründeten Furcht vor einem aristokratischen Komplott. Viele waren aber auch unzufrieden über die Nationalversammlung, die nur an der Verfassung arbeitete.

Auch diese Aktionen waren erfolgreich, d. h., sie wirkten auf die Nationalversammlung zurück. In der Nacht vom 4./5. August 1789 beschlossen die entsetzten Abgeordneten die Ablösung der Feudalrechte. Ein adeliger oder bürgerlicher Grundbesitzer nach dem andern trat ans Rednerpult und verzichtete auf seine bisherigen Rechte gegenüber den Bauern. Aus ihren Wahlbezirken wußten sie, was diese dort mit den Schlössern gemacht hatten. Natürlich wurden die Reste des Feudalismus nicht dadurch allein beseitigt, daß die Bauern Archive stürmten und Dokumente verbrannten. Aber man kann auch davon ausgehen, daß sich die Abgeordneten durch die Bauernunruhen zu ihren angeblich freiwilligen Verzichtserklärungen gedrängt sahen. Allerdings wurden die Abgaben an den Grundherrn nicht ersatzlos gestrichen. Sie sollten vielmehr durch eine Geldzahlung abgelöst werden, die 20mal höher als die bisherige Jahresabgabe war. Als den Bauern klar geworden war, daß sie sich freikaufen mußten, kam es im Winter 1789/90 zu neuen Unruhen. In dieser Zeit entstand mit dem Freiheitsbaum ein zweites Revolutionssymbol.

Die ersten Freiheitsbäume hatte es im amerikanischen Unabhängigkeitskrieg gegeben. In Frankreich knüpften die Bauern jedoch an einheimische Traditionen an. Sie kannten seit langem die Dorflinde als Gerichtsort und als Mittelpunkt von Festen. Volksbrauch war auch die Errichtung von Maibäumen als Symbol für die neuerwachte Frühlingskraft. Aufständische französische Bauern errichteten also bis in den Februar 1790 Bäume, die wie Maibäume aussahen: eine geschälte Birke, Tanne oder Pappel, der man nur die Gipfeläste gelassen hatte. Sie wurde mit blau-weißroten Fähnchen und Bändern geschmückt.

Die Errichtung des Baums fand im allgemeinen nach zwei
symbolischen Zerstörungsakten statt: Zuerst holte man die
Wetterfahne vom Kirchturm, dann zerstörte man die Kir-
chenbänke (auf denen man in einer bestimmten Ordnung
sitzen mußte). An diesem Beispiel kann man sehen, daß die
Bauernunruhen eine eigene Dynamik hatten, in der symbolische Handlungen der Zerstörung und Erneuerung eine
viel größere Bedeutung erhielten als bei der Revolution der
Intellektuellen.

Immerhin wurden diese, den Aufstand versinnbildlichen-
den Maibäume als so gefährlich angesehen, daß die Behörden sich an die Spitze der Bewegung zu stellen versuchten.
Der erste offizielle Freiheitsbaum wurde angeblich im Mai
1790 errichtet, um die Einführung der neugewählten Muni-
zipalitäten zu feiern. Die Presse berichtete über das Ereignis

Pflanzung eines Freiheitsbaumes
Etienne Bericourt, undatiert

ausführlich, so daß es bald in ganz Frankreich nachgeahmt wurde. Im Jahre 1794 war dann aus der ursprünglich provokativen Baumpflanzung vollends ein offizieller Festakt geworden. Man begann mit Gesetzen die Errichtung von Freiheitsbäumen vorzuschreiben und Strafen für deren Beschädigung festzusetzen.

Die Sitte, Freiheitsbäume zu errichten, breitete sich – schon losgelöst von den bäuerlichen Ursprüngen – mit den französischen Truppen und Idealen auch über den ganzen Kontinent aus. Erst nach dem Staatsstreich Napoleons wurden die Freiheitsbäume von den Behörden stillschweigend beseitigt.

Obwohl die bürgerlichen Revolutionäre in der Nationalversammlung von den Stadt- und Landunruhen profitierten, schlugen sich in den Gesetzen dieser Jahre hauptsächlich bürgerliche Interessen nieder. Daraus kann jedoch nicht der Schluß gezogen werden (wie Furet es tut), daß das Stadtvolk und die Bauern die Revolution im Parlament eher gestört als ergänzt hätten. Furet ordnet die Aufstandsakte der städtischen und ländlichen Unterschichten in die Kategorie der traditionellen, vorindustriellen Revolten ein, die im wesentlichen rückwärtsgewandte Ziele verfolgten. Nur der Revolution im Parlament mißt er zukunftsweisende Bedeutung bei. Sie sei die eigentliche »bürgerliche« und die einzige, auf die Länge gesehen, erfolgreiche Revolution gewesen. Furet übersieht dabei, daß sich die parlamentarischen Erfolge nur durch den Druck von unten einstellten oder doch wenigstens haben sichern lassen. Das zeigte sich schon, wie erwähnt, bei der Ablösung der Feudalrechte. Auch beim Zug der Pariser Frauen nach Versailles, einer weiteren revolutionären Sternstunde von 1789, wird deutlich, daß sich die verschiedenen Aufstandsakte miteinander verbanden und dadurch erst revolutionäre Kraft gewannen.

Am 6. Oktober 1789 bewegte sich ein abenteuerlicher Zug von Versailles zurück nach Paris: Wagen mit Getreide und Mehl, von 6000 bis 7000 Frauen begleitet, dazu der Kö-

Zug der Pariser Frauen nach Versailles
Zeitgenössischer Stich

nig mit Familie in seiner Kutsche und einige hundert Abgeordnete, umringt von etwa 20 000 Mann der Pariser Nationalgarde. Die Frauen, die tags zuvor hauptsächlich aus dem Markthallenviertel aufgebrochen waren, stellten im Stile eines klassischen Teuerungsaufruhrs die Brotversorgung von Paris sicher. Sie brachten aber gleichzeitig König und Nationalversammlung nach Paris, wo sie nicht nur unter dem Schutz, sondern auch unter dem Druck der Massen leben bzw. verhandeln mußten. Die Abgeordneten tagten fortan im Manège, dem Reitsaal des königlichen Stadtschlosses. Der Zug nach Versailles sicherte die seit dem 14. Juli erreichten Revolutionsergebnisse und gebot der Gegenrevolution vorerst Halt.

In der Nationalversammlung gaben die Besitzenden den Ton an. Das zeigte schon die Ablösung der Feudalrechte durch Geld. Auch die sogenannte Zivilverfassung des Klerus, deren Kernstück am 12. Juli 1790 verabschiedet wurde, entstand aus demselben Geist. Diese beendete die politische Macht der Kirche und beschränkte die Rolle der Geistlichen auf die Seelsorge. Die kirchlichen Amtsträger wurden fortan wie andere Beamte gewählt und erhielten ein festes Gehalt. Das Kirchengut war schon am 2. November 1789 zum Nationalbesitz erklärt und den Kapitalkräftigen zum Kauf angeboten worden. Auch die Klöster wurden am 13. Februar 1790 aufgehoben. Alle Geistlichen, die ein öffentliches Amt bekleideten, mußten seit dem 27. November 1790 einen Treueid auf die neue revolutionäre Ordnung ablegen, was die Zustimmung zur Zivilverfassung einschloß. Diesen Eid leistete ungefähr die Hälfte des Pfarrklerus und eine kleine Minderheit der Bischöfe, wie etwa Talleyrand. Die eidverweigernden Priester wurden zu Kristallisationspunkten der Gegenrevolution.

Im Interesse des handeltreibenden Bürgertums war es ferner, daß am 31. Oktober 1790 die Binnenzölle und am 2. März 1791 die Zünfte abgeschafft wurden. Fast gleichzeitig, am 14. Juni 1791, verboten die Abgeordneten im Namen der Freiheit von Industrie und Handel das Streikrecht und die Koalitionsfreiheit (Gesetz *Le Chapelier*). Die Lohnarbeitenden gingen ebenso leer aus wie die Bauern und die nichtbesitzenden Schichten überhaupt. Mit diesen Gesetzen wurden die wesentlichen Voraussetzungen einer liberalen Wirtschaftsordnung hergestellt.

Das neue Steuersystem bestand aus drei direkten Abgaben: Am 23. November 1790 wurde eine Grundsteuer eingeführt; betroffen davon waren die Einkünfte aus Grund und Boden. Es folgte am 13. Januar 1791 eine Einkommensteuer (*contribution mobilière*); deren Höhe hing von dem

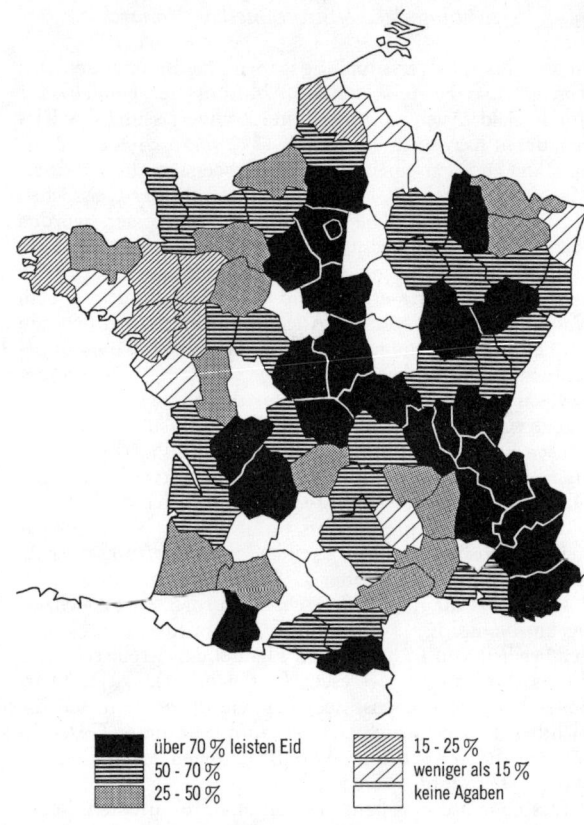

	über 70 % leisten Eid		15 - 25 %
	50 - 70 %		weniger als 15 %
	25 - 50 %		keine Agaben

Eidleistungen der Priester auf die
neue revolutionäre Ordnung, 1790/91

Mietwert der Wohnungen ab. Eine am 2. März 1791 beschlossene Gewerbesteuer bezog sich auf Einkünfte aus Handel und Industrie. Mit der Einziehung der Steuern wurden die Gemeinden beauftragt. Obwohl dieses einfache System so erfolgreich war, daß es in den wesentlichen Zügen das ganze 19. Jahrhundert hindurch bestehen blieb, dauerte es einige Zeit, bis es sich durchsetzen konnte. Unter der Landbevölkerung machte sich besonders gegen die Einkommensteuer Unzufriedenheit breit; es scheint, als hätte diese Abgabe das städtische Bürgertum nicht so stark belastet wie die Bauern.

Das Herzstück dieser ersten Revolutionsphase war die Verfassung vom 3. September 1791. Auch in ihr zeigt sich die Handschrift des besitzenden Bürgertums. Die Verfassung beruhte auf den Prinzipien der Gewaltenteilung und der Volkssouveränität. Man führte eine konstitutionelle Monarchie ein; d. h., die bisherige absolute Macht des Königs wurde durch eine Verfassung begrenzt. Man entschloß sich zu einem Einkammersystem und gab dem einen Parlament, der Konstituante, die gesetzgebende Gewalt. Es bestand aus 745 Abgeordneten, die für zwei Jahre gewählt wurden. Die unmittelbare Wiederwahl sollte nicht möglich sein. Ein Oberhaus wurde nicht eingerichtet, um einen maßgebenden Einfluß des Adels zu verhindern. Dem König blieb nur die exekutive Gewalt. Er konnte zwar seine Minister selbst ernennen, aber ihm unliebsame Gesetze nicht verhindern, sondern durch sein Veto nur eine Zeitlang aufschieben. Diese starke Stellung des Parlaments führte dazu, daß die namhaften Revolutionäre als Parlamentsredner bekannt und die Gesetze nach den Antragstellern bezeichnet wurden, während die Minister in den Annalen der Revolution nur eine untergeordnete Rolle spielten.

Um ihresgleichen den politischen Einfluß zu sichern, übernahmen die bürgerlichen Revolutionäre nicht das allgemeine Männerwahlrecht von 1789. Eingeführt wurde vielmehr ein Zensuswahlrecht. Alle Männer, die weniger als drei Tagelöhne (das sind 1,5 Livres) Steuern zahlten, waren als Passivbürger vom Wahlrecht ausgeschlossen. Gewählt wurde nach einem indirekten Verfahren durch Wahlmänner. Wahlmann konnte nur derjenige werden, der mehr als zehn Tagelöhne Steuern zahlte; Abgeordneter nur derjenige, der mehr als eine Mark Silber (90 Tagelöhne) Steuern zahlte.

Der Verfassung wurde eine Erklärung der Menschen- und Bürgerrechte vorangestellt. Diese war schon am 26. August 1789 verabschiedet worden. Nach diesem französischen Vorbild haben im 19. und 20. Jahrhundert fast alle europäischen Verfassungsurkunden (eine Ausnahme bildet die deutsche Reichsverfassung von 1871) einen Katalog von Rechten aufgenommen. Die Idee einer Rechteerklärung war in Frankreich schon vor dem Zusammentritt der Generalstände ausgesprochen worden. Entwürfe dazu finden sich in einigen *cahiers de doléances*, wie denen von Nemours und Paris. Das Vorbild stammt aus den Verfassungen der einzelnen amerikanischen Bundesstaaten, wie der *Virginia Bill of Rights* vom 12. Juni 1776. Am 11. Juli 1789 stellte Lafayette in der Nationalversammlung den Antrag, in Zusammenhang mit der Verfassung eine Rechteerklärung abzufassen. Insgesamt wurden dem Verfassungsausschuß rund 20 Entwürfe zugeleitet, aus denen dann die endgültige Fassung entstand.

Die französische Erklärung der Menschen- und Bürgerrechte von 1789 besteht aus einer Präambel und 17 Artikeln. Sie vereinigte zwei verschiedene Arten von Rechten: die demokratischen Rechte des Bürgers im Staat und die liberalen Rechte des Menschen gegenüber dem Staat. Unter den Bürgerrechten wurden genannt: Teilnahme an der Gesetzgebung, gleicher Zugang zu den Ämtern, Steuergleichheit, Steuerbewilligungsrecht, das Recht, von den Beamten Rechenschaft zu verlangen, und die Gewaltenteilung. Die Menschenrechte wurden in folgender Reihenfolge aufgezählt: Freiheit, Eigentum, Sicherheit und Widerstand gegen Unterdrückung. (Die Parole »Freiheit, Gleichheit, Brüder-

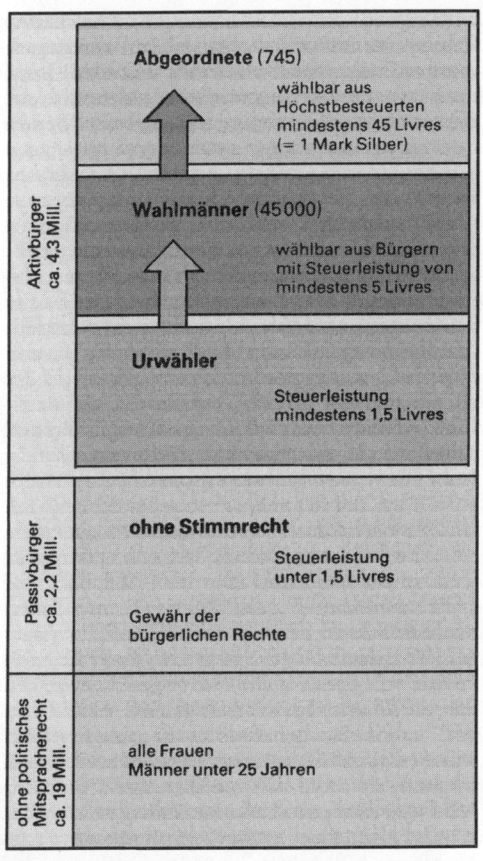

Das Zensuswahlrecht nach dem Wahlgesetz
vom 22. Dezember 1789

lichkeit« kommt in der Rechteerklärung nicht vor. Sie wurde erstmals 1790 bei den Feiern zum Jahrestag des Bastillesturms auf dem Pariser Marsfeld bekannt.) Im einzelnen hob die Rechteerklärung folgende Menschenrechte hervor: Rechtssicherheit, Meinungsfreiheit, Pressefreiheit und die Unverletzlichkeit des Eigentums. Im Vergleich der amerikanischen und französischen Erklärungen fällt auf, daß die französische die Rechtsgleichheit stärker betonte und für die Religionsfreiheit schwächere Formeln fand.

Der erste Artikel der Rechteerklärung begann mit den Worten: »Von ihrer Geburt an sind und bleiben die Menschen frei und an Rechten einander gleich.« In Anwendung dieses Grundsatzes wurden mit Gesetz vom 13. März 1790 alle Gefangenen des Ancien régime freigelassen, mit Ausnahme derjenigen, die als wahnsinnig galten. Letztere behandelte man jedoch seit 1793, als die Leitung des Pariser Irrenhauses Bicêtre erstmals einem Arzt (Philippe Pinel) anvertraut wurde, nicht mehr als Verbrecher, sondern als Kranke.

Dem Geist der Rechteerklärung entsprach es auch, den Gleichheitsgrundsatz auf die Juden auszudehnen. Am 28. September 1791 beschloß die Nationalversammlung die uneingeschränkte Gleichstellung der Juden. Das war eine weitere revolutionäre Tat, denn nirgendwo auf dem europäischen Kontinent waren die Juden den Christen bisher rechtlich gleichgesetzt.

Dennoch wird im Vergleich mit einigen späteren Rechteerklärungen deutlich, daß die französische von 1789 aus der gemäßigten bürgerlichen Revolutionsphase stammte. So fehlte in ihr z. B. das Recht auf Versammlungsfreiheit, und zwar deshalb, weil man dieses nicht wollte: Ein diesbezüglicher Entwurf des Grafen Mirabeau wurde nicht übernommen. Auch an die Sklaven dachte man damals noch nicht. Am 22. August 1791 reklamierten die Sklaven in der französischen Kolonie Haiti in einer Massenerhebung auch für die schwarze Bevölkerung die Einhaltung der Menschenrechte. Sie blieben ohne Erfolg. Zwar verkündete ein Gesetz vom 4. Februar 1794 offiziell die Abschaffung der Sklaverei, jedoch wurde es auch dann in den Kolonien noch nicht durchgesetzt.

Und schließlich war die Rechteerklärung von Männern verfaßt worden. Aus Enttäuschung über die Aufnahme der Rechteerklärung von 1789 in die Verfassung veröffentlichte Olympe de Gouges im September 1791 eine an die Königin gerichtete »Erklärung der Rechte der Frau und Bürgerin«. Sie machte darin deutlich, daß die Frauen weiterhin von den Bürgerrechten ausgeschlossen blieben. Dieses Manifest hielt sich in Form und Inhalt strikt an die Männererklärung, modifizierte aber jeden der 17 Artikel im feministischen Sinne. So hieß es in Artikel eins: »Die Frau ist frei geboren und bleibt dem Manne gleich in allen Rechten.« Olympe de Gouges ergänzte ihre Rechteerklärung durch den Entwurf eines Ehevertrages zwischen Mann und Frau, in dem beide für die Dauer ihrer gegenseitigen Zuneigung ihr Vermögen gemeinsam verwalten.

In der ersten Revolutionsphase fanden solche Forderungen kein Gehör. Wohl als einziger Mann hatte Condorcet schon anläßlich der Wahlen zu den Generalständen für das Frauenwahlrecht plädiert und dann im Juli 1790 einen Aufsatz über »Die Zulassung der Frauen zum Bürgerrecht« veröffentlicht.

Erst am 20. September 1792 kamen die männlichen Revolutionäre diesen Forderungen etwas entgegen, als sie die Möglichkeit der Ehescheidung schon bei Unvereinbarkeit der Gesinnung, die Volljährigkeit für Männer und Frauen vom 21. Lebensjahr an und die Zeugnisfähigkeit der Frauen bei allen zivilen und gerichtlichen Akten beschlossen. Im Juni 1793 wurde eine weitere Anregung von Olympe de Gouges zum Gesetz, als der Konvent das Recht der Frauen auf einen Anteil am Familienbesitz dekretierte. Außerdem führte er am 6. Januar 1794 das gleiche Erbrecht für Jungen und Mädchen ein. Aber das war schon in der zweiten Revolutionsphase.

4
Auf dem Wege zur Republik

Monarchie oder Republik?

Die ganze erste Revolutionsphase stand unter der Überschrift: Zusammenarbeit des gemäßigten Bürgertums mit dem König. Ludwig XVI. hätte die Monarchie und sein Leben wahrscheinlich retten können, wenn er sich ernstlich auf diese Zusammenarbeit eingelassen hätte. Statt dessen akzeptierte er die revolutionären Errungenschaften nur zum Schein und wollte mit Hilfe des emigrierten Adels und des Auslands die vorrevolutionären Zustände wiederherstellen. Diese gegenrevolutionären Machenschaften des Königs wurden Schritt für Schritt aufgedeckt; sie kompromittierten auch die gemäßigten Revolutionäre. Am 21. Juni 1791 scheiterte die Flucht des Königs und seiner Familie ins Ausland. Während der Bruder nach Belgien entkam, wurde der König in Varennes nahe der Grenze von einem Postmeister aufgehalten und durch Nationalgardisten nach Paris zurückgeführt. Die Proklamation, die Ludwig XVI. im Vertrauen auf eine erfolgreiche Flucht schon ausgearbeitet hatte, ließ keinen Zweifel an seinen Absichten. Er wollte zur österreichischen Armee in den Niederlanden gelangen, mit dieser nach Paris zurückkehren, das Parlament auflösen und die absolute Königsherrschaft wiederherstellen. Die konstitutionelle Bourgeoisie, deren politisches Schicksal mit der Monarchie verbunden war, erfand die Legende von der Entführung des Königs. So wurde ihm diesmal noch nicht der Prozeß gemacht, sondern nur den Helfern.

Nach Varennes erhoben sich erstmals Stimmen, die eine Republik forderten. Am 17. Juli 1791 wurde eine Versammlung auf dem Marsfeld, die eine Eingabe für die Einführung

Zeitgenössische Karikaturen Ludwigs XVI. und Marie Antoinettes

Anonym

der Republik unterzeichnen wollte, von der Nationalgarde gewaltsam aufgelöst; 50 Menschen mußten sterben. Es war das erstemal, daß die revolutionäre Truppe auf Revolutionsanhänger schoß; Lafayettes Popularität begann daraufhin zu sinken.

Am 1. Oktober traten die zwischen Juni und Anfang September gewählten Abgeordneten als Gesetzgebende Versammlung erstmals zusammen. Die Vertreter des gemäßigten Bürgertums, die sich weiterhin für die konstitutionelle Monarchie einsetzten, standen jetzt auf der Rechten. Man nannte sie nach ihrem Versammlungsort Feuillants. Die Linke wurde von Rednern geprägt, die aus dem Departement Gironde kamen (deshalb nannte man sie später Girondisten). Sie hatten in dem Pariser Abgeordneten Jacques Pierre Brissot ihren Wortführer (daher die zeitgenössische Bezeichnung Brissotins). Die Brissotins waren zumeist Republikaner, die ebenfalls aus dem besitzenden Bürgertum kamen. Zwischen beiden Flügeln bildete die Mehrheit der Abgeordneten eine unschlüssige Mitte.

Gleichzeitig stieg die Bedeutung der politischen Klubs, in denen auch mitreden konnte, wer kein Mandatsträger war. In den Pariser Sektionen trafen sich die Bürger ebenfalls regelmäßig zu Versammlungen. Mit Petitionen versuchten die Klubs und Sektionsversammlungen, Druck auf die Abgeordneten auszuüben.

Beginn der Revolutionskriege

Durch den Ausbruch der Französischen Revolution wurden auch die Beziehungen zwischen den europäischen Großmächten nachhaltig verändert. Seit der preußischen Eroberung Schlesiens (1740) galt der Gegensatz zwischen Preußen und Österreich als eine Konstante internationaler Politik. Österreich hatte unter Joseph II. und seinem Staatskanzler Wenzel Anton Graf Kaunitz (er starb 1794) bis in die 80er Jahre hinein den Verlust Schlesiens nicht verwunden und auf verschiedene Weise versucht, den Aufstieg Preußens zu hindern. Beide Großmächte rivalisierten zusammen mit Rußland darum, sich auf Kosten Polens und des Osmanischen Reiches weiter zu vergrößern. Im Jahre 1772 war Polen ein erstes Mal durch eine Aufteilung unter den drei Großmächten verkleinert worden. Ebenfalls seit vielen Jahren bestand ein fundamentaler Gegensatz zwischen England und Frankreich, vor allem in der Kolonialfrage. Frankreich hatte aber seit dem Siebenjährigen Krieg auf die Unterstützung Österreichs rechnen können.

Was sich nun in den 90er Jahren entwickelte, kann man als völlige Isolation Frankreichs bezeichnen. Aus Furcht vor einer Ausstrahlung der Revolution auf ihre Länder rückten die ehedem rivalisierenden Großmächte zusammen. Vor allem Österreich und Preußen begruben ihre Differenzen wegen Schlesien. Frankreich stand nunmehr ohne einen Bündnispartner da. Außerdem hatte es nach dem Ausbruch der Revolution alle diplomatischen Beziehungen verloren.

Mit den 1792 ausbrechenden Revolutionskriegen kam ein völlig neues Element in die internationale Kriegführung. Die traditionellen Kabinettskriege des 18. Jahrhunderts hatten jeweils nur das europäische Staatensystem bedroht. In den Revolutionskriegen der 90er Jahre ließen sich Außen- und Innenpolitik nicht mehr trennen, indem auch das innere Gefüge der jeweils kriegführenden oder vom Krieg bedrohten Staaten gefährdet wurde. Auf eine militärische Auseinandersetzung zwischen Frankreich und den anderen europäischen Mächten wurde von verschiedenen Seiten hingearbeitet. Für eine solche wirkten zunächst die französischen Emigranten, die bei Koblenz ein Hauptquartier aufgeschlagen hatten. Auch der König selbst hoffte, durch eine militärische Niederwerfung des revolutionären Frankreichs seine Macht wieder festigen zu können. Preußen und Österreich machten sich am 27. August 1791 in der Deklaration von Pillnitz diesen Standpunkt zu eigen. Diese war gut zwei Monate nach Varennes die außenpolitische Folge des königlichen Debakels. In ihr wurde das gemeinsame Interesse aller europäischen Monarchen an der Wiederherstellung der legitimen königlichen Regierung in Frankreich formuliert und eine militärische Intervention in Aussicht gestellt. Am 7. Februar 1792 kam es zu einer Militärkonvention zwischen Österreich und Preußen.

Unter den französischen Revolutionären traten die Girondisten für einen Krieg ein, allerdings in der Hoffnung, ihn zu gewinnen. Brissot erklärte sich in einer Rede vom 16. Dezember 1791 im Jakobinerklub für den Krieg, um die Freiheit im eigenen Lande zu festigen. Er wollte den Emigranten und den eidverweigernden Priestern durch einen Sieg die Hoffnung auf ausländische Unterstützung nehmen. Maximilien Robespierre sprach sich am 2. Januar 1792 gegen diese Strategie aus. Er hielt Brissot vor, mit den französischen Soldaten auch anderen Völkern die Freiheit bringen zu wollen; doch niemand liebe Missionare in Waffen. Da zu diesem Zeitpunkt die Girondisten noch das Sagen hatten, setzte sich Brissots Meinung durch. Am 20. April 1792 erklärte Frankreich Österreich den Krieg. Ein entsprechender Vorschlag des Königs hatte im Parlament eine große Mehrheit gefunden; nur etwa zehn Abgeordnete stimmten dagegen. Im Mai 1792 scheiterte der erste französische Vorstoß gegen die österreichischen Niederlande. Zur Überraschung der französischen Revolutionäre trat Preußen auf seiten Österreichs in den Krieg ein. Auf deutscher Seite wurden die kriegerischen Auseinandersetzungen mit großartigen Festen eingeleitet. Am 5. Juli 1792 wählten die Kurfürsten in Frankfurt einstimmig Franz II. nach dem Tode seines Vaters Leopold II. zum Kaiser. Die Krönung fand ausgerechnet am 14. Juli, dem Jahrestag des

Sturms auf die Bastille, statt. Es sollte die letzte Kaiserkrönung des Heiligen Römischen Reichs Deutscher Nation sein. Am Rande des Festakts konnten sich Franz und Friedrich Wilhelm II. über den Krieg besprechen. Zum Oberbefehlshaber der Truppen wurde der Herzog von Braunschweig ernannt. Am 25. Juli 1792 erließ er von Koblenz aus sein berüchtigtes Manifest. Es war von französischen Emigranten entworfen worden, erneuerte die in der Pillnitzer Erklärung formulierten Ziele und sorgte in Paris durch seine hochmütige Sprache für revolutionären Auftrieb. Am 19. August 1792 begann die preußische Invasion Frankreichs.

Das sind die Fakten. An deren Interpretation hat sich, wie bei allen Kriegsausbrüchen, die Schuldfrage entzündet. In Kürze kann soviel festgestellt werden: Die Kriegsdrohung ging von den europäischen Mächten aus, die Kriegserklärung von Frankreich, wobei die Mehrheit der Kriegsbefürworter aus entgegengesetzten Zielen zusammenkam. Die Auseinandersetzungen trugen von Anfang an und auf beiden Seiten den Charakter eines Krieges zwischen Revolution und Gegenrevolution.

Die zweite polnische Teilung

Einen Monat nach der französischen Kriegserklärung an Österreich marschierten russische Truppen in Polen ein. Zarin Katharina II. nutzte das österreichisch-preußische Engagement im Westen aus, um russische Expansionspläne zu verwirklichen. Insofern handelte es sich um klassische Machtpolitik im Zeitalter der Staatsräson. Doch auch im östlichen Europa vermischten sich nun die traditionellen außenpolitischen Konzepte mit antirevolutionärer Innenpolitik.

Katharina II. (reg. 1762–1796) hatte in früheren Jahren

selbst der Aufklärung in Rußland den Weg geebnet. Jetzt, nach dem Ausbruch der Französischen Revolution, fielen auch in Rußland die Ideen der Aufklärung in Ungnade. Alexander Radistschew, der Verfasser einer 1789 erschienenen radikalen Kritik an der Leibeigenschaft, wurde zum Tode verurteilt und zu zehnjähriger Verbannung »begnadigt«. Der Schriftsteller Nikolai Nowikow wurde 1792 ohne Gerichtsverfahren auf 15 Jahre eingekerkert. Er hatte schon seit den 70er Jahren kritische Schriften verfaßt, mußte dafür aber erst jetzt nach dem Ende der russischen Aufklärungsperiode büßen.

Katharina und ihre Berater wußten natürlich, daß die Zustände im russischen Reich denen ähnelten, die in Frankreich zur Revolution geführt hatten: die Privilegierung des Adels, die Bestechlichkeit von Justiz und Verwaltung, die Unterdrückung der Bauern, die Verweigerung einer Mitbestimmung des Bürgertums. So versuchten sie, mit solchen spektakulären Urteilen eine Oppositionsbewegung schon im Keim zu ersticken.

In Polen war nach der ersten Teilung von 1772 eine starke Reformbewegung entstanden. Man wollte die zwei Hauptschwächen dieses Adelsstaates beseitigen: das *liberum veto* und das Wahlkönigtum. Seit alters her hatte jedes Mitglied des polnischen Reichstags (*Sejm*) die Möglichkeit, durch ein Veto Gesetze zu blockieren. Durch das Wahlkönigtum war Polen bei jeder Neuwahl des Königs der Einmischung fremder Mächte ausgeliefert.

Seit 1788 arbeitete der *Sejm* an einer neuen Verfassung. Sie wurde am 3. Mai 1791 fertiggestellt und orientierte sich an den Verfassungsdebatten der französischen Nationalversammlung. Im Warschauer »Konstitutionellen Klub« proklamierten Redner die Menschenrechte. Der seiner Macht beraubte polnische Adel rief daraufhin Rußland zu Hilfe. Die russischen Truppen rückten im Mai 1792 mit der offiziellen Begründung in Polen ein, dort sei eine Jakobinerherrschaft im Entstehen. Zarin Katharina ließ die Verfassung annullieren und drängte auf eine weitere Teilung Polens.

Preußen hatte die Wahl, Polen ganz den Russen zu überlassen oder sich im Sinne des Gleichgewichts der Mächte Polen mit Rußland zu teilen. Das letztere fand statt. Am 23. Januar 1793 unterzeichneten Preußen und Rußland in St. Petersburg einen Vertrag, der auf eine Halbierung des bisherigen Polen hinauslief. Österreich war an der Teilung diesmal nicht beteiligt. Die Polen wehrten sich, blieben aber letztendlich erfolglos. Am 23. September 1793 mußte der von russischen Truppen umstellte *Sejm* in einer »stummen Sitzung« der abermaligen Verkleinerung des Staates zustimmen.

Die polnische Teilung zeigte, daß die Kriegsereignisse in West und Ost ineinandergriffen. Sie konnte aber auch den Franzosen klarmachen, was ihnen drohte. Reform- und Revolutionsbewegungen mußten überall mit Interventionen der konservativen Großmächte rechnen. Dabei drohte aber nicht nur die Wiederherstellung des Ancien régime, sondern es stand auch die territoriale Unversehrtheit des betreffenden Staates auf dem Spiel.

Die Revolution vom 10. August

Der Konflikt zwischen dem König, den Abgeordneten und der Volksbewegung verschärfte sich im Sommer 1792, als Frankreich militärische Rückschläge hinnehmen mußte und der König weiter mit dem Ausland paktierte. Die alte französische Armee befand sich im Zustand der Auflösung. Die Offiziere waren zur Hälfte emigriert. Aristokratisch gesonnene Befehlshaber standen revolutionsbegeisterten Soldaten gegenüber. Generäle, unter ihnen auch Lafayette, liefen zum Feind über. Erst am 23. August 1793 wurde die Landesverteidigung mit dem Volksaufgebot (*levée en masse*) auf eine neue Grundlage gestellt; Frankreich ging als erste Großmacht zur allgemeinen Wehrpflicht für Männer über. Bis dahin gab es nur Freiwilligenverbände.

Nach dem preußischen Einmarsch erklärte die Gesetzgebende Versammlung am 11. Juli 1792 »das Vaterland in Gefahr«. Alle Behörden tagten in Permanenz, alle Nationalgardisten wurden zu den Waffen gerufen und neue Freiwilligenverbände ausgehoben. Der Volksbewegung waren diese Maßnahmen immer noch zu wenig. Am 10. August 1792 stürmte das Pariser Volk, unterstützt von Föderierten aus den Departements, die Tuilerien, das Stadtschloß des Königs.

Mit diesem erfolgreichen Aufstand vom 10. August begann die zweite Phase der Französischen Revolution. Der König und seine Familie, die sich zunächst in den Schutz

Der Temple, das Gefängnis der königlichen Familie
Zeitgenössischer Stich

der Abgeordneten begeben hatten, wurden nach dem Erfolg des Aufstands im »Temple« gefangengehalten. Ludwig XVI. wurde des Amtes enthoben, Frankreich von einem vorläufigen Vollzugsrat regiert. In ihm saßen die Girondisten Jean Marie Roland (Inneres), Étienne Clavière (öffentliche Abgaben), Gaspard Monge (Marine), Joseph-Michel Antoine Servan (Krieg) sowie Charles-François Lebrun (Äußeres) und Georges Jacques Danton (Justiz). Am 11. August schaffte man das Zensuswahlrecht ab. Ein Nationalkonvent sollte nach dem allgemeinen Männerwahlrecht gewählt werden und eine neue Verfassung ausarbeiten. Am 26. August erhielten 18 ausländische Persönlichkeiten, die mit der Revolution sympathisierten, das französische Ehrenbürgerrecht. Zu ihnen gehörten u. a. die Deutschen Friedrich Schiller, Joachim Heinrich Campe und Friedrich Gottlieb Klopstock, der Schweizer Pädagoge Johann Heinrich Pestalozzi, ferner George Washington, der erste Präsident der USA, der englische Schriftsteller Thomas Paine und der polnische Freiheitskämpfer Tadeusz Andrzej Kościuszko. Mit dem Ehrenbürgerrecht war die Möglichkeit verbunden, sich um ein Abgeordnetenmandat für den neuen Konvent zu bewerben.

Anfang September kam es aber auch zu einem ersten Massaker an Gefängnisinsassen. Mehr als 1000 Personen, zumeist eidverweigernde Priester, wurden – teils nach hastiger Verurteilung durch Volkstribunale – umgebracht.

m 20. September 1792 erzielte die französische Revolutionsarmee in der Kanonade von Valmy einen überraschenden Sieg über die Invasionstruppen. Das sollte ein Wendepunkt des Krieges sein. Die gegenrevolutionären Truppen mußten den Rückzug antreten, Frankreich räumen, und die Franzosen begannen nun ihrerseits, in linksrheinische deutsche Gebiete einzumarschieren.

Einen Tag nach dieser Wende von Valmy, am 21. September 1792, trat der neugewählte Konvent erstmals zusam-

Nationalversammlung
(Constituante) 17. 6. 1789–30. 9. 1791

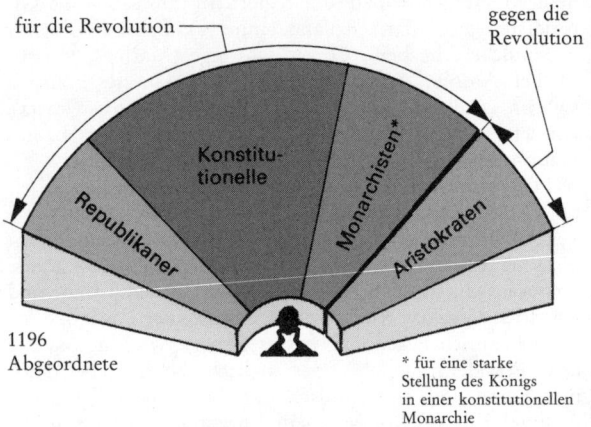

für die Revolution

gegen die Revolution

Konstitutionelle

Republikaner

Monarchisten*

Aristokraten

1196 Abgeordnete

* für eine starke Stellung des Königs in einer konstitutionellen Monarchie

Gesetzgebende Versammlung
(Législative) 1. 10. 1791–20. 9. 1792

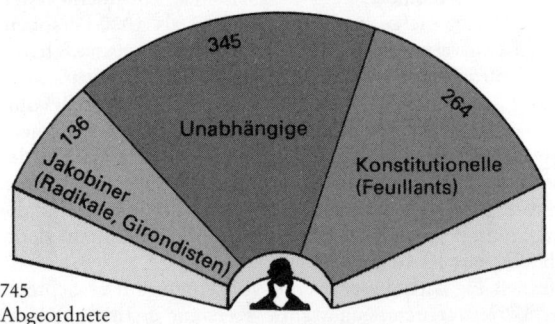

345

136

264

Unabhängige

Jakobiner (Radikale, Girondisten)

Konstitutionelle (Feuillants)

745 Abgeordnete

Nationalkonvent
(21. 9. 1792–26. 10. 1795)

Mitte
(„Ebene")

ca. 120
Jakobiner
(„Berg")

ca. 200
Girondisten

749
Abgeordnete

Sitzverteilung in Nationalversammlung,
Legislative und Konvent

men. Er erklärte sogleich die Abschaffung des Königtums
in Frankreich und die Errichtung der »unteilbaren Republik«. Am 11. Dezember begann vor dem Konvent der Prozeß gegen den König. Indem die Abgeordneten gleichzeitig
zu Richtern wurden, hoben sie, ebenfalls im Vorgriff auf
eine neue Verfassung, die Gewaltenteilung auf. Am 14. Januar 1793 wurde Ludwig XVI. fast einstimmig für schuldig
erklärt, sich gegen die öffentliche Freiheit und die nationale
Sicherheit verschworen zu haben. Mit knapper Mehrheit
wurde er am 16. und 17. Januar in namentlicher Abstimmung zum Tode verurteilt; 387 Abgeordnete entschieden
sich für, 334 gegen die Hinrichtung, 26 wollten eine Ausset-
zung des Todesurteils. Dies wurde am 18. Januar mit 380 zu
310 Stimmen abgelehnt. Am 20. Januar erstach ein könig-
licher Leibwächter den Abgeordneten Michel Lepeletier,
der für den Tod des Königs gestimmt hatte. Am 21. Januar

1793 wurde Ludwig XVI. hingerichtet. Als neues Tötungs-instrument hatte man seit April 1792 die Guillotine einge-führt. Dieses Fallbeil ersetzte die manuelle Hinrichtung durch das Schwert des Scharfrichters. Die Guillotine stand, als der König unter ihr starb, auf der Place de la Révolution (heute Concorde).

Die Chronologie der Ereignisse, die zur Gründung der ersten französischen Republik führten, zeigt deutlich, wie die innenpolitische Entwicklung und der Kriegsverlauf mit-einander verbunden waren. Die Bedrohung der Revolution von außen hatte die Radikalisierung der Revolution im In-neren zur Folge.

Mit Krieg und Revolutionsverlauf verquickt war auch die »Marseillaise«, das bekannteste und beliebteste Revolu-tionslied, das dann am 14. März 1879 endgültig zur franzö-sischen Nationalhymne erklärt wurde. »*Marseillaise*« heißt soviel wie »Lied der Marseiller«; aber es entstand nicht dort, sondern in Straßburg. Am 25. April 1792, als die Nachricht vom Kriegsausbruch zwischen Frankreich und Österreich nach Straßburg kam, dichtete und komponierte der Hauptmann Rouget de Lisle ein anfeuerndes Lied, um die Franzosen zu den Waffen zu rufen. Sein erster Titel lau-tete deshalb auch »Kriegsgesang für die Armee am Rhein«. Zum Lied der Marseiller wurde es erst im August 1792, als Freiwillige aus Marseille es bei der Verteidigung der Revo-lution in Paris bekannt machten. Die französischen Truppen brachten das Lied schnell über die Grenzen in andere Län-der. Auch in Deutschland wurde es unter den Freiheits-freunden bald bekannt. Sie übersetzten es und dichteten es in zahlreichen Versionen um. In Frankreich wurde das Lied mit Dekret vom 26. Messidor III (14. Juli 1795) erstmals zur Staatshymne erklärt; Napoleon machte diesen Beschluß je-doch wieder rückgängig.

In der zweiten Revolutionsphase bestimmten neue Män-ner das politische Geschehen. Graf Mirabeau, die Galionsfigur der konstitutionellen Monarchie, war am 2. April 1791 gestorben, Lafayette nach seiner Flucht vom 17. August 1792 von den Österreichern verhaftet worden. Necker hatte sich nach seinem Rücktritt vom 18. September 1790 auf seinen Landsitz bei Genf zurückgezogen.

Zu den neugewählten Konventsabgeordneten, die jetzt die Politik bestimmten, gehörte der Rechtsanwalt Danton. Er hatte sich als Pariser Kommunalpolitiker und glänzender Klubredner einen Namen gemacht; nach dem Sturm auf die Tuilerien war er als Justizminister die tatkräftigste Person im provisorischen Vollzugsrat gewesen. Sein Gesinnungsgenosse, der Journalist Camille Desmoulins, zehrte auch jetzt noch von dem Ruhm, die Pariser Bevölkerung 1789 zum Sturm auf die Bastille aufgerufen zu haben. Der Arzt Jean Paul Marat verdankte seine Wahl in den Konvent wohl hauptsächlich seiner Zeitung *L'Ami du peuple* (Der Volksfreund), die er seit September 1789 herausgab. Freilich hinderte ihn eine Hautkrankheit in seiner politischen Aktivität. Am 13. Juli 1793 wurde er von Charlotte Corday in der Badewanne erstochen. Auch der bekannte Maler Jacques Louis David wurde (von Marat vorgeschlagen) Abgeordneter des Konvents. Sein 1785 fertiggestelltes Bild »Der Schwur der Horatier« hatte man zum Vorbild des Ballhausschwurs von 1789 genommen.

Robespierre war schon vor der Revolution als ein Anwalt der Armen aufgetreten und hatte in einem berühmt gewordenen Blitzableiterprozeß die Aufklärung gegen den Aberglauben verteidigt. Nachdem er im Jahre 1789 zum Abgeordneten der Generalstände gewählt worden war, konnte er sich in der folgenden Gesetzgebenden Versammlung nicht betätigen. Jetzt wurde Robespierre erneut in den Konvent gewählt. An seiner Seite begann sich der junge Louis Antoine Saint-Just zu profilieren, der bisher in seinem Departement Aisne politisch tätig gewesen war und von diesem in den Konvent gewählt wurde. Mit Ausnahme von Desmou-

Prominente Abgeordnete der Bergpartei im Nationalkonvent;
von links oben nach rechts unten: Danton, Marat,
Camille Desmoulins, Collot d'Herbois, Hébert, Hanriot,
Robespierre, Couthon, Saint-Just, Robespierre d. J., Pétion
Zeitgenössischer Stich

lins, der unter einem Sprachfehler litt, wirkten die genannten Abgeordneten auch in den politischen Klubs, wo sie mit großen Reden Stimmung machten.

Krieg mit England

In den ersten Monaten der französischen Republik blieb der Revolutionsverlauf weiterhin eng mit dem Kriegsverlauf verknüpft. In Paris dominierten immer noch die Girondisten, deren Wortführer Brissot ebenfalls in den Konvent gewählt worden war. Brissot hatte den Krieg gewollt und bestimmte mit seinen Anhängern so lange die Politik, wie Frankreich im Krieg siegreich war. Im September 1792 wurde das Herzogtum Savoyen besetzt, im Laufe des Oktobers drangen die französischen Truppen bis an den Rhein vor, im November eroberten sie nach einer siegreichen Schlacht bei Jemappes die österreichischen Niederlande (das heutige Belgien).

Dort wurden sie von einer Demokratenpartei willkommen geheißen. In Belgien war Ende 1789 die österreichische Herrschaft vorübergehend zusammengebrochen, jedoch nach einem Jahr wieder restauriert worden. Die zwischenzeitlichen Machthaber in Brüssel hatten die einheimischen Demokraten verfolgt und diese zu einer unnatürlichen Koalition mit den Österreichern gezwungen. Nach dem Einmarsch der Franzosen waren die Fronten wieder klar.

Jemappes machte großen Eindruck in Europa: Erstmals hatten die revolutionären Truppen in einer Feldschlacht gesiegt; Valmy war dagegen nur ein kleines Scharmützel gewesen. Nach den französischen Siegen stellte sich die Frage, was mit den besetzten Ländern geschehen sollte. Am 19. November 1792 erklärte der Konvent, daß die französische Nation allen Völkern, die ihre Freiheit wiedererlangen wollten, Brüderlichkeit und Hilfe gewähren werde. Diese Formulierung ließ offen, ob sich in den besetzten Gebieten

selbständige Republiken bilden oder ob die Gebiete der
Mutterrepublik angeschlossen werden sollten. Am 15. Dezember 1792 wies der Konvent die siegreichen Generäle an,
in den besetzten Gebieten die Volkssouveränität zu verkünden, alle feudalen Lasten und Privilegien abzuschaffen und
provisorische Verwaltungen wählen zu lassen.

Nach der französischen Eroberung Belgiens begann sich
die englische Regierung von ihrer bisherigen Neutralitätspolitik abzuwenden. England war seit 1689 eine konstitutionelle Monarchie. Sein Regierungssystem beruhte auf der
Gewohnheit, daß die Regierung von einer der beiden großen Parteien gebildet wurde, den liberalen Whigs oder den
konservativen Tories. Dessen Vorsitzender übernahm in
der Regel das Amt des Premierministers. Seit 1784 regierte
William Pitt (der Jüngere). Pitt wurde im Laufe des Jahres
1793 zum Initiator einer antifranzösischen Kriegskoalition, indem er alle Kriegführenden durch Verträge an England band. Obwohl ursprünglich ein Liberaler, wurde Pitt
durch die Radikalisierung der Französischen Revolution
auf konservative Bahnen gedrängt. Überlegungen, die aus
der traditionellen britischen Gleichgewichtspolitik herkamen, verbanden sich bei ihm mit der Sorge, die revolutionäre Ideologie könne auch in England überhandnehmen.
Die Gleichgewichtsdoktrin besagte, daß das Land sich
immer gegen die stärkste Macht auf dem Kontinent wenden solle, um selber stark zu bleiben. Insbesondere müsse
gehandelt werden, wenn die Hegemonialmacht auf dem
Kontinent die gegenüberliegende Kanalküste in ihren Besitz brachte. Das schien jetzt durch Frankreich der Fall zu
sein. Andererseits gab die Französische Revolution auch
in England einer demokratischen Opposition Auftrieb.
Seit 1791 wurde der parlamentarische Oppositionsführer
Charles James Fox in bissigen Karikaturen als Jakobiner
dargestellt. 1791/92 erschienen die zwei Bände des Hauptwerks von Thomas Paine, betitelt *Rights of Man*. Das
schnell populär gewordene Buch stellte eine konsequente

Zusammenfassung der französischen Aufklärungsphilosophie dar. Insbesondere propagierte Paine die bewaffnete
Volkserhebung. Nach dem Erscheinen des Buches mußte er
England verlassen. Er ging nach Frankreich, nahm das französische Ehrenbürgerrecht an und ließ sich in den Konvent
wählen.

In dem 1793 veröffentlichten Hauptwerk von William
Godwin (*Enquiry concerning the Principles of Political Ju-
stice*) wurden schon frühsozialistische Positionen vertreten.
Godwin heiratete 1797 die Frauenrechtlerin Mary Wollstonecraft, die 1792 die Schrift *Rights of Women* veröffentlicht hatte. Diese radikalen Theorien der englischen Aufklärer sorgten im Verein mit den Nachrichten aus dem revolutionären Frankreich dafür, daß sich die städtischen
Unterschichten in London, wie in den Jahrzehnten vorher
schon oft, radikalisierten. Um die rigiden Vereinsgesetze zu
umgehen, organisierte sich die Bewegung in Form von dezen-
tralisierten Korrespondenzvereinen. Der wichtigste von ihnen, die 1792 gegründete »London Corresponding Society«,
ähnelte den französischen Jakobinerklubs und setzte sich die
Einführung des allgemeinen Männerwahlrechts zum Ziel. Sie
wurde 1799 verboten.

Pitt hatte Englands Feindschaft zur französischen Republik unzweideutig offengelegt, als er nach dem 10. August
1792 dem französischen Gesandten die Anerkennung ver-
sagte und ihn nach der Hinrichtung des Königs des Landes verwies. In der Botschaft arbeitete neben Talleyrand,
der sich dadurch ins Ausland abgesetzt hatte, auch der aus
Württemberg stammende und in französische Dienste getretene Karl Friedrich Reinhard.

Die förmliche Kriegserklärung ging wieder von Frankreich aus. Am 1. Februar 1793 erklärte der Konvent auf
Brissots Vorschlag hin gleichzeitig England und den Niederlanden den Krieg. Auch Spanien ging nach der Hinrichtung Ludwigs XVI. auf Kriegskurs zum republikanischen

Frankreich. So beschloß der Konvent am 7. März per Ak-
klamation noch den Krieg mit den spanischen Bourbonen,
den Verwandten der früheren französischen Könige. Am
22. März traten die deutschen Reichsstände der antifranzösischen Koalition bei. Es folgte der französische Bruch
mit den italienischen Fürstentümern und dem Kirchen-
staat. So führte die Republik mit Ausnahme der Schweiz
und der skandinavischen Staaten Krieg gegen ganz Europa
oder, wie Brissot stolz formulierte, »gegen alle Tyrannen
Europas«.

Militärische Mißerfolge ließen nicht auf sich warten. Anfang März 1793 scheiterte die französische Offensive unter
Charles François Dumouriez und seinem Stellvertreter
Francisco de Miranda in Holland. Am 18. März 1793 erlitten die Revolutionstruppen bei Neerwinden eine Niederlage. Dumouriez lief einige Tage später zu den Österreichern über. Am 30. März waren die linksrheinischen Lande
bis auf Mainz für Frankreich verloren. Es drohte die erneute
Invasion der Republik.

Der Sturz der Girondisten

Im Frühjahr 1793 befand sich das Land nicht nur in der Gefahr, von außen – durch die gegenrevolutionären Truppen –
beseitigt zu werden. Auch im Inneren regte sich Widerstand. Er ging von den eidverweigernden Priestern aus, fand
in dem Elend der Bauern einen Nährboden und nahm die
Aushebung von 300 000 freiwilligen neuen Soldaten am
10. März zum Anlaß für die offene Rebellion. Sie hatte ihr
Zentrum in der Vendée, einem Departement im Westen des
Landes. Dort fielen mehrere Städte in die Hände der Aufständischen. Bald kamen die Adeligen, um sich an die Spitze
der Bewegung zu stellen und sie für ihre Ziele auszunutzen.
Sie wollten die Monarchie mit Ludwig XVII., dem kleinen
Sohn des hingerichteten Königs, der sich noch im Gefäng-

nis befand (er starb 1795), wiederherstellen. Der Aufstand in der Vendée blieb bis Oktober 1793 unbesiegt. Der politischen Krise gesellte sich eine wirtschaftliche bei.

Im Dezember 1789 waren die sog. Assignaten eingeführt worden. Diese Pfandbriefe, die durch die nationalisierten Kirchengüter gedeckt waren, verwandelten sich rasch in Papiergeld. Infolge der fortlaufenden Ausgabe neuer Assignaten verloren diese neuartigen Geldscheine jedoch immer mehr an Wert. Im Februar 1793 betrugen sie nur noch etwa 50 Prozent ihres Nennwertes. Folglich hatten die Grundbesitzer und Pächter kein Interesse daran, Getreide auf den Markt zu bringen, um es gegen abgewertetes Papiergeld einzutauschen. Das Getreide wurde zurückgehalten oder zu überteuerten Preisen verkauft, und die Pariser Bevölkerung begann zu hungern. Die Girondisten und der im provisorischen Vollzugsrat für die Wirtschaftspolitik zuständige Minister Roland setzten auf die Freiheit des Handels und lehnten dirigistische Wirtschaftsmaßnahmen ab.

So befanden sich die Girondisten im Sommer 1793 an allen Fronten auf dem Rückzug. Sie hatten durch ihre inflationistische Politik die Unterstützung der Volksmassen verloren und durch die militärischen Niederlagen in dem durch sie mit heraufbeschworenen Kontinentalkrieg erheblich an Prestige eingebüßt. Schon am 13. April 1793 machte der Konvent dem girondistischen Kriegskonzept ein Ende und beschloß auf Dantons Antrag hin, sich nicht mehr in die Angelegenheiten anderer Länder einzumischen. Die Girondisten hatten zwar den König abgesetzt, ihn aber nicht hinrichten wollen. Ihre Führer waren zwar Anhänger der Republik, hatten aber die Politik zu sehr auf die Interessen des besitzenden Bürgertums ausgerichtet, als sie gegenüber dem hungernden Volk auf die Freiheit des Handels pochten und auch den Krieg dazu nutzen wollten, Frankreich auf Kosten eroberter Völker zu sanieren.

Um ihre Macht noch einmal zu festigen, bildeten die Girondisten eine Zwölferkommission, die die Stadtbehörden von Paris, ein Zentrum der Opposition, untersuchen sollten. Als die Kommission am 24. Mai 1793 Jacques René Hébert, einen bekannten Wortführer des Pariser Volkes, verhaften ließ, rüsteten die Sektionen zum Aufstand. Dieser brach am 31. Mai aus und endete am 2. Juni erfolgreich. In dem von bewaffneten Nationalgardisten umstellten Konvent wurden 29 Abgeordnete der Girondisten und zwei Minister des Vollzugsrats verhaftet. Roland, der schon am 23. Januar 1793 aus dem Vollzugsrat ausgeschieden war, floh am 31. Mai aus Paris. Brissot konnte ebenfalls fliehen, wurde jedoch wenig später verhaftet. Im Oktober begannen vor dem Revolutionstribunal (ein solches war am 10. März 1793 auf Dantons Antrag hin errichtet worden) die Prozesse gegen 21 Girondisten und, auf Antrag von Jean Nicolas Billaud-Varenne, auch gegen die Königin. Marie-Antoinette starb am 16. Oktober unter der Guillotine; die Girondisten (unter ihnen Brissot) wurden am 31. Oktober 1793 hingerichtet. Als Roland die Nachricht erhielt, daß seine Frau am 8. November enthauptet worden war, ging er am 15. November 1793 freiwillig in den Tod. Unter den Enthaupteten des 31. Oktober befand sich auch Pierre Victurnien Vergniaud, der auf dem Schafott ausgerufen haben soll: »Die Revolution ist gleich Saturn, sie frißt ihre eigenen Kinder.«

5

Die Herrschaft der Jakobiner

Definitionen

Die Herrschaft der französischen Jakobiner begann mit dem Sturz der Girondisten am 2. Juni 1793 und dauerte bis zur Hinrichtung ihres bedeutendsten Vertreters Maximilien Robespierre am 10. Thermidor II (28. Juli 1794). Sie umfaßte damit den letzten Teil der zweiten Revolutionsphase.

Als »Jakobiner« bezeichnete man ursprünglich die Mitglieder desjenigen Pariser Revolutionsklubs, die sich seit Anfang Oktober 1789 im vormaligen Kloster der Jakobiner (Dominikaner) trafen. Er war schon am 30. April 1789 in Versailles von Abgeordneten aus der Bretagne (insbesondere Le Chapelier) unter dem Namen »Bretonischer Klub« gegründet worden und nannte sich seit seinem Umzug nach Paris offiziell »Gesellschaft der Verfassungsfreunde«. Nach der Gründung der Republik gab er sich den Namen »Gesellschaft der Jakobiner, Freunde der Freiheit und Gleichheit«. Im Jakobinerklub rüsteten sich Abgeordnete für die Parlamentsdebatten; Aufnahme fanden aber auch andere Revolutionsanhänger, wenn sie Bürgen angaben und ihren Mitgliedsbeitrag bezahlen konnten. Der Jakobinerklub war zunächst nur einer unter mehreren politischen Klubs, wurde aber rasch der bedeutendste von Paris. Auch der im April 1790 gegründete, im ehemaligen Franziskanerkloster auf dem linken Seineufer tagende und noch radikaler eingestellte Klub der Cordeliers erreichte nicht diesen Einfluß. Viele Volksgesellschaften aus anderen französischen Städten schlossen sich dem Pariser Jakobinerklub an oder traten mit ihm in Korrespondenz.

Im Laufe der Revolution veränderten sich die im Klub dominierenden Vorstellungen durch Abspaltungen (wie die der Gesellschaft der Feuillants am 16. Juli 1791), Ausschlüsse (wie z. B. der Girondisten im September 1792), bzw. den Eintritt neuer Mitglieder. Da die Revolution ein großer Lernprozeß war, änderten auch langjährige Klubmitglieder ihre ursprünglichen politischen Anschauungen. So war z. B. Robespierre noch bis 1791 Monarchist und gegenüber sozialen Fragen uninteressiert.

Außerdem verschob sich die Sozialstruktur der Klubmitglieder (im Juli 1790 waren es etwa 1200) ab 1793 zugunsten der mittleren und niederen Schichten des Bürgertums. Man darf sich also die politischen Vorstellungen der französischen Jakobiner nicht als eine kompakte Einheit denken. Vielmehr radikalisierten sie sich mit dem Fortgang der Revolution bis zum Sommer 1794.

Als Symbol der Jakobiner galt seit 1792 die rote Freiheitsmütze. Sie knüpfte an die phrygische Mütze aus dem antiken Rom an, die schon damals ein Symbol für die Befreiung aus der Sklaverei war. Bei der Vorliebe des 18. Jahrhunderts für die Antike ist es nicht verwunderlich, daß sich die phrygische Mütze erneut als Freiheitszeichen durchsetzte. In Frankreich kam ein roter Freiheitshut als Kopfbedeckung Anfang 1792 in Mode, als befreite Galeerensträflinge ihn nach Paris brachten. Da diese rote Mütze besonders von Mitgliedern der Jakobinerklubs getragen wurde, nannte man sie bald auch Jakobinermütze. Als Symbol wurde sie auf Bürgerausweise und Mitgliedskarten der Klubs gedruckt. Mit einem Gesetz vom 15. August 1792 wurde sie zum Bestandteil des Staatssiegels, das aus einer Freiheitsfigur mit Pike und Freiheitshut bestand.

Der Begriff »Jakobinerherrschaft« ist streng genommen nicht korrekt. Er meint nur, daß die im Pariser Jakobinerklub vertretene politische Linie in der angegebenen Zeit zwischen Anfang Juni 1793 und Ende Juli 1794 die Mehrheit im Nationalkonvent fand. Aus ihm waren freilich, wie erwähnt, die wichtigsten girondistischen Abgeordneten ausgeschlossen worden. Diejenige Gruppe von Abgeordneten, die jakobinische Politik befürwortete, wurde als »Bergpartei« (*Montagne*) bezeichnet, weil sie im Sitzungssaal ihre Plätze in den oberen Reihen hatte.

In diesen vierzehn Monaten gab es keine gültige Verfassung. Die alte monarchische Verfassung von 1791 konnte nach der Errichtung der Republik nicht mehr gelten. Eine am 24. Juni 1793 im Konvent angenommene neue Verfassung wurde zwar am 4. August in einer Volksabstimmung mit 1,8 Millionen Ja- gegen 18 000 Neinstimmen bestätigt, dann jedoch vom Konvent bis zum Friedensschluß suspendiert. Sie trat nicht in Kraft, weil die Abgeordneten angesichts des Vormarsches der inneren und äußeren Konterrevolution die diktatorische Zusammenfassung der Staatsgewalt für sinnvoller hielten.

Die wichtigsten Regierungsaufgaben übernahm der am 6. April 1793 errichtete Wohlfahrtsausschuß (*Comité de Salut public*). Seine Mitglieder wurden monatlich gewählt. Er war mit Exekutivgewalt ausgestattet und hatte die Aufgabe, die Verwaltung des Staates zu überwachen sowie die Verteidigung der Revolution nach innen und außen zu koordinieren. Alle acht Tage sollte er dem Konvent Bericht erstatten. Die Sitzungen dieses Gremiums, das zunächst aus neun, später zwölf Männern bestand, waren geheim. In ihm führte zunächst bis zu seiner Abwahl am 10. Juli 1793 Danton, und dann nach seiner Zuwahl am 27. Juli 1793 Robespierre das Wort. Auch der seit dem 6. September tagende große Wohlfahrtsausschuß war kein politisch einheitliches Gremium. Neben Robespierristen, wie Louis Antoine Saint-Just, Georges Auguste Couthon, André Jeanbon Saint-André und Pierre Louis Prieur (de la Marne) gab es mit Robert Lindet, Lazare Nicolas Carnot und Claude Antoine Prieur-Duvernois (de la Côte d'Or) eine gemäßigtere und mit Jean Nicolas Billaud-Varenne, Jean Marie Collot d'Herbois eine radikalere Gruppe, Bertrand Barère und Marie Jean Hérault de Séchelles mieden die Bindung an eine bestimmte Fraktion. Die Beschlüsse des Wohlfahrtsausschusses mußten von der Mehrheit seiner Mitglieder unterzeichnet werden.

Die Jakobinerherrschaft läßt sich also als eine Diktatur des Wohlfahrtsausschusses beschreiben, dessen Beschlüsse im Jakobinerklub vorbereitet und durch den von der Bergpartei beherrschten Konvent abgesichert wurden. Die Zeit der Jakobiner wird oft recht einseitig als Schreckensherrschaft dargestellt. Hinter diesem Bild tritt dann unverdient zurück, daß Jakobinismus auch ein sozialpolitisches Programm und eine demokratische Freiheitslehre bedeutete.

Die Rolle der Terreur

Die Zeit der organisierten Schreckensherrschaft kann vom 17. September 1793 an datiert werden. An diesem Tag beschlossen die Konventsabgeordneten ein »Gesetz über die Verdächtigen«. Sie waren dazu von der Pariser Volksbewegung, die am 5. September den Konvent friedlich besetzt hatte, gedrängt worden. Dieses Gesetz gab neu eingerichteten Überwachungsausschüssen die Vollmacht, für ihren Amtsbereich Listen verdächtiger Personen anzufertigen und Verhaftungsbefehle gegen diese auszustellen. Die Verhafteten sollten an den zentralen Pariser Sicherheitsausschuß mitgeteilt werden; ihnen wurde dann von Revolutionstribunalen der Prozeß gemacht. Als Verdächtige galten alle diejenigen, die sich durch ihre Ansichten oder ihre Haltung als »Feinde der Freiheit« erwiesen hatten. Mit dieser weitgefaßten Formulierung wurde dem Denunziantentum Vorschub geleistet.

Mit dem »Gesetz vom 22. Prairial II« (10. Juni 1794) kam es noch einmal zu verschärften Bestimmungen. Nun konnte man gegen »Feinde des Volkes« die Todesstrafe aussprechen, und ein umfangreicher Artikel legte fest, wer alles Feind des Volkes sein konnte.

Zur Beurteilung der jakobinischen *Terreur* sind zwei Argumentationsebenen zu unterscheiden: die Revolutionstheorie und die politische Praxis.

Die *Terreur* präsentierte sich nicht als Verwirklichung lange vorgedachter Theorien und Pläne. Dies muß deutlich gesagt werden und richtet sich gegen Versuche, in der jakobinischen Theorie selbst einen Umschlag von freiheitlich-demokratischen Gedanken in totalitäre Denkansätze auffinden zu wollen. Die Grundlage solcher Versuche bildet eine konservative Interpretation der Rousseauschen Lehre von der Volkssouveränität. Danach soll die *volonté générale* von einer erleuchteten Minderheit durchgesetzt werden können und sich in Plebisziten mit 99prozentiger Zustimmung bestätigen lassen. Jedoch hat das Rousseau selbst nie gesagt und auch nicht gewollt, und so hat kein französischer Jakobiner je argumentiert. Die *Terreur* war nicht nur bei Rousseau, sondern auch im Bewußtsein der Jakobiner kein Bestandteil der Staatstheorie. Sie entstand vielmehr aus den Erfordernissen des Bürgerkriegs und des Krieges gegen die europäischen Mächte. Als solche sollte sie eine vorübergehende Notmaßnahme zur Sicherung der Republik sein. So drückte sich Robespierre in seiner wichtigen Rede vom 25. Dezember 1793 (»Über die Grundsätze der revolutionären Regierung«) aus.

Natürlich verstanden sich die Jakobiner als Anhänger von Rousseaus Lehren, wenn sie die Interessen des Volkes verteidigten und für die Verwirklichung der Gleichheit eintraten. In der Tat wiesen die politischen Grundideen Robespierres viele Übereinstimmungen mit Rousseaus politischer Philosophie auf. Einige Gemeinsamkeiten sind: die ursprüngliche Güte des Menschen; die Gefahr, daß das Volk durch seine Repräsentanten verraten wird; die Notwendigkeit einer dauernden Kontrolle der Volksvertreter; die Herrschaft der Tugend als Grundprinzip der demokratischen Regierung. Alle diese Ideen konnten Robespierre und andere in den Büchern Rousseaus vorfinden, nicht aber die Legitimierung einer Diktatur.

Es gab sogar einen wichtigen Unterschied zwischen den Jakobinern und Rousseau in der Bestimmung der *volonté générale*. Nach Rousseau ging der Riß zwischen dem Allgemeinsinn und dem Privatinteresse durch jeden einzelnen Menschen. Jeder kann sich nach der *volonté générale* richten, wenn er nur von seinem Privatinteresse absieht. Für Robespierre verkörperte das bisher unterdrückte Volk die *volonté générale*, während die Aristokraten nach ihrem Privatinteresse handelten. Diese jakobinische Abweichung von der Rousseauschen Lehre führte aber gerade nicht zur Rechtfertigung der Diktatur, sondern zum Mehrheitsprinzip. Vor allem Saint-Just hat (in seiner Konventsrede vom 24. April 1793 über die französische Verfassung) die *volonté générale* ausdrücklich mit dem Willen der Mehrheit identifiziert.

Neu war also die jakobinische Definition von revolutionärer Gewalt. Hier konnte man auch deshalb nicht an Rousseau anknüpfen, weil er mit seiner resignierenden Grundhaltung nicht an die Verwirklichung seiner politischen Utopie in Frankreich geglaubt hatte. Die Jakobiner schoben die Bedenken Rousseaus beiseite, weil sie in der Revolution zum Handeln gezwungen wurden. Deshalb hat Robespierre erst über die Diktatur nachgedacht, als es nötig wurde. In einer weiteren wichtigen Rede vom 5. Februar 1794 (»Über die Grundsätze der politischen Moral«) grenzte er die jakobinische Schreckensherrschaft von den Machtmitteln despotischer Regierungen ab und griff zu der später viel zitierten Formel vom »Despotismus der Freiheit gegen die Tyrannei«.

Diese Formel spielte für den Jakobinismus dieselbe Rolle wie die »Diktatur des Proletariats« in der Marxschen Revolutionstheorie. Beidemal ging es um eine Übergangsmaßnahme inmitten einer Revolution. Als solche nicht nur

sprachlich verwandte Wortschöpfung, sondern auch inhalt-
lich gleichende Rechtfertigung von Unterdrückungsmaß-
nahmen wird auch der jakobinische Despotismus der Freiheit immer im Widerstreit der Meinungen stehen.

Um die Rolle der *Terreur* in der politischen Praxis zu be-
urteilen, kommt man nicht daran vorbei, Bilanz zu ziehen.
Als die Jakobiner an die Macht kamen, befand sich Frankreich in einer äußerst schwierigen innen- und außenpolitischen Lage. Im Juni 1793 standen 60 von 80 französischen
Départements im Aufstand gegen das revolutionäre Paris.
Die Armeen der deutschen Fürsten drangen von Norden
und Osten ein; im Süden und Westen griffen die Briten an.
Das Land war wirtschaftlich bankrott. Vierzehn Monate
später befand sich ganz Frankreich unter der Herrschaft einer zentralen Regierung, die Währung blieb stabil, und die
fremden Heere standen wieder jenseits der Grenzen. Für
die jakobinische Mehrheit des Nationalkonvents war die
Wahl einfach gewesen: entweder die *Terreur* mit allen Män-
geln und aller Grausamkeit – oder die Vernichtung der Revolution, die Zerstörung des Nationalstaats und möglicher-
weise (wie die gleichzeitige Aufteilung Polens zeigte) eine
Verkleinerung des französischen Territoriums.

Wenn also die *Terreur* auch nur als eine Antwort auf die
innere und äußere Bedrohung der Revolution entwickelt
worden ist, so bleibt doch umstritten, ob die gewaltsamen
Mittel nicht über das Ziel hinausgeschossen sind. Natürlich
wird sich nie entscheiden lassen, ob die Gefahr für Frankreich wirklich so groß war, daß auch die territoriale Unversehrtheit auf dem Spiel stand. Auch steht weitgehend fest,
daß sich die *Terreur* gegen Ende der Jakobinerherrschaft
verselbständigte.

Das Gesetz vom 22. Prairial II war zur Verteidigung der
Revolution nicht mehr nötig. Die Mittel, über die der
Wohlfahrtsausschuß bereits verfügte, hätten zur Rettung
ausgereicht. Mit dem Nachlassen der Kriegsgefahr ließ die
Terreur unter den »Robespierristen« also nicht nach, son-

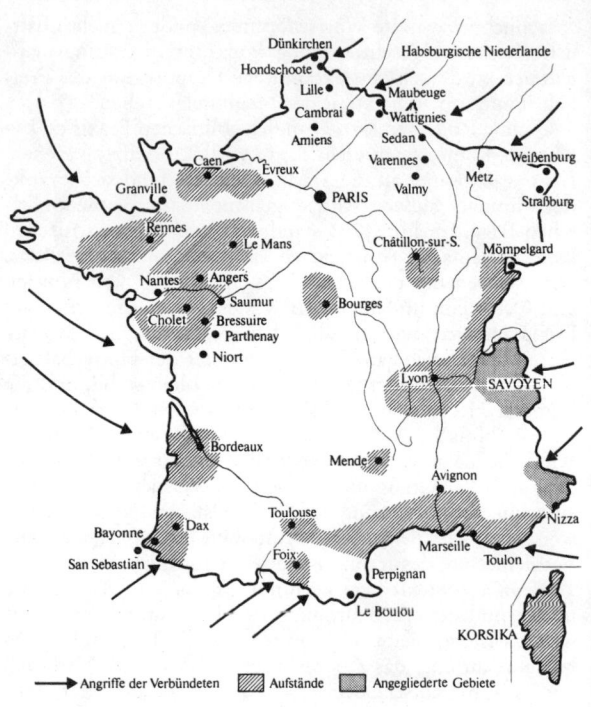

Die belagerte Republik, Juli/August 1793

dern weitete sich noch einmal aus. Jetzt diente sie offensichtlich dazu, die Jakobinerdiktatur aufrechtzuerhalten.

Im Kampf der verschiedenen Fraktionen der Bergpartei behielt die politische Richtung um Robespierre die Oberhand. Nach der Liquidation der Girondisten wurden im

März und April 1794 die »Aufgeregten« (*Enragés*) um Hébert und die »Nachsichtigen« (*Indulgents*) um Danton und Desmoulins hingerichtet. Hébert, der Herausgeber der Zeitung *Le Père Duchesne*, war für eine Verschärfung der *Terreur* eingetreten. Danton hatte dafür plädiert, eine große Anzahl von Verdächtigen freizulassen. Er starb am 5. April 1794 unter der Guillotine.

Außerhalb von Paris hing die Intensität der *Terreur* vom Ausmaß der gegenrevolutionären Aufstände ab. Die vom Bürgerkrieg kaum betroffenen Départements hatten auch kaum Hinrichtungen zu erleiden. Dagegen hinterließ die *Terreur* im Westen und Südosten Frankreichs tiefe Spuren. In vier Städten der Vendée verurteilten Militärkommissionen Rebellen, die mit der Waffe in der Hand angetroffen wurden, zum Tode. In Lyon, das erst nach einer zweimonatigen Belagerung am 9. Oktober 1793 von den Jakobinern zurückerobert werden konnte, wurden mehr als 1660 Todesurteile gefällt. In Nantes ließ der Konventskommissar Jean-Baptiste Carrier 2000 bis 3000 Hinrichtungen ohne Gerichtsurteil vornehmen. Insgesamt fielen der *Terreur* annähernd 50 000 Menschen zum Opfer. Fast alle wurden wegen Rebellion oder Verrat, nur ein Prozent wurde wegen Wirtschaftsverbrechen umgebracht.

Das sozialpolitische und demokratische Programm

Die Jakobinerherrschaft gilt manchen nicht nur deshalb als Höhepunkt der Revolution, weil sie diese mit Hilfe der *Terreur* gerettet hat. Sie entwickelte auch ein sozialpolitisches und ein demokratisches Programm.

Die jakobinische Sozialgesetzgebung konzentrierte sich auf zwei Bereiche: die Lösung der Agrarfrage und den Kampf um billige Lebensmittel. Im Rahmen dieser Bemühungen wurden Prinzipien der liberalen Wirtschaftspolitik, die sich in der ersten Revolutionsphase durchgesetzt hatten, aufgegeben. Es entstanden die Umrisse eines zentral gelenkten Sozial- und Wirtschaftsstaats.

Am 3. Juni 1793 wurde der Verkauf von Emigrantengütern neu geregelt. Man teilte die Parzellen in kleinere Stücke ein und machte die Abzahlung in zehn Jahresraten möglich. Diese Maßnahmen wurden ab 22. November 1793 auf alle Nationalgüter ausgedehnt. Auf diese Weise konnten auch die weniger Besitzenden zu neuem Land kommen. Nach einem Gesetz vom 10. Juni 1793 über das Gemeindeeigentum sollte die Allmende nach Maßgabe völliger Gleichheit auf die Einwohner verteilt werden. Am 17. Juli 1793 wurde die entschädigungslose Aufhebung aller feudalen Verpflichtungen und Privilegien dekretiert.

Bezüglich der Lebensmittelfrage entstand am 26. Juli 1793 das Gesetz zur Unterdrückung des wucherischen Aufkaufs. Es verbot die Hortung von Waren oder Lebensmitteln dringenden Bedarfs. Sie mußten täglich und öffentlich zum Verkauf angeboten werden. Verboten wurde ferner, daß Privatleute Lebensmittel und Waren dringenden Bedarfs willentlich zugrundegehen ließen. Lagernde Nahrungsgüter mußten deshalb gemeldet werden und konnten von den Gemeindebehörden verkauft werden. Bei Nichtbeachtung des Gesetzes drohte die Todesstrafe. Mit solchen Praktiken hatten Geschäftemacher nicht nur profitieren, sondern auch die Revolution bremsen wollen.

Am 29. September 1793 erging das Gesetz über das große Maximum. Es legte für die wichtigsten, namentlich genannten Lebensmittel Höchstpreise fest. Sie sollten um ein Drittel höher als der Durchschnittspreis von 1790 sein und für ein Jahr gelten. Bei Nichtbeachtung dieser Bestimmung drohten Geldbuße und Aufnahme in die Liste der Verdächtigen. Gleichzeitig legte das Gesetz Höchstlöhne fest, und zwar die 50prozentige Anhebung der Löhne von 1790. Eine Kommission, die Einzelheiten ausarbeiten sollte, veröffentlichte am 20. Februar 1794 die Tarife des Preismaximums und am 23. Juli 1794 die des Lohnmaximums.

Am 26. Februar und 3. März 1794 unterbreitete Saint-Just dem Konvent die sog. Ventôse-Dekrete. Sie sahen vor, das Vermögen von Feinden der Republik einzuziehen und unter die armen Patrioten zu verteilen. Diese Ankündigung löste beträchtliche Unruhe aus, weil zum erstenmal im Zusammenhang mit der Eigentumsfrage ein Begriff (Feind der Republik) verwendet wurde, der nicht genau zu definieren war.

In all diesen Gesetzen zeigt sich die Vision einer neuen Gesellschaft, die der kleinen Eigentümer. Die Jakobiner traten für die Sozialbindung des Eigentums ein; sie waren radikale Demokraten, aber keine Sozialisten. Diese hätten nur ein Preismaximum, aber kein Lohnmaximum beschlossen. Sozialisten hätten auch das Gesetz *Le Chapelier* aufgehoben, was die Jakobiner bezeichnenderweise nicht taten. Nicht mehr das ererbte, sondern auch das erwirtschaftete Eigentum wurde jetzt vom Gesichtspunkt seiner gesellschaftlichen Nützlichkeit beurteilt. Damit machten die Jakobiner den Versuch, die in der französischen Aufklärung philosophisch gefaßte Kritik des Eigentums in die Tat umzusetzen. Das Eigentum erschien nun nicht mehr als ein unantastbares Recht, sondern wurde einem noch weniger bestreitbaren Menschenrecht untergeordnet, dem Recht auf Leben.

Die jakobinische Demokratievorstellung offenbarte sich vor allem in der Verfassung von 1793. Wenn man die *Terreur* als Folge aus den Problemen der politischen Praxis versteht, dann erscheint diese verabschiedete, aber nicht in Kraft getretene Verfassung nicht als Propagandatrick, sondern als ein ernsthaftes Anliegen der Jakobiner. Sie beruhte auf dem Grundsatz politischer Gleichheit.

Das zeigte sich vor allem in der Übernahme des allgemeinen, gleichen Männerwahlrechts und in dem Umstand, daß zur Verabschiedung eines Gesetzes zwei Akte notwendig waren: der Mehrheitsbeschluß einer gewählten Versammlung sowie das Referendum, die direkte Zustimmung der Bevölkerung.

Die jakobinische Erklärung der Menschen- und Bürgerrechte, der Verfassung wieder vorangestellt, baute im Vergleich zur liberalen Erklärung von 1789 die soziale und die demokratische Komponente aus, gewichtete die Rechte neu und erweiterte den Rechtekatalog. Artikel 1 legte fest: »Das Ziel der Gesellschaft ist das allgemeine Glück« (*le bonheur commun*). Die Reihenfolge der Menschenrechte lautete jetzt: Gleichheit, Freiheit, Sicherheit, Eigentum. Im Vergleich zu 1789 war das Eigentum zurückgestuft worden, und die Gleichheit rangierte vor der Freiheit. Als neue Rechte fügten die Jakobiner die Versammlungsfreiheit, das Petitionsrecht, das Recht auf öffentliche Unterstützung (d. h. ein Recht auf Arbeit bzw. staatliches Arbeitslosengeld) und das Recht auf Bildung hinzu. Letzteres bedeutete, daß der Staat die Gleichheit der Bildungschancen zu beachten hatte und kostenlosen Schulunterricht gewähren sollte. Zur Zeit der Jakobinerherrschaft wurde deshalb erneut über eine umfassende Reform des französischen Erziehungs- und Bildungswesens diskutiert, vor allem nachdem Robespierre am 13. Juli 1793 das Erziehungsprojekt des ermordeten Abgeordneten Michel Lepeletier vor dem Konvent vorgelesen hatte. Im Vorgriff auf diese Reform führte der Konvent am 19. Dezember 1793 auch die allgemeine Schulpflicht ein.

Nur in einem Staatswesen, so zeigte diese Verfassung von 1793, in dem alle Bürger an den Geschäften teilnahmen, war nach jakobinischer Auffassung die friedliche Überwindung des zerstörerischen Kampfes aller gegen alle möglich. Ein solcher Kampf war zwar nicht im Naturzustand, wohl aber in einer nicht republikanisch organisierten Gesellschaft gegeben. Allerdings schlossen auch noch die Jakobiner, wie alle anderen revolutionären Fraktionen vor ihnen, die Frauen von den Bürgerrechten aus.

Volkssouveränität, Vaterlandsliebe, Gemeinsinn, republikanische Tugend waren für die Jakobiner austauschbare Begriffe. Sie alle kreisten um die Vorstellung einer von allen Bürgern ausgeübten direkten Demokratie. Ein Vaterland konnte es für den Jakobiner nur dort geben, wo der Staat auf dem Gedanken der Volkssouveränität gegründet war. Es war nicht an ein bestimmtes Territorium gebunden, geschweige denn an Sprache oder Rasse. Vaterlandsliebe war noch weit entfernt vom engen Nationalgefühl des 19. Jahrhunderts, das sich von der Abgrenzung zu anderen Nationen her definierte.

Jakobiner und Sansculotten

Sansculotten waren nach dem eigentlichen Wortsinn alle diejenigen Männer, die keine Kniebundhosen (*culottes*) wie die Adeligen trugen. Als politische Bewegung in der Revolution fanden die Sansculotten ihre Basis unter Bauern, Handwerkern, Tagelöhnern, Armen und Deklassierten in Stadt und Land. Sie hatten die Revolution von ihren ersten Tagen an begleitet; als Aufständische, Demonstranten, Barrikadenkämpfer und Soldaten. Zu Wort kamen sie jedoch erst während der Jakobinerherrschaft, und auch da meist nur durch intellektuelle Wortführer.

Plattformen und Stützpunkte ihrer Wirksamkeit waren vor allem die Sektionsversammlungen von Paris. Allerdings brachten es diese im Unterschied zu den Jakobinerklubs zu keiner festen Organisation. Immerhin nahmen die von den Sansculotten geprägten Volksgesellschaften, anders als die Jakobinerklubs, mit gewissen Einschränkungen auch Frauen auf.

Am 17. Juli 1793 entstand in einer Pariser Sektion die Volksgesellschaft der Sansculotten beiderlei Geschlechts. Sie wurde auch »Gesellschaft der Sozialistischen Harmonie« genannt. Die Pariser »Gesellschaft der Freien Menschen« beschloß, die Frauen links, die Männer rechts vom Präsidenten sitzen zu lassen. Nach dem Statut der »Patriotischen Gesellschaft« einer anderen Sektion sollte die Zahl der weiblichen Mitglieder ein Fünftel der Gesamtzahl der Männer nicht überschreiten. Zwar gab es 1793 für kurze Zeit auch einen reinen politischen Frauenklub, aber im allgemeinen verband sich die Frauenbewegung mit der Sansculottenbewegung. Die im Mai 1793 gegründete »Gesellschaft der Revolutionären Republikanerinnen«, ihre treibende Kraft war die Schauspielerin Claire Lacombe, wurde schon am 20. Oktober 1793 wieder aufgelöst. Reine Frauenklubs waren seitdem überhaupt verboten.

In der Sansculottenbewegung entwickelte sich eine politische Linie, die die Jakobinerherrschaft weitgehend unterstützte, sie aber auch kritisierte. Die Jakobiner ihrerseits bildeten diejenige Fraktion des republikanisch gesinnten Bürgertums, die im Unterschied zu den Girondisten bereit war, sich weitgehend auf die sansculottischen Forderungen einzulassen.

Die Wortführer der Sansculotten hatten die vom Wohlfahrtsausschuß beschlossene Sozial- und Wirtschaftspolitik vorformuliert und drangen auf deren Verwirklichung. Einer von ihnen, Jacques Roux, versuchte am 25. Juni 1793 im Auftrag zweier Sektionen (Gravilliers und Bonne-Nouvelle) sowie des Klubs der Cordeliers dem Konvent das »Manifest der Enragés« vorzutragen. Die Abgeordneten ließen Roux nicht zu Ende reden, denn er konstatierte, daß die Interessen der Armen von den Abgeordneten bisher nicht berücksichtigt worden seien. Bevor am 29. September 1793 das Gesetz über das große Maximum erging, war es am 2. September in einer Eingabe der Sektion Sans-Culotte gefordert worden. Die von den Sansculotten dominierte *Commune* von Paris versuchte, das Maximum für Löhne zu sabotieren, während sie das Preismaximum rigoros angewendet wissen wollte. Daher kam es, daß die Ausführungsbestimmungen für das Lohnmaximum erst fünf Monate nach denen des Preismaximums fertig waren.

Freude der Sansculotten über einen militärischen Sieg

Anonyme aquarellierte Radierung, undatiert

In zwei Punkten entwickelten sich zwischen den regierenden Jakobinern und den Sansculotten klare Gegensätze. Letztere lehnten die jakobinische Diktatur ab und forderten die sofortige Einführung der demokratischen Verfassung von 1793. Sie traten für die freie, lokale und direkte Demokratie der Klubs und Sektionen ein, während die Anhänger Robespierres den Jakobinerklub zur zentralen Partei machen wollten. So sprachen sich die zwei Sektionen »Marchés« und »Contrat Social« am 15. September 1793 dafür aus, daß der Nationalkonvent seinen Beschluß rückgängig mache, in den Sektionen nur zweimal wöchentlich Vollversammlungen abhalten zu lassen. Auch diese Kontroverse, nämlich ob die weitestgehende Demokratie schon während der revolutionären Kämpfe eingeführt werden könne oder erst nach dem Sieg, ist in späteren Revolutionen immer wieder aufgeflammt.

Zum zweiten verlangten die Sansculotten aus dem Munde ihrer Wortführer ein Ackergesetz: die kostenlose Zuweisung von Land für alle Revolutionsanhänger, die es zu bebauen wünschten und Mangel daran litten. Eine solche grundsätzliche Neuverteilung des Bodens haben die Jakobiner nicht beschlossen, sondern sogar am 18. März 1793 die Todesstrafe für die Anhänger des Ackergesetzes dekretiert. Saint-Justs Ankündigung der Ventôse-Dekrete kam dieser sansculottischen Forderung zwar nahe, wurde aber bezeichnenderweise nicht verwirklicht.

Auch in der sogenannten Entchristianisierungsbewegung bildeten die Sansculotten die treibende Kraft. Sie begann mit der Annahme eines neuen Revolutionskalenders am 5. Oktober 1793. Der 22. September eröffnete als erster Tag der Republik das neue Zeitalter. Die alten Monatsnamen wurden durch neue poetische Namen ersetzt. Jeder Monat wurde in drei Dekaden eingeteilt, so daß der Sonntag als christlicher Feiertag entfiel. Der nächste Schritt war, die Kirchen in Tempel der Vernunft umzubenennen und in ihnen der Göttin der Freiheit zu huldigen. Am 10. November 1793 wurde in der Pariser Kirche Notre-Dame ein solches Freiheitsfest gefeiert. An die Stelle der katholischen Heiligenbilder traten Bilder von Märtyrern der Freiheit. Vor allem der ermordete Marat kam so in den Genuß einer postumen Verherrlichung. Davids Gemälde »Der Tod des Marat«, das bis Februar 1795 im Sitzungssaal des Konvents hing, trug wesentlich zu diesem Kult bei.

Hintergrund dieser Entchristianisierungsbestrebungen war der Kampf gegen die verfassungstreuen Priester, die in ihrer Mehrheit der konstitutionellen Monarchie anhingen. Im Wohlfahrtsausschuß sah man sehr wohl die Gefahr, die von den Altarstürmern ausging. Die Republik hatte genug Feinde, man wollte nicht auch noch die in der traditionellen Religion verwurzelten Bevölkerungsschichten gegen sie aufbringen. Am 6. Dezember 1793 erinnerte deshalb der Konvent in einem Dekret an den Grundsatz der freien Religionsausübung. Trotzdem blieb eine Reihe von Kirchen weiterhin geschlossen.

Während sich bei den regierenden Jakobinern die Vision einer Gesellschaft der kleinen Eigentümer abzeichnete, in der nach der Formulierung von Rousseau niemand zu viel und niemand zu wenig besitzen sollte, strebten die Sansculotten eine Gesellschaft an, in der die sozial schwachen Bevölkerungsschichten einseitig bevorzugt würden. Während der Wohlfahrtsausschuß nur in einer Notlage und damit vorübergehend die Beschränkung der Eigentumsverhältnisse anging, forderte die Sansculottenbewegung eine grundsätzliche Neuverteilung des Besitzes.

Girondisten und Jakobiner waren zwei politische Vertretungen derselben gesellschaftlichen Gruppe, des besitzenden Bürgertums. Auch daß in beiden Fraktionen republikanisch gedacht wurde, einte sie. Doch unterschieden sie sich in dem Grad der Bereitschaft, mit den Sansculotten zusammenzuarbeiten. Die Zusammenarbeit der Konterrevolution mit dem Ausland hatte auf der anderen politischen Seite zum Bündnis des Bürgertums mit der Volksbewegung geführt. Dieses Bündnis erschien den reicheren Schichten gefährlicher als den weniger reichen; so entstanden die verschiedenen politischen Fraktionen. Gefährlich war die Zusammenarbeit allemal; denn wenn man sich zu sehr auf die Forderungen der Sansculotten einließ, stieß man an die Grenze der Eigentumsordnung.

Das Ende der Jakobinerherrschaft

Am 10. Thermidor II (28. Juli 1794) wurden Robespierre, Saint-Just und 20 ihrer Anhänger hingerichtet. Am darauffolgenden Tag folgten ihnen 71 Männer auf die Guillotine. Damit endete die Jakobinerherrschaft und auch die zweite Revolutionsphase. Diese entscheidende Wende der Revolution läßt sich aus dem Charakter der Jakobinerherrschaft gut erklären. Das Regime beruhte auf einem Bündnis des republikanischen Bürgertums mit den Sansculotten. Für die Jakobiner aber waren Konzessionen an die Volksbewegung – vor allem auf dem Gebiet der Eigentumsordnung – nicht grundsätzlich möglich. Dazu waren sie selbst zu sehr in dieser Eigentumsordnung integriert. Konzessionen konnte es deshalb nur solange geben, wie die Eigentümer aufgrund der gefährdeten inneren und äußeren Verhältnisse Einschränkungen akzeptierten. So ergab sich die Paradoxie, daß die Jakobiner um so näher an das Ende ihrer eigenen Herrschaft gerieten, je mehr sie die Revolution retteten.

In Bezug auf die Kriegsereignisse bildete Fleurus die entscheidende Wende. Am 26. Juni 1794 siegten dort in Belgien die französischen Truppen gegen Österreich. Das bedeutete für Frankreich die endgültige Abwendung der militärischen Gefahr. Nicht von ungefähr dauerte die Jakobinerherrschaft nur noch einen Monat länger.

Da die *Terreur* nicht gelockert wurde, bildete sich im Konvent und in seinen Ausschüssen eine neue Oppositionsgruppe gegen die Robespierristen. Ferner lag die Drohung der Ventôse-Dekrete noch in der Luft; diese verunsicherte die besitzenden Revolutionäre. Andererseits wurden am 23. Juli die Einzelheiten des Lohnmaximums veröffentlicht. Die fünfzigprozentige Lohnanhebung im Vergleich zu 1790 wirkte sich in verschiedenen Arbeitsbereichen als faktische Lohnsenkung aus. Das verstimmte nun auch die Sansculotten. Im entscheidenden Moment waren nur noch 16 Sektionen bereit, die Robespierristen zu verteidigen. Die Jakobiner hatten ihre Schuldigkeit getan, die Revolution gerettet; das republikanische Bürgertum wollte keine weiteren Zwangsmaßnahmen mehr, und die Sansculottenbewegung war nicht mehr bereit, die Jakobiner zu unterstützen, weil diese ihrer Meinung nach zu wenig für sie getan hatten.

6
Thermidorianerkonvent und erstes Direktorium

Charakterisierung der dritten Revolutionsphase

Da Robespierre und die führenden Jakobiner im Thermidor guillotiniert wurden, nannte man die neuen Machthaber auch Thermidorianer. Sie dominierten zunächst in den alten Institutionen, wie dem Nationalkonvent und seinen Ausschüssen. Am 22. August 1795 wurden dann die Grundlagen des politischen Lebens in einer Verfassung neu geregelt. Diese sogenannte Konstitution des Jahres III setzte ein Direktorium von fünf Männern als Regierung ein. Die Direktorialverfassung galt bis zum Staatsstreich Napoleon Bonapartes vom 18. Brumaire VIII (9. November 1799). In dieser Gesamtzeit bildete der 18. Fructidor V (4. September 1797) einen gewissen Einschnitt. Obwohl es also bis zur Einsetzung der Direktorialregierung eine Übergangszeit des Thermidorianerkonvents gab und man von einem ersten und einem zweiten Direktorium sprechen kann, gelten die fünf Jahre zwischen dem 10. Thermidor und dem 18. Brumaire als eine einheitliche dritte Revolutionsphase.

Die Jahre von August 1794 bis November 1799 können deshalb als eine Einheit betrachtet werden, weil sich in dieser Zeit unter dem Deckmantel der weiterhin bestehenden Republik die Interessen des wohlhabenden Bürgertums, die in der jakobinischen Republik des Jahres II zeitweise zurückgedrängt worden waren, wieder durchsetzten. Man kann die dritte Revolutionsphase daher als die Restauration des besitzenden Bürgertums bezeichnen.

In dieser Zeit kämpften die verschiedenen politischen Fraktionen des Bürgertums nur noch um den Stillstand der Revolution. Sie wollten die Errungenschaften der ersten, gemäßigten Revolutionsphase sichern. Bedroht wurden sie in diesem Unterfangen nicht nur von den Resten der Volksbewegung der Sansculotten und Jakobiner, sondern auch von den Royalisten, die die Revolution noch weiter, bis zur Rückkehr der Königsherrschaft, zurückdrehen wollten. Die Politik der Thermidorianer und Befürworter der Direktorialregierung versuchte den Mittelweg zwischen einem Rechtsputsch und einem Volksaufstand einzuschlagen. Bei dieser Gratwanderung konnten sich die neuen Machthaber letztlich nur noch auf die militärische Macht stützen. Sie hielten sich durch eine Reihe von kleinen Staatsstreichen gegen rechts und links. Dadurch und durch die weiteren französischen Kriegserfolge wuchs der Einfluß junger, energischer Generäle auf die Innenpolitik. So war es nur folgerichtig, daß ein Militärputsch auch die Zeit des Direktoriums überhaupt beendete. Daß sich schließlich General Bonaparte durchsetzte, stand freilich nicht von Anfang an fest; es rivalisierten mehrere Generäle um den bestimmenden Einfluß auf die Innenpolitik.

Liquidation der Jakobinerherrschaft

Die Thermidorianer brauchten noch mehrere Monate, um die Errungenschaften der Jakobinerherrschaft zu beseitigen. Mit der Abschaffung des Revolutionstribunals und der Öffnung der Gefängnisse im August 1794 endete die Zeit der Schreckensherrschaft. Danach ging man gegen die politischen Klubs vor. Am 16. Oktober 1794 wurde der Zusammenschluß verschiedener Klubs und die gemeinschaftliche Petition untersagt. Am 11. November wurde der Pariser Jakobinerklub nach einer organisierten Schlägerei vom Vortag geschlossen.

Der Konvent war von den meisten Jakobinern gesäubert worden. Am 8. Dezember 1794 wurden diejenigen girondistischen Abgeordneten, die noch am Leben waren, zusammen mit einigen anderen Ausgeschlossenen in den Konvent zurückberufen. Diese insgesamt 78 Parlamentarier stärkten natürlich als Gemäßigte oder gar Anhänger der Königsherrschaft den rechten Flügel des Konvents. Auch der Wohlfahrtsausschuß wurde noch nicht abgeschafft, sondern mit anderen Leuten besetzt und in seinem Aufgabenbereich begrenzt. Aus einer Revolutionsregierung verwandelte er sich in einen Konventsausschuß unter anderen.

Im Bereich der Wirtschaftspolitik gingen die Thermidorianer von der gelenkten Wirtschaft des Jakobinerstaats wieder zum Prinzip des freien Wirtschaftens über. Zwar verlängerte der Konvent zunächst das große Maximum bis zum Ende des Jahres III (das wäre September 1795 gewesen); da der Unterdrückungsapparat jedoch abgebaut war, konnte die Einhaltung der Höchstpreise nicht durchgesetzt werden. So wurde das Maximum im Dezember 1794 abgeschafft. Seitdem war der Handel mit Getreide innerhalb der Republik völlig frei.

Als Folge dieser Verordnung stieg die Spekuliererei mit den lebensnotwendigen Nahrungsmitteln wieder sprunghaft an. Das Papiergeld der Assignaten, das bis zum Ende der Jakobinerherrschaft bei 30 Prozent des Nominalwerts gehalten werden konnte, sank bis April 1795 auf 8 Prozent. Damit waren die Geldscheine praktisch wertlos; die Bauern und Kaufleute nahmen nur noch Münzgeld an. Aufgrund der Spekulationen wurden die Nahrungsmittel knapp, die Preise stiegen, und die Hungersnot in der Bevölkerung nahm katastrophale Ausmaße an. In Paris wurden die tägli-

Verfall der Assignaten in Paris, 1790–1795

chen Brot- und Fleischrationen auf ein Mindestmaß festgelegt; doch die Bäcker konnten in manchen Sektionen der
Stadt noch nicht einmal das Mindestmaß an Brot liefern.
Von der Wirtschaftskrise waren nicht alle gleichermaßen betroffen. Am meisten litten diejenigen, die in Assignaten bezahlt wurden, wie die Lohnarbeiter in den staatlichen Ma-
nufakturen, die Bezieher von Renten oder Rückzahlungen
aus der Zeit des Ancien régime. Kaum betroffen wurde
das handeltreibende Großbürgertum, wie die Armeeliefe-
ranten und Aufkäufer von Nationalgütern. Sie bildeten eine Schicht von Neureichen und Kriegsgewinnlern, deren
Sprößlinge (man nannte sie »*Jeunesse dorée*«, die »goldene
Jugend«) sich zu regelrechten Banden zusammenschlossen.
Ihre Stärke betrug in Paris 2000 bis 3000 Personen; ihr
Hauptquartier befand sich im »Café de Chartres«. Um ihren Gegensatz zu den einfach angezogenen Sansculotten zu
dokumentieren, legten sie sich extravagante Kleidung zu, so
daß man sie auch »*muscadins*« (d. h. nach Moschusparfüm

riechende Stutzer) nannte. Sie bewaffneten sich mit Schlag-
stöcken und blanken Waffen und machten Jagd auf Jakobiner und Sansculotten.

Auswirkungen in Europa

Es kommt wohl nicht von ungefähr, daß fast gleichzeitig
mit dem Sturz der französischen Jakobiner auch jakobinische Bestrebungen in Österreich bzw. ein revolutionärer
Aufstand in Polen scheiterten. In der Nacht des 24. Juli 1794
gelang der Wiener Regierung ein Schlag gegen österreichische und einige Tage später gegen ungarische Jakobiner.
Ungefähr 40 Personen wurden verhaftet. In Österreich-Un-
garn hatten Anhänger der früheren Reformpolitik eine Opposition zum neuen Kaiser Franz II. gebildet. Sie trafen sich
seit Herbst 1792 in geheimen Zirkeln. Kopf und Herz der
Wiener Jakobiner war Baron Andreas Riedel. Als erster nä-
herte sich dieser der Idee einer gesamtdeutschen Erhebung.
Im September 1792 verfaßte er einen *Aufruf an alle Deutsche zu einem antiaristokratischen Gleichheitsbund.* Einen
weiteren Revolutionsaufruf, einen Brief »an die armen Untertanen«, schrieb 1794 Georg Ruzsitska. Dieser stammte
selbst aus einfachen Verhältnissen und arbeitete in Wien bei
der ungarischen Hofkanzlei. Außer diesen beiden ragte
noch der Offizier Franz von Hebenstreit aus der Gruppe
der Verhafteten hervor. Er war Verfasser des populären
und revolutionären Eipeldauerliedes und Konstrukteur einer Kriegsmaschine, die er an die aufständischen Polen verkaufte. Im Anschluß an die Verhaftung der Wiener Jakobiner kam es zu mehrmonatigen Schauprozessen. Sie hatten
zum Ziel, weitere Oppositionsbewegungen im Keim zu ersticken. Hebenstreit wurde am 8. Januar 1795 hingerichtet.
Zwei weitere Verhaftete wurden ebenfalls zum Tode verurteilt, die übrigen erhielten langjährige Kerkerstrafen. Riedel
wurde zu 60 Jahren Haft verurteilt. 14 Jahre büßte er davon

ab, bevor er 1809 nach Frankreich fliehen konnte. Ruzsitska wurde zu 35 Jahren Festungshaft verurteilt, aber 1803 wie viele andere Verhaftete begnadigt.

In Polen war nach der zweiten Teilung des Landes am 24. März 1794 ein Aufstand ausgebrochen. Er wurde von Tadeusz Andrzej Kościuszko angeführt, der schon am Unabhängigkeitskrieg in Amerika sowie an den polnischen Kämpfen von 1792 teilgenommen hatte und wegen dieser Verdienste zum französischen Ehrenbürger ernannt worden war. Bei dem Aufstand verband sich der Kampf um die nationale Unabhängigkeit mit grundlegenden sozialen Forderungen, die besonders von der polnischen jakobinischen Strömung erhoben wurden: Sie trat für die Aufhebung der Leibeigenschaft, die Gleichheit aller vor dem Gesetz, eine Erweiterung der Volksbildung und eine republikanische Verfassung ein. In Warschau konstituierte sich ein Jakobinerklub. Der Aufstand scheiterte schließlich an der Übermacht der russischen und preußischen Truppen, aber auch an der Haltung, die die Mehrheit des polnischen Adels einnahm. Am 10. November 1794 wurde Warschau von russischen Truppen eingenommen. Kościuszko geriet in russische Gefangenschaft, kam aber im November 1796 gegen das Versprechen frei, nie mehr gegen Rußland zu kämpfen. Rußland, Preußen und Österreich teilten Polen am 24. Oktober 1795 ein drittes Mal unter sich auf. Polen verschwand daraufhin bis 1807 vollends von der Landkarte Europas.

Aufstände und Putschversuche in Frankreich

Schon im März 1795 waren Deputationen der Sansculotten mehrmals vor dem Konvent erschienen, so etwa am 31. die Bürger der Pariser Vorstadt Saint-Antoine. Sie hatten Petitionen überreicht, die in den Forderungen gipfelten, das Elend des Volkes zu beheben und die demokratische Verfassung von 1793 in Kraft zu setzen. Diese Petitionen waren von der thermidorianischen Mehrheit des Konvents zurückgewiesen worden. Die Unruhe stieg, und am 1. April drang eine unbewaffnete Menge in den Konvent ein. Sie wurde von der Nationalgarde leicht zerstreut. Diese Revolten des Monats Germinal zeigten deutlich, daß die Sansculotten ohne Führung und Organisation für die neuen Machthaber nicht mehr gefährlich werden konnten.

Trotzdem kam es am 1. Prairial III (20. Mai 1795) in Paris noch einmal zu einem Volksaufstand. Diesmal hatten sich die Sansculotten bewaffnet; sie zogen zum Konvent, besetzten den Versammlungssaal und zwangen die Abgeordneten zur Annahme ihrer Forderungen. Ein neuer Regierungsausschuß sollte aus den Reihen des Konvents gebildet werden. Von ihm verlangten sie, das Brot aus den Lebensmittelmagazinen zu holen, das dort gehortet wurde, und die Inkraftsetzung der demokratischen Verfassung von 1793. Die Aufständischen setzten zwar den Konvent durch die bewaffnete Massendemonstration unter Druck, betrachteten ihn aber weiterhin als den legitimen Gesetzgeber. In den nächsten Tagen wurde der Aufstand von Soldaten blutig niedergeschlagen. 36 Personen erhielten das Todesurteil, darunter 6 Konventsabgeordnete der Bergpartei. Letztere erdolchten sich beim Verlassen des Gerichtssaals. 37 weitere Personen verurteilte man zu Festungshaft, Deportation oder Zwangsarbeit. In den Sektionen wurden rund 1700 Sansculotten entwaffnet.

Diese dramatischen Tage im Prairial des Jahres III brachten der Volksbewegung die erste Niederlage in der Revolution bei. Bis dahin hatte jeder Volksaufstand, am 14. Juli 1789, am 10. August 1792 sowie am 2. Juli 1793, gesiegt und zu einer radikaleren Revolutionsregierung geführt. Die Antriebskraft der Revolution, die Sansculottenbewegung von Paris, war im Prairial des Jahres III gebrochen worden. Jetzt hielten die Royalisten ihre Zeit für gekommen. Nachdem der Sohn Ludwigs XVI. am 8. Juni 1795 im Gefängnis gestorben war, nannte sich der Bruder des hingerichteten Königs Ludwig XVIII. Von Verona aus erließ er ein Manifest, das die Rückkehr der Ständegesellschaft, die Vorrangstellung der Kirche und die Bestrafung der Königsmörder versprach. Am 27. Juni 1795 landete eine Emigrantentruppe, unterstützt von der englischen Flotte, auf der Halbinsel Quiberon im Süden der Bretagne. Doch sie unterlag, durch die Uneinigkeit ihrer Führer geschwächt, den herbeieilenden Regierungssoldaten unter dem jungen General Louis Lazare Hoche. Am 5. Oktober 1795 rüsteten die Royalisten in Paris zu einem Marsch auf die Tuilerien, doch ihr Aufstandsversuch wurde ebenfalls von regierungstreuen Soldaten, diesmal unter der Führung des jungen Bonaparte, niedergeschlagen. Damit zerfiel auch die Bewegung der *Jeunesse dorée*. Diese Erfolge gegen die Sansculotten und gegen die Royalisten verschafften den neuen Machthabern eine Zeitlang Sicherheit.

Die Direktorialverfassung

Am 22. August 1795 wurde im Konvent eine neue Verfassung beschlossen. Nachdem in einer Volksabstimmung mehr als eine Million Männer für diese gestimmt hatten, erklärte der Konvent am 23. September die Verfassung für angenommen. Sie war keine demokratische Verfassung mehr, wohl aber eine republikanische.

Diese Konstitution des Jahres III beruhte wieder auf dem Prinzip der Gewaltenteilung. Sie legte ein Zweikammersystem fest. Es gab einen Rat der 500, dessen Mitglieder über 30 Jahre alt sein mußten, und einen Rat der Alten von 250 Mitgliedern, die älter als 40 und verheiratet bzw. Witwer sein mußten. Beide Gremien sollten jährlich zu einem Drittel erneuert werden. Im Rat der 500 wurden mehrheitlich Beschlüsse gefaßt, die Gesetzeskraft erhielten, wenn der Rat der Alten auch zugestimmt hatte. Mit diesen Bestimmungen versuchte man Kontinuität und Mäßigung der

Gesetzgebung zu erreichen. Das Wahlrecht wurde wieder auf einem Zensus aufgebaut und indirekt über Wahlmänner abgewickelt. Aktivbürger war jeder Mann, der eine direkte Steuer bezahlte. Er konnte in Urwählerversammlungen die Wahlmänner wählen. Wahlmann konnte nur werden, wer ein Vermögen im Wert von mindestens 200 Arbeitstagen besaß. Diese Wahlmänner, etwa 30 000 in ganz Frankreich, wählten dann ohne Rücksicht auf einen Zensus die 750 Abgeordneten der beiden Kammern. Obwohl der Zensus gegenüber 1791 niedriger war, sicherte er doch immer noch den Wohlhabenden den entscheidenden politischen Einfluß. Mit einer zusätzlichen Verordnung vom 22. August 1795 wurde festgelegt, daß bei den ersten Wahlen zwei Drittel der neuen Abgeordneten bisherige Mitglieder des Konvents sein mußten. Damit hofften die Thermidorianer, ihren bisherigen Einfluß gegenüber der Bergpartei und den Royalisten zu behalten.

Die Exekutive übernahm ein Direktorium von fünf Mitgliedern. Sie wurden vom Rat der Alten aufgrund einer Vorschlagsliste des Rates der 500 gewählt. Diese Liste konnte zehnmal soviel Namen enthalten, wie Männer zu wählen waren. Auch im Fünferdirektorium sollte jedes Jahr ein Mitglied neu gewählt werden. Die Direktoren bestimmten die einzelnen Minister, die die Regierungsgeschäfte führten. Die Verfassung enthielt auch eine Rechteerklärung, die nicht nur gegenüber der von 1793, sondern auch der von 1789 einen Rückschritt bedeutete. Vor allem gab es kein Recht auf Widerstand mehr, ebensowenig ein Recht auf Versammlungsfreiheit, auf Arbeit und auf kostenlose Ausbildung. Die Rechte wurden durch einen Katalog von Pflichten ergänzt.

Die ersten Wahlen nach dieser Verfassung begannen am 12. Oktober 1795; am 26. Oktober fand die letzte Sitzung des Konvents statt. Am 31. Oktober wurde das erste Direktorium gewählt. Ihm gehörten an: Paul François Jean Nicolas Vicomte de Barras, Louis Marie La Revellière-Lépeaux,

Charles Louis François Honoré Letourneur, Lazare Nicolas Carnot und Jean François Reubell. Nach einem Jahr wurde Letourneur durch François Barthélemy ersetzt. Das waren die Männer, die nun Frankreich regierten. Unter ihnen übernahm der Vicomte de Barras eine führende Rolle.

Krieg und Frieden

Die Thermidorianer und die Direktoralen nahmen die von den Girondisten entwickelte Kriegspolitik wieder auf. Sie konnten jedoch mit dem durch die Jakobiner eingeführten Massenaufgebot bedeutendere militärische Erfolge erringen, als es den Girondisten gelungen war. Auch diese Erfolge stabilisierten, wie die Verfassung, ihre Herrschaft.

Nach dem noch zur Zeit der Jakobiner errungenen Sieg bei Fleurus gegen die Österreicher (26. Juni 1794) wurden die österreichischen Niederlande, d. h. das heutige Belgien, von Frankreich annektiert. Im Januar 1795 gab der Konvent den jakobinischen Beschluß vom April 1793 auf, sich nicht in die Angelegenheiten anderer Völker mischen zu wollen. Anfang des Monats begann unter General Jean Charles Pichegru der französische Angriff auf Holland; Amsterdam wurde am 19. Januar eingenommen und am 16. Mai eine Batavische Republik proklamiert. Die dortigen Freiheitsfreunde erlebten die Gründung der Republik als einen Akt der Befreiung. Ferner drangen französische Truppen zwischen August und Oktober 1794 ein zweitesmal in das linksrheinische Deutschland ein. Sie besetzten die Landstriche zwischen Trier, Aachen, Köln und Koblenz. Ihre Anwesenheit dauerte, wie sich herausstellen sollte, bis zum Wiener Kongreß von 1814. Mainz, das 1792/93 Zentrum des deutschen Jakobinismus gewesen war, kam erst 1798 dazu.

Der französische Vormarsch weckte auch bei den linksrheinischen deutschen Demokraten neue Hoffnungen. Sie erwarteten, daß die siegreichen Franzosen die Landstriche

nicht annektieren, sondern nach dem Beispiel der Batavi-
schen Republik einen selbständigen Freistaat zulassen würden. Aber anders als in Holland blieben die Jahre bis 1797
im Linksrheinischen erst einmal eine Übergangszeit, weil
sich die Mitglieder des Direktoriums über den Status dieser
Gebiete nicht einig waren.

Am 5. April 1795 schlossen Frankreich und Preußen den
Frieden von Basel. Nicht nur für Preußen, sondern für ganz
Norddeutschland war der Krieg damit zu Ende. In einer
knapp zwei Wochen später vereinbarten Zusatzkonvention
wurde eine Demarkationslinie festgelegt, die auch einen
großen Teil Westfalens, Hessens und Frankens einschloß. In
einem geheimen Zusatzartikel zum Baseler Frieden erklärte
sich Preußen mit dem Verlust seiner linksrheinischen Besitzungen einverstanden, für den Fall, daß es eine ausreichende
Entschädigung gab.

Basel brachte nicht den von Kant erhofften ewigen
Frieden. Der Königsberger Philosoph hatte 1795 in seiner
Schrift *Zum ewigen Frieden* einen Völkerbund republikanischer Staaten, die Abschaffung stehender Heere und einen
Verzicht auf Kolonien vorgeschlagen. Immerhin hielt der
Frieden von Basel aber rund zehn Jahre lang. Mit ihm
kehrte das revolutionäre Frankreich an den Tisch der europäischen Diplomatie zurück und bewies damit, daß es bereit
war, mit den absolutistischen Monarchien im Stile der früheren französischen Könige zu paktieren. Auch von preußi-
scher Seite war Basel ein klassischer Frieden der Staatsräson.
Preußen erhielt dadurch freie Hand, seine Interessen in Polen bis zu dessen dritter Teilung hin zu wahren.

Das Kommando für die französische Italienarmee hatte
am 2. März 1796 General Bonaparte erhalten. Bevor er auf-
brach, heiratete er noch schnell Josephine Beauharnais, die
frühere Geliebte des Direktors Barras. Der von Bonaparte
befehligte Italienfeldzug entschied über den Ausgang des
Krieges mit Österreich. Die französischen Truppen zogen,
begleitet von militärischen Siegen, durch Piemont und die

Lombardei, nahmen nach heftigen Kämpfen die österreichische Festung Mantua und schickten sich an, nach Wien zu ziehen. Der Sieg an der Brücke von Arcole, errungen am 15. November 1796, gilt als eine der ersten Heldentaten Bonapartes, der sich rasch zum fähigsten Heerführer der Republik entwickelte.

Gleichzeitig verspürte Bonaparte auch erste politische Ambitionen. Unter Mißachtung der Anweisungen des Direktoriums ließ er am 15. Oktober 1796 die Gebiete um Modena unter Beteiligung italienischer Jakobiner zur Cispadanischen Republik erklären. Um sich die Früchte seiner Siege nicht entwenden zu lassen, schloß er mit Österreich am 18. April 1797 in Leoben einen Präliminarfrieden und dann am 17. Oktober 1797 den Definitivfrieden zu Campo Formio. Österreich mußte sich mit dem Verzicht Belgiens einverstanden erklären und nahm auch eine Minderung seines Einflusses in Oberitalien hin. Die Cispadanische Republik wurde um lombardische Gebiete erweitert und erhielt den Namen Cisalpinische Republik. Österreich bekam für diesen Verzicht das Gebiet um Venedig zugesprochen. In geheimen Artikeln mußte auch Österreich den Verlust seiner linksrheinischen Gebiete gegen Entschädigung anerkennen. Mit dem Frieden von Campo Formio endete der erste Koalitionskrieg (1792–1797). Auf dem europäischen Festland hatte Frankreich nun keinen Kriegsgegner mehr. Aber im Unterschied zum Baseler Frieden hielt der von Campo Formio nur zwei Jahre; Österreich war zum Frieden gezwungen worden und suchte ihn so früh wie möglich zu beenden.

Babeuf und die Verschwörung für die Gleichheit

Am 10. Mai 1796 wurden in Paris die Anführer einer »Verschwörung für die Gleichheit«, darunter François-Noël Babeuf und Filippo Michele Buonarroti, verhaftet. Die Verschwörer hatten eine allgemeine Volkserhebung propagiert, und die Vorbereitungen für einen Aufstand waren so weit gediehen, daß er unmittelbar bevorstand. Der Prozeß bot dem Direktorium erneut eine gute Gelegenheit, sich unbequemer Kritiker zu entledigen. Nachdem über 100 sogenannte Verdächtige mehrere Monate lang in Untersuchungshaft gesessen hatten, eröffnete man am 20. Februar 1797 das Verfahren gegen 47 Personen. Am 26. Mai 1797 erging das Urteil: 40 Angeklagte wurden freigesprochen, fünf zur Deportation, darunter Buonarroti, und zwei, darunter Babeuf, zum Tode verurteilt.

François-Noël Babeuf, der sich ab 1790 den Vornamen Camille und ab 1794 den Vornamen Gracchus gab, war während der ersten Revolutionsjahre ein kaum bekannter Lokalpolitiker in der Provinz gewesen. Seit 1795 wurde er jedoch zum Mittelpunkt einer Opposition, in der sich Neojakobiner und Frühsozialisten zusammenfanden. Er und seine Mitstreiter arbeiteten im Untergrund. Sie wollten ihre »Partei der Gleichen« organisatorisch und programmatisch stärken, um bei den zu erwartenden weiteren Hungeraufständen die Leitung der Unzufriedenen übernehmen zu können. Man hatte also aus den Fehlern der gescheiterten Germinal- und Prairial-Demonstrationen gelernt. Babeuf gab eine Zeitung heraus, der er denselben Titel gab, den die legendäre Zeitschrift Marats getragen hatte: *Volkstribun*. In ihr übte er eine immer schärfer werdende Kritik am politischen Kurs des Direktoriums und veröffentlichte am 30. November 1795 seine wohl bekannteste Schrift, das »Manifest der Plebejer«.

Auch Babeuf und seine Mitverschwörer wollten die demokratische Verfassung von 1793 eingeführt wissen. Doch diese Forderung hatte nach der Inkraftsetzung der Konstitution des Jahres III eine ganz andere Bedeutung als im Prairial. Ging es damals nur darum, die Regierung in einem verfassungslosen Zustand an ihre Pflichten zu erinnern, so war der Wunsch nach der Jakobinerverfassung jetzt offen verfassungsfeindlich. Obwohl man in der Parteiführung übereinstimmte, daß zwischen dem Sturz der alten Regierung und der endgültigen Einsetzung der demokratischen Verfassung eine Übergangsregierung gebildet werden müsse, lehnte die Mehrheit eine Diktatur nach antikem Muster oder nach dem Vorbild des Wohlfahrtsausschusses ab.

Außerdem trug Babeuf dem Pariser Volk ein neues Gesellschaftskonzept vor: die sozialistische Gütergemeinschaft. Darin hieß es: Alle Menschen haben das gleiche Recht und die gleiche Pflicht zur Arbeit. Alle arbeiten gemeinsam, und die Früchte der Arbeit gehören allen gemeinsam.

Babeuf formulierte damit Grundsätze, die zwar in der französischen Aufklärungsphilosophie angelegt, aber zuvor noch von keinem Revolutionär vertreten worden waren. Er sah die Geschichte als eine ewige Auseinandersetzung zwischen den Reichen und den Armen, überwand die Fortschrittsfeindlichkeit, die im Denken Rousseaus steckte, und unterzog den noch wenig entwickelten Kapitalismus einer scharfen Kritik, indem er in einem Brief an einen Mitverschworenen von einem barbarischen Gesetz sprach, das von den Geldern diktiert werde. Babeuf nahm damit wesentliche Elemente einer sozialistischen Theorie vorweg, die sich aber erst im 19. Jahrhundert voll entfalten konnten.

7
Die Zeit des zweiten Direktoriums

Der Staatsstreich vom 18. Fructidor

Nach dem Prinzip der Schaukelpolitik zwischen rechts und links, das die Regierungszeit des Direktoriums bestimmte, mußte das Vorgehen gegen Babeuf und seine Anhänger zu einer Stärkung der Royalisten führen. Die Wahlen vom

April 1797 hatten genau dieses Ergebnis. Um der Gefahr eines royalistischen Umsturzes zu entgehen, entschlossen sich drei der fünf Direktoren zu einem Staatsstreich. Am 18. Fructidor V (4. September 1797) wurde Paris von Truppen besetzt, die die Generäle Hoche und Bonaparte zur Verfügung stellten. Barras, Reubell und La Revellière-Lépaux ließen ihren Kollegen Barthélemy, General Pichegru und ein Dutzend Abgeordnete gefangennehmen; Carnot floh ins Ausland. In 49 Departements wurden die Wahlergebnisse für ungültig erklärt, 177 Abgeordnete verloren ihre Mandate. Damit war der Rechtsruck vom Frühjahr gewaltsam korrigiert worden, auf Kosten des Ansehens der Verfassung und mit Hilfe von Generälen, deren politische Macht kaum mehr kontrolliert werden konnte.

Mit dem Staatsstreich des Direktoriums vom 18. Fructidor setzte innerhalb der dritten Revolutionsphase die Regierungzeit eines zweiten Direktoriums ein. Es bestand aus den bisherigen drei Direktoren Barras, Reubell, La Revellière-Lépaux sowie den beiden Neulingen Philippe Antoine Merlin (de Douai) und François de Neufchâteau. Der Staatsstreich führte zu einem außenpolitischen Kurswechsel Frankreichs, der schließlich den zweiten Koalitionskrieg hervorrief, und brachte im Inneren eine vorübergehende Liberalisierung mit sich. Jedoch machte der außenpolitische Expansionskurs die Bemühungen um eine Stabilisierung im Inneren wieder zunichte. So sah sich auch dieses zweite Direktorium genötigt, seine Macht durch »kleine« Staatsstreiche aufrechtzuerhalten, wie den vom 22. Floréal VI (11. Mai 1798) und den vom 30. Prairial VII (18. Juni 1799).

Die Außenpolitik des Direktoriums

Nach dem Frieden von Campo Formio stand Frankreich nur noch im Kampf mit England. Das neue Direktorium wollte diesen Kampf zunächst mit militärischen Mitteln

entscheiden. Am 26. Oktober 1797 beschloß es, eine Eng-
land-Armee unter dem Oberbefehl Bonapartes zusammen-
zustellen. Doch im Februar 1798 mußte der Plan, in England zu landen, wegen der Stärke der britischen Flotte aufgegeben werden. Fortan wurde die Auseinandersetzung mit
den Mitteln der Wirtschaftspolitik fortgesetzt. Frankreich
versuchte, England durch die Behinderung seiner Exporte
auf das Festland zur Kapitulation zu zwingen.

Dem Kampf gegen England sollte auch die französische
Expedition nach Ägypten dienen. Das Projekt wurde von
Bonaparte am 23. Februar 1798 dem Direktorium vorgeschlagen und von diesem am 5. März gebilligt. Am 19. Mai
stach die französische Flotte in See. Bonapartes Armee er-
oberte am 2. Juli Alexandria und zog am 22. Juli in Kairo
ein. Doch am 1. August 1798 konnte die englische Flotte
unter Admiral Nelson die französische Flotte bei Abu-
kir vernichten und den französischen Soldaten den Rückzug abschneiden. Obwohl Bonapartes Soldaten in Ägypten
weiter siegten, war die Expedition zu einem Fiasko geworden.

Das ägyptische Abenteuer war ein Beispiel für den außenpolitischen Expansionskurs des Direktoriums. Auch bezüglich des europäischen Kontinents änderte das zweite Direktorium seine Zielsetzung.

Die französische Außenpolitik war in der girondistischen
Aufschwungphase der Revolution stark von einer kosmo-
politischen Befreiungsideologie bestimmt gewesen. Man
wollte auch anderen Völkern zur Freiheit verhelfen. Zur
Zeit der Jakobinerherrschaft hatte der Konvent ausdrücklich erklärt, sich nicht in die Angelegenheiten fremder Völker einmischen zu wollen. Unter dem Direktorium lebte
die alte girondistische Politik wieder auf; nur dominierten
jetzt ganz offen die französischen Interessen. Wenn Länder
besetzt und behalten wurden, dann hauptsächlich deshalb,
um aus ihnen Ressourcen herauszupressen. Was aber den
politischen Zustand der eroberten Gebiete betraf, so kon-

kurrierten im Direktorium und in Frankreich überhaupt zwei Vorstellungen miteinander.

Eine erste Gruppe vertrat die Vorstellung, um Frankreich herum einen Gürtel von halb-selbständigen Republiken zu bilden. Im Jahre 1797 bestanden, wie erwähnt, an der Nordsee die Batavische Republik und in Oberitalien die Cisalpinische Republik. Dazwischen hätten noch weitere Freistaaten entstehen können: eine cisrhenanische Republik in den von Frankreich seit 1794 besetzten linksrheinischen deutschen Gebieten, eine süddeutsche Republik und eine helvetische Republik. Daß sich diese Konzeption im Direktorium durchsetzen würde, war die Hoffnung der deutschen und der Schweizer Demokraten.

Daneben gab es eine zweite Konzeption. Diese knüpfte an die traditonelle französische Hegemonialpolitik seit Ludwig XIV. an und vertrat die These von den natürlichen Grenzen. Sie bedeutete u. a. die Ausdehnung Frankreichs bis an den Rhein und ließ keinen Platz für eine linksrheinische deutsche Republik. Die Partei der natürlichen Grenzen wollte ihre Konzeption auch mit traditionellen außenpolitischen Mitteln durchsetzen, d. h. durch Verhandlungen mit den offiziellen Vertretern der Staaten. Sie arbeiteten also lieber mit den deutschen Fürsten als mit den deutschen Revolutionsanhängern zusammen.

Vor dem Staatsstreich vom 18. Fructidor dominierten im Direktorium die Anhänger der Schwesterrepubliken, nach ihm die Befürworter der natürlichen Grenzen. Daß sich diese außenpolitische Kursänderung, die sich besonders auf das Schicksal des linksrheinischen Deutschlands auswirken mußte, als endgültig erweisen würde, konnte den Zeitgenossen natürlich nicht bewußt sein.

Noch am 13. April 1797 hatte das (erste) Direktorium General Hoche, dem die gesamte militärische und zivile Verwaltung in den besetzten linksrheinischen Gebieten unterstand, die Instruktion erteilt, auf eine *République séparée* hinzuarbeiten. Doch nur drei der fünf Direktoren hatten

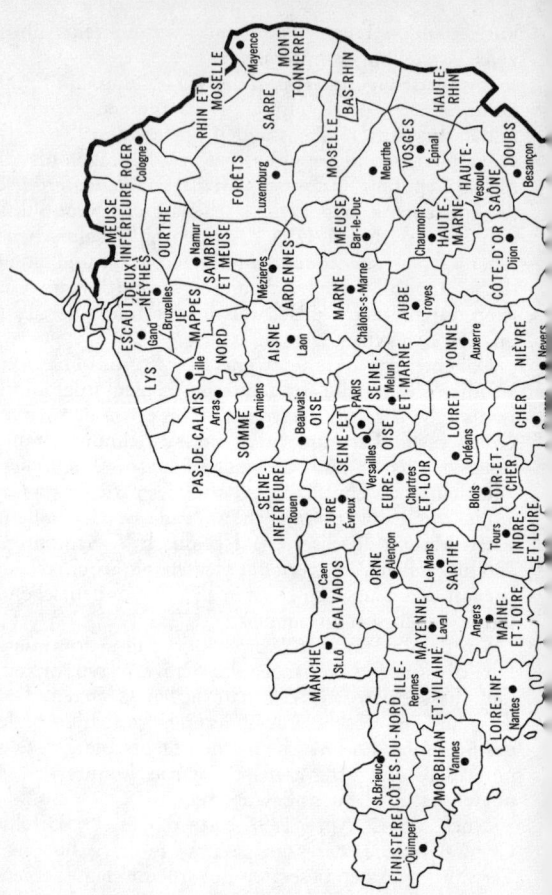

Frankreich im Jahre 1798

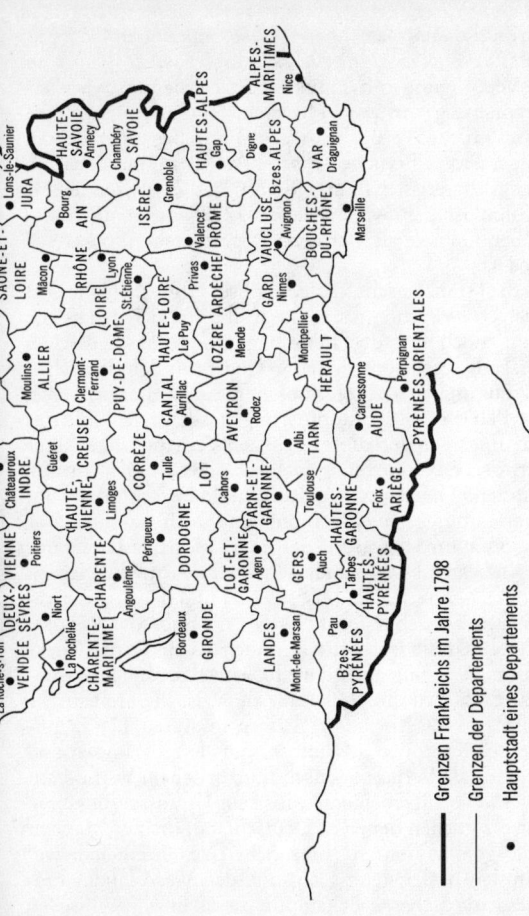

Grenzen Frankreichs im Jahre 1798

Grenzen der Departements

Hauptstadt eines Departements

das Schriftstück unterzeichnet. Am 16. September 1797 gab das (zweite) Direktorium die Weisung aus, von nun an für die Vereinigung mit Frankreich zu arbeiten. Nach einer Verzögerung von zwei Monaten, die durch den plötzlichen Tod Hoches verursacht worden war, begannen dessen Nachfolger Pierre François Charles Augereau und der neue Regierungskommissar Franz Joseph Rudler diesen Kurswechsel umzusetzen. Am 4. Februar 1798 wurden die linksrheinischen Gebiete als vier neue Departements Frankreich angegliedert.

Was die französische Außenpolitik für Zeitgenossen zusätzlich verwirrend machte, war die Tatsache, daß die Regierung noch mit der Befreiung des rechtsrheinischen Deutschlands spielte, als sie schon längst mit den deutschen Fürsten zusammenarbeitete. So ging sie auch noch nach 1797 auf Pläne zur Revolutionierung des deutschen Südwestens ein, um sie in den diplomatischen Verhandlungen über eine territoriale Neuordnung Deutschlands als Druckmittel zu benutzen. Die deutschen Revolutionäre schöpften auf diese Weise immer neue Hoffnung; und doch waren sie nur noch ein Stein im Schachspiel der internationalen Beziehungen. Darin bestand der grundlegende Unterschied zwischen der Zeit der Mainzer Republik 1792/93 und der Zeit der revolutionären Bestrebungen 1797/99: Am Ende der Revolution erwies sich die *fraternité* nur noch als ein leeres Wort.

Im Jahre 1798 ging auch die alte Schweizer Eidgenossenschaft zu Ende. An ihre Stelle trat zunächst die Helvetische Republik. Am 12. April 1798 kamen in Aarau 121 Deputierte aus 10 Kantonen zusammen, um sie zu gründen und eine direktoriale Verfassung nach französischem Vorbild anzunehmen. Die allgemeinen politischen Voraussetzungen in der Schweiz glichen denen in Deutschland, die zur Mainzer Republik geführt hatten. Eine Schweizer Freiheitsbewegung um den Basler Peter Ochs und den Waadtländer Frédéric César de Laharpe bekämpfte die alten oligarchischen Kantonsregierungen, und die französische Expansionspoli-

tik wollte sich der Schweiz bemächtigen, um einen freien
Weg nach Italien zu erreichen. Die französischen Waffen be-
schleunigten den Zusammenbruch der Eidgenossenschaft,
doch trotz allen Einflusses der Franzosen ist die Helvetische
Revolution nicht ihr Werk gewesen.

Jeder Kanton der Schweiz machte seine eigene Revolution. In einigen Gebieten beschlossen die alten Regierungen unter dem Druck der Umstände die Revision der Verfassungen nach dem Prinzip der Volkssouveränität und der
Rechtsgleichheit. Anderswo besorgten die Unzufriedenen
dieses Geschäft durch den Sturz der Obrigkeiten selbst.
Nur in Bern marschierten die französischen Truppen ein
und beendeten das dortige Ancien régime. Ansonsten sorgte die Furcht vor einem französischen Eingreifen, daß sich
die Unzufriedenheit der Bevölkerung machtvoll entfalten
konnte und ein Jahrhunderte altes System zusammenbrach,
das nur noch dem Schein nach festen Bestand hatte.

Die Helvetische Republik existierte offiziell fünf Jahre,
bis 1803. In dieser Zeit geriet sie immer mehr unter französischen Einfluß. Die Probleme, in einem besetzten und aus-
geraubten Land ohne längere Vorbereitung und zunehmend
gegen die Franzosen einen neuen Staat aufzubauen, waren
von den einheimischen Revolutionären nicht zu lösen.

Auch die Batavische Republik wurde nach dem 18. Fructidor neu strukturiert, durch einen Staatsstreich, den die
französischen Repräsentanten in Den Haag am 22. Januar
1798 durchführten. Die italienischen Republiken erlebten
dasselbe Schicksal wie die Helvetische. Mit der Cisalpinischen Republik wurde am 21. Februar 1798 ein Bündnisver-
trag und ein Handelsabkommen geschlossen. Um beide
durchzusetzen, mußte das Direktorium die cisalpinischen
Räte säubern. Im Gefolge eines Aufstands der italienischen
Patrioten vom 28. Dezember 1797 entstand mit Hilfe französischer Truppen am 15. Februar 1798 eine Römische Republik; auch sie wurde schließlich nichts anderes als ein In-
strument der französischen Außenpolitik.

Alle diese Schwesterrepubliken sind nicht ausschließlich unter französischem Druck entstanden; überall gab es einheimische revolutionäre Gruppen, die für die neuen Ideen kämpften und eine Republik unter französischer Schirmherrschaft den alten oligarchischen Regierungen vorzogen. Doch die einheimischen Revolutionäre wurden früher oder später von der Wirklichkeit enttäuscht, ihre ersehnten Republiken verwandelten sich in Besatzungsregime. Dennoch hinterließ die französische Besetzung überall auch dauerhafte Spuren; sie beseitigte wie 1789 in Frankreich die Reste des Feudalsystems, sie führte die Rechtsgleichheit und die Gewaltenteilung ein und alle revolutionären Errungenschaften, die die Thermidorianerreaktion in Frankreich beibehalten hatte.

Französischer Soldat

Aquarell von
Johann Baptist Pflug,
Biberach 1796/1800

Da sich der Staatsstreich vom 18. Fructidor gegen rechts gerichtet hatte, führte er in der französischen Innenpolitik wieder zu einer Liberalisierung. Das zeigte sich vor allem in der Gründung neojakobinischer Klubs. Nach der Verfassung von 1795 waren politische Klubs weiterhin erlaubt; sie durften sich nur nicht Volksgesellschaften nennen. Den Klubs war es auch verboten, miteinander zu korrespondieren und sich zu verbinden. Sie durften keine Kollektivpetitionen verfassen, keine Satzungen ausarbeiten und keine öffentlichen Sitzungen abhalten. Mit diesen Maßnahmen wollte man den Klubs eine Entwicklung verwehren, wie sie die Pariser Jakobiner 1793/94 genommen hatten.

In der Zeit des ersten Direktoriums entstanden eine ganze Reihe Klubs, die sich an diesen engen Rahmen hielten, aber doch auch die Tendenz entwickelten, sich zu radikalisieren. Daraufhin hatte der Rat der 500 am 23. Juli 1797 die Schließung aller politischen Klubs angeordnet. Am 5. September 1797 hob das zweite Direktorium diesen Beschluß wieder auf. Nun entstanden in rascher Folge mehrere hundert neue Klubs unter dem offiziellen Namen »Konstitutionelle Zirkel«; etwa 25 davon befanden sich in den vier neuen linksrheinischen Departements. Der bedeutendste von diesen »deutschen« Klubs war der Kölner konstituionelle Zirkel. Seine Mitgliederliste enthält mehr als 200 Namen, und bei (nicht ganz legalen) öffentlichen Versammlungen kamen über 1000 Teilnehmer.

Der Name dieser Klubs zeigt an, was die Regierung von ihnen erwartete: Sie sollten für die Verfassung werben. Die meisten von ihnen gerieten aber bald in Opposition zum Direktorium. Nachdem es einmal die Versammlungsfreiheit zugestanden hatte, verlor es die Initiative an Männer, die die Klubs nicht nur als nützliche Propagandamittel der Regierungspolitik betrachteten. Immer schon seit 1789 wollten die gemäßigten Revolutionsanhänger die Klubs auf die Bereiche der Aufklärung und Erziehung beschränkt wissen, während die Demokraten mit ihnen eine politische Absicht verbanden. Im Anschluß an Rousseau vertraten sie die Meinung, daß die dauernde Wachsamkeit aller Bürger für die Aufrechterhaltung der Republik notwendig sei. Sie sahen die Kontrolle der Regierung als die legitime Aufgabe der Klubs an. Waren diese neojakobinischen Aktivitäten von 1797/98 auch nur noch ein schwacher Abklatsch der Volksgesellschaften von 1793/94, so zeigen sie doch, was die Klubs leisten konnten und wollten: die direkte Teilnahme der Bürger an der Kommunalpolitik. In diesen Jahren entstand der Jakobinismus als eine demokratische Massenbewegung neu, dezentralisiert, aber überall in den Gemeinden politisch tätig, überall die Bürger in vielfältiger Weise an der Politik beteiligend.

Die Neojakobiner von 1797/98 akzeptierten nach außen hin die Verfassung von 1795, wollten aber verschiedene Programmpunkte der robespierristischen Demokratie in sie aufnehmen: das Bürgerrecht auf Unterstützung und auf unentgeltliche öffentliche Erziehung. Sie beriefen sich nicht ausdrücklich auf die Person Robespierres, da dieser als Tyrann und die Jabobinerherrschaft als Terrorismus abgestempelt war. Indem sie aber seine Demokratie- und Gesellschaftsvorstellungen übernahmen, überlebte das jakobinische Vermächtnis in den Konstitutionellen Zirkeln.

Ihre größte Aktivität entfalteten die Zirkel bei den Frühjahrswahlen des Jahres VI. Da diesmal 473 Abgeordnete neu gewählt wurden, bereitete das Direktorium die Wahlen besonders sorgfältig vor. Die jakobinische Partei hatte sich in mehr als 50 Städten organisiert und eigene Kandidatenlisten aufgestellt. Das Direktorium faßte die Jakobiner als Gegner auf und mobilisierte die Staatsmacht gegen sie. In Aufrufen an die Wähler, Urwählerversammlungen und Wahlmänner im Februar und März 1798 gab es die Parole aus: »Weder Terror, noch Reaktion! Weder Königtum noch Diktatur!« Obwohl die Kandidaten des Direktoriums in mehr als der Hälfte der Departements gewählt wurden, reagierte die Regierung mit einer erneuten Säuberungswelle. Das Gesetz vom 22. Floréal VI (11. Mai 1798) sprach in Fortsetzung der Wahlaufrufe von einer in zwei Flügeln gespaltenen Verschwörung, erklärte die Wahlen in verschiedenen Departements für ungültig und bestätigte Abgeordnete, die in Versammlungen von Abgespaltenen gewählt worden waren. Insgesamt wurden 106 gewählte Abgeordnete »floréalisiert«. Auf diese Weise verfügte die direktoriale Partei über eine Mehrheit in beiden Kammern, aber die Autorität der Regierung war durch diesen erneuten Staatsstreich weiter gesunken. Daran konnte auch die Ernennung des ehemaligen Konventsabgeordneten und Königsmörders Jean-Baptist Treilhard nichts ändern, der am 16. Mai 1798 als Nachfolger von Neufchâteau ins Direktorium kam.

Ungefähr ein Jahr lang, bis zu den nächsten Wahlen, konnte das Direktorium nun allerdings in Ruhe regieren. In dieser Zeit wurde eine wirtschaftliche und finanzielle Neuorganisation Frankreichs in Angriff genommen, auf die das napoleonische Frankreich später aufbauen konnte. Aufgrund von reichen Ernten der Jahre 1796 bis 1798 verlor das Problem des Lebensunterhalts seine Dringlichkeit. Die Brotpreise waren niedrig, was sich auf den sozialen Frieden günstig auswirkte. Die Industrie erholte sich nur langsam von den Folgen des Krieges; der Außenhandel war durch die politischen Umstände auf die Hälfte gegenüber dem Stand von 1789 gesunken. Frankreich blieb ein Agrarland und die Regierung den Lieferanten und Spekulanten ausgeliefert.

Der Rastatter Kongreß

In Rastatt tagte von Dezember 1797 bis April 1799 ein Gesandtenkongreß europäischer Fürsten. Dieser Rastatter Kongreß ist mehr durch sein unrühmliches Ende, den Rastatter Gesandtenmord, bekannt geworden als durch seine Verhandlungen. Letztere blieben nämlich ergebnislos. Der Kongreß gehörte in die Reihe der Friedensverhandlungen, die den ersten Koalitionskrieg abschließen sollten. Preußen hatte 1795 in Basel, Österreich 1797 in Campo Formio mit Frankreich Frieden geschlossen. Es blieb noch der Friedensschluß zwischen Frankreich und den deutschen Reichsständen zu regeln. Genau das sollte die Aufgabe des Rastatter Kongresses sein.

Offiziell nahmen an den Verhandlungen die Gesandten der französischen Republik, die des Kaisers und die in Regensburg ernannte Reichsfriedensdeputation teil. Letztere bestand u. a. aus Kurmainz, Österreich, Bayern und Baden. Außerdem waren aber auch alle übrigen Kurfürsten und die meisten anderen Fürsten Deutschlands vertreten. Dazu kamen noch auswärtige Gesandtschaften, so daß die Diplomatie der alten Zeit fast vollzählig versammelt war.

Die offiziellen Verhandlungen fanden nur zwischen den französischen Gesandten und der Reichsfriedensdeputation statt, natürlich den Gepflogenheiten der Zeit entsprechend in schriftlicher Form. Daneben gab es auf allen Ebenen inoffizielle Verhandlungen. In Paris und Straßburg saßen Agenten, die die Machthaber mit Geldsummen bearbeiteten. Das neutrale Preußen verhandelte während der ganzen Kongreßzeit mit Österreich in Wien und Bern. Diese komplizierte Verhandlungsstrategie erklärt, warum der Kongreß runde eineinhalb Jahre brauchte, bis er ergebnislos auseinanderging.

Ernsthaft zu verhandeln gab es eigentlich nichts. Frankreich diktierte seine Forderungen, und der Reichsfriedensdeputation blieb nichts übrig, als sich nach jedesmaligem langen Sträuben zu fügen. General Bonaparte gab nur ein kurzes Gastspiel, um die Räumung der Festung Mainz von den kaiserlichen Truppen zu vereinbaren. Frankreichs Ziel war jetzt die Einvernahme der linksrheinischen deutschen Gebiete. Am 17. Januar 1798 eröffneten die französischen

Diplomaten die Verhandlungen mit der Forderung nach der Rheingrenze. Was folgte, war eine Komödie. Obwohl neben Preußen (in Basel) auch Österreich (in Campo Formio) diese Forderung im geheimen längst akzeptiert hatte, war die Reichsfriedensdeputation (in der Österreich eine nicht unwichtige Stimme hatte) einstimmig dagegen. Zwei Monate später, am 11. März, erklärte sie sich endlich doch mit der Abtretung des linken Rheinufers einverstanden. Nun wurde es ernst; denn es ging um die Frage der Entschädigung. In Wirklichkeit waren die hochkarätigen Diplomaten nur in Rastatt versammelt, weil hier der Länderschacher eröffnet wurde. Österreich wünschte sich an Bayern schadlos zu halten, dessen Gesandter aber mit seinem österreichischen Kollegen in derselben Friedensdeputation saß. Gleichzeitig wollte Österreich verhindern, daß Preußen zu viele Gebiete als Entschädigung erhielt. Die mittleren und kleineren Reichsstände, u. a. der Markgraf von Baden, suchten ihr Heil in einer Anlehnung an Frankreich. Die meisten weltlichen Fürsten wollten sich auf Kosten der geistlichen Territorien vergrößern, von denen Kurmainz in der Reichsfriedensdeputation ebenfalls Sitz und Stimme hatte.

Indessen wurde es mit jedem Tag gleichgültiger, was man in Rastatt verhandelte. Die Staatsmänner der Großmächte kamen zu dem Entschluß, doch lieber einen neuen Krieg zu führen, als die von Frankreich diktierten Verhandlungsergebnisse anzunehmen. Zwischen April und Dezember 1798 bildete sich die zweite Koalition der europäischen Mächte gegen Frankreich. Sie war die Antwort auf die vom französischen Direktorium eingeleitete Eroberungspolitik. Auch diesmal war England die treibende Kraft bei der Bildung und Finanzierung der Koalition. Das ägyptische Unternehmen Bonapartes ließ Rußland und die Türkei näher aneinanderrücken. Ein Vertrag zwischen beiden Staaten vom 13. Dezember 1798 öffnete Rußland die türkischen Mittelmeerhäfen. Daraufhin drang eine russische Flotte ins Mittelmeer ein.

Am 26. November 1798 eroberten die Truppen des Königreichs Neapel vorübergehend die Römische Republik, jedoch bereits im Dezember konnten die Franzosen unter Jean Etienne Championnet Rom zurückgewinnen. König Ferdinand IV., ein Bourbone, der mit einer Schwester Marie-Antoinettes verheiratet war, mußte nicht nur aus Rom, sondern am 21. Dezember auch aus Neapel nach Palermo fliehen. Daraufhin schlossen am 29. Dezember 1798 England, Rußland und Neapel ein Bündnis mit dem Ziel, den französischen Einfluß in Italien zu beseitigen. Zunächst jedoch gelang es den Franzosen, am 23. Januar 1799 auch Neapel zu erobern. Dort hatten seit Ferdinands Flucht unter einem Statthalter anarchische Zustände geherrscht. Die einheimische demokratische Elite strebte die Gründung einer Republik an, doch wurde sie von den Unterschichten, die zu den Bourbonen hielten, bekämpft. Am 21. Januar proklamierten die Jakobiner Neapels die *Repubblica Napoletana*, mußten aber die Truppen Championnets zu Hilfe rufen. Dieser bestätigte am 23. Januar die Neugründung unter dem Namen »Parthenopäische Republik«.

Die neapolitanische Republik (so nennen sie die Italiener lieber) war der End- und Höhepunkt des *triennio giacobino*, der drei jakobinischen Jahre Italiens zwischen 1796 und 1799. Sie bestand vom 21. Januar bis zum 13. Juni 1799, als die Truppen des *Sante Fede*, einer mit den gegenrevolutionären Bauern der Vendée vergleichbaren süditalienischen Bewegung, Neapel besetzten.

Die Jakobiner Neapels standen in der Tradition des aufgeklärten Absolutismus im Königreich beider Sizilien und der französischen Aufklärung, die besonders an der Universität Neapel bedeutende Vertreter fand. Sie radikalisierten sich nach der konservativen Wende des Regimes. Mit einer Reihe von Gesetzen und vor allem mit einem Verfassungsentwurf Mario Paganos entfaltete die republikanische Regierung Neapels in den knapp fünf Monaten ihrer Existenz ein umfangreiches Reformprogramm. Nachdem die Bourbonen im Gefolge sanfedistischer Horden zurückgekehrt waren, verurteilten Sondergerichte mehr als 100 Bürger zum Tode und mehr als 1000 zu Galeerenstrafe; abermals Tausende gingen ins Exil.

Während sich Preußen weiterhin neutral verhielt, war Österreich nach einigem Zögern bereit, den russischen Truppen, die nach Italien marschieren wollten, den Durchzug zu gewähren. Das Direktorium faßte diesen Entschluß als einen feindlichen Akt auf und erklärte Österreich am 12. März 1799 den Krieg. Damit war der zweite Koalitionskrieg ausgebrochen und der Rastatter Kongreß gescheitert. Als die französischen Gesandten am Abend des 28. April 1799 abreisen wollten, wurden ihre Wagen vor den Toren der Stadt von einer Abteilung ungarischer Husaren überfallen. Zwei von ihnen, Claude Roberjot und Louis Antoine Bonnier, wurden ermordet, der dritte entkam verwundet. In Frankreich glaubte man nicht ganz zu Unrecht, daß diese Tat von der österreichischen Regierung befohlen worden war, um einen endgültigen Bruch zwischen den Rastatter Verhandlungspartnern herbeizuführen.

Der Staatsstreich Bonapartes

Der im Frühjahr 1799 wieder ausgebrochene Krieg spielte sich hauptsächlich in Süddeutschland und Oberitalien ab. Das Direktorium ließ zwei Heere aufstellen, die Österreich angreifen sollten: die Donau-Armee unter Jean-Baptiste Jourdan sollte durch Süddeutschland nach Wien marschieren, die Italien-Armee unter Barthélemy Louis Joseph Schérer, später unter Jean Victor Marie Moreau, erhielt die Aufgabe, durch Venetien und Kärnten ebenfalls nach Wien vorzustoßen. Eine dritte, die helvetische Armee unter André Masséna, stand als Reserve bereit.

In Süddeutschland nahm der Feldzug für die Franzosen einen schlechten Anfang. Am 25. März 1799 wurden sie von österreichischen Truppen unter Erzherzog Karl bei Stockach geschlagen. Sie mußten sich wieder hinter den Rhein zurückziehen. Auch in Oberitalien konnten die Franzosen in wechselvollen Kämpfen gegen österreichische und russische Truppen unter Alexander Graf von Suworow letztlich nicht gewinnen und mußten nach Genua zurückkehren. Allerdings hielt Masséna mit seinen Truppen die Schweiz. Glücklicherweise brachen innerhalb der Koalition zwischen Österreich und Rußland Gegensätze aus. Zar Paul I., der seit 1796 regierte, zog im Oktober 1799 sogar sämtliche russischen Truppen von den Kampfplätzen zurück.

Noch einmal zeigte sich in dieser letzten Krise der Revolution das Ineinanderwirken von außenpolitischer Bedrohung und Radikalisierung im Inneren. Bei den Frühjahrswahlen des Jahres VII, die vor dem Hintergrund militärischer Niederlagen stattfanden, konnte die Opposition 121 der 187 Regierungskandidaten schlagen. Das war zwar nicht mehr als ein Achtungserfolg, weil sich die Mehrheitsverhältnisse in den beiden Gremien nicht grundsätzlich änderten, aber die jakobinische Minderheit wurde doch gestärkt. Im Mai 1799 mußte Reubell, der bisher tatkräftigste Direktor, ausscheiden. Der Rat der Alten wählte mit Emmanuel Joseph Sieyès einen erklärten Gegner der Verfassung zu seinem Nachfolger.

Um Sieyès, der 1789 eine wichtige Rolle beim Revolutionsausbruch gespielt, sich dann aber geschickt durch die folgenden Jahre hindurchmanövriert hatte, sammelten sich nun die Befürworter eines neuen Staatsstreiches. Die Direktorialverfassung hatte Frankreich keine politische Stabilität gebracht. Vor allem eine Maßnahme, die ursprünglich zur politischen Mäßigung ersonnen worden war, erwies sich immer mehr als Bumerang: die jährliche Neuwahl eines Drittels der Abgeordneten. Die Frühjahrswahlen von 1798 hatten einen Linksrutsch gebracht, den das Direktorium durch die »Floréalisierung« einer Reihe gewählter Abgeordneter korrigiert hatte. Jetzt, bei den Wahlen vom Frühjahr 1799, siegte wieder die jakobinische Opposition. Sieyès und seine Anhänger konnten sich ausrechnen, daß sich dieser Trend zu den Jakobinern im nächsten Jahr fortsetzen würde. Sie begannen über einen Staatsstreich nachzudenken, der nicht nur verfassungsgemäße Wahlen nachträglich korrigierte, sondern der die Verfassung grundsätzlich zugunsten einer starken Exekutive abänderte.

Zunächst aber übernahm die gestärkte jakobinische Opposition die Initiative. Am 30. Prairial VII (18. Juni 1799) gab es einen Aufstand der Abgeordneten gegen das Direktorium. Sie erzwangen den Rücktritt der zwei Direktoren Merlin und La Revellière-Lépeaux und erklärten die Wahl von Treilhard für ungültig. Das Direktorium setzte sich daraufhin aus Sieyès, Barras und den Neulingen Louis Jérôme Gohier, Roger Ducos und Jean François Auguste Moulin zusammen. Gohier und Ducos waren entschiedene Republikaner. Auch die Minister wurden im Sinne der jakobinischen Opposition ausgetauscht. Am 30. Prairial rächten sich die Abgeordneten für den 22. Floréal des Vorjahres. Es herrschten nun die Neojakobiner über die Thermidorianer. Die Pressefreiheit wurde wieder hergestellt, und die politischen Klubs lebten auf.

Sieyès und seine Anhänger suchten nach einem Kandidaten, mit dem sie einen neuen Staatsstreich durchführen konnten. Die politischen Verhältnisse hatten sich in dieser dritten Revolutionsphase dahin entwickelt, daß dies nur ein General sein konnte. Unglücklicherweise war der von Sieyès favorisierte Heerführer im August 1799 gefallen (Barthélemy Joubert), ein anderer (Jean Victor Marie Moreau) zögerte zu lange. Da kam es den Putschwilligen gerade recht, daß General Bonaparte sein Kommando in Ägypten eigenmächtig niedergelegt hatte und im August mit zwei Fregatten heimlich in See gestochen war. Am 9. Oktober war Bonaparte in Frankreich gelandet, am 16. traf er in Paris ein. Er wurde als der Friedensstifter von Campo Formio

begeistert empfangen, hatte allerdings nichts zu tun, denn
der Feldzug von 1799 war schon beendet.

Die Verbindung zwischen Sieyès und Bonaparte wurde
schnell geknüpft. Unter der fadenscheinigen Begründung
einer drohenden jakobinischen Verschwörung erhielt Bonaparte das Kommando über die in Paris liegenden Soldaten.
Am 18. und 19. Brumaire VIII (9./10. November 1799) wurden die beiden Kammern, der Rat der Alten und der Rat
der 500, mit Waffengewalt gezwungen, der Abschaffung der
Direktorialverfassung zuzustimmen. 62 Abgeordnete wurden abgesetzt. Man bildete einen vorübergehenden Ausschuß der drei Konsuln Sieyès, Ducos und Bonaparte.
Schon am 13. Dezember 1799 war eine neue Verfassung fertiggestellt. Bonaparte erließ aus diesem Anlaß eine Proklamation, in der er erklärte, daß die Verfassung in den heiligen Rechten Eigentum, Gleichheit und Freiheit gründe.
Zum Abschluß verkündete er: »Bürger, die Revolution ist
auf die Grundsätze gebracht, von denen sie ausgegangen ist,
sie ist beendet.« (»*Citoyens, la révolution est fixée aux prin-
cipes qui l'ont commencées: elle est finie*«.)

8
Das Zeitalter Napoleons

Napoleon festigt seine Macht

Die Männer des 18. Brumaire wollten ein autoritäres Regime errichten, doch das verwandelte sich schnell in eine
Militärdiktatur Bonapartes. Schon die Konsulatsverfassung
vereinigte alle Macht in der Hand des ersten Konsuls. Bonaparte sollte dieses Amt für zehn Jahre ausüben. Seine beiden Mitkonsuln, Jean-Jacques Regis de Cambacérès und

Charles-François Lebrun, hatten keine politische, sondern nur beratende Funktion. Der erste Konsul ernannte auch alle Minister. Diese kamen jedoch nie zu Kabinettssitzungen zusammen, sondern wurden vom ersten Konsul nach Gutdünken zu Rate gezogen. Zu Bonapartes wichtigsten Stützen gehörten der Polizeiminister Joseph Fouché, der Außenminister Charles Maurice de Talleyrand-Périgord und der Kriegsminister Louis Alexandre Berthier. Fouché und Talleyrand hatten an der Vorbereitung des Staatsstreichs mitgewirkt.

Die Verfassung sah zwar die Errichtung von drei Kammern vor, den Senat, das Tribunat und die Gesetzgebende Körperschaft, aber diese Gremien übten keine mitbestimmende Macht aus. Der Senat hatte beratende Funktion; seine 80 Mitglieder wurden vom ersten Konsul ernannt. Auch Sieyès wurde nicht mehr gebraucht und mit dem Präsidentenamt des Senats abgefunden. Das Tribunat war ein Gremium, in dem diskutiert, aber nicht abgestimmt werden konnte. Überdies wurde es 1807 wieder abgeschafft. In der Gesetzgebenden Körperschaft, deren Mitglieder vom Senat ausgewählt wurden, konnte zwar abgestimmt, aber nicht geredet werden. In einem Plebiszit stimmten 3 Millionen Franzosen für die Konsulatsverfassung, 1500 waren gegen sie. Vier Millionen Stimmberechtigte nahmen an dieser Abstimmung nicht teil.

In den nächsten drei Jahren festigte Bonaparte seine Herrschaft durch militärische Erfolge auf den Kriegsschauplätzen. Im Mai 1800 brach er mit einer Armee nach Norditalien auf und besiegte, nachdem er unerwartet die Alpen am St. Bernhard überquert hatte, die Österreicher bei Marengo in der Lombardei. Dieser Sieg vom 14. Juni 1800 war zusammen mit einem weiteren Erfolg, den Moreau am 3. Dezember 1800 bei Hohenlinden in Bayern errang, entscheidend für die Fortdauer von Bonapartes Herrschaft. Österreich schloß daraufhin mit Frankreich am 9. Februar 1801 den Frieden von Lunéville, der die Ergebnisse von

Campo Formio bestätigte. Im Frühjahr 1801 wurde der englische Premierminister William Pitt, der der Motor des europäischen Widerstands gegen das revolutionäre Frankreich gewesen war, gestürzt. Mit seinem Nachfolger Henry Addington schloß Bonaparte am 27. März 1802 den Frieden von Amiens. Obwohl der Friedensschluß kein echter Interessenausgleich, sondern nur ein Waffenstillstand war, bedeuteten die drei Jahre von Amiens bis zum Beginn des dritten Koalitionskriegs im Jahre 1805 für Europa zum erstenmal seit 1792 eine Zeit ohne Krieg.

Nach Amiens ließ sich Bonaparte zum Konsul auf Lebenszeit befördern. Ein Plebiszit mit 3 1/2 Millionen Jastimmen bei 8000 Neinstimmen bestätigte diese Entscheidung am 2. August 1802 im nachhinein. Schon am 25. Dezember 1800 war ein royalistisches Attentat auf den ersten Konsul gescheitert. Bonaparte hatte den Mordanschlag den Jakobinern in die Schuhe geschoben und 130 von ihnen auf die Teufelsinsel und auf die Seychellen deportieren lassen. Am 21. März 1804 wurde der Herzog von Enghien erschossen, den man als den Anführer einer weiteren royalistischen Verschwörung vermutete. Im Zusammenhang mit der Aufdeckung dieses Komplotts wurde auch General Moreau, der als Anführer der republikanischen Opposition galt, verhaftet und in die Verbannung geschickt.

Diese Verschwörung nahm man zum Anlaß, Frankreich in ein Kaiserreich umzuwandeln und Bonaparte die Kaiserkrone anzubieten. Am 2. Dezember 1804 fand die feierliche Zeremonie in der Kathedrale Notre Dame statt. Papst Pius VII. war ebenfalls anwesend, doch Bonaparte setzte sich die Krone selbst aufs Haupt. Sein Titel lautete: Napoleon I., Kaiser der Franzosen. Ein Plebiszit ergab nunmehr über 3 1/2 Millionen Jastimmen und gut 2500 Gegenstimmen. Als einer der wenigen protestierte der frühere Jakobiner und nunmehrige Angehörige des Tribunats Carnot gegen diese endgültige Liquidierung der Republik.

Napoleon im Krönungsornat

Gemälde von François Gérard, nach 1806

Was die Regierungsform betrifft, so gelangte Frankreich oberflächlich betrachtet zur Monarchie, der Herrschaft eines einzelnen, zurück. Aber es waren doch neue Grundlagen, auf denen die Macht Napoleons beruhte. Zunächst einmal mußte seine Herrschaft ohne die Legitimation des Gottesgnadentums auskommen, und das war in den Augen der Royalisten, die immer noch einen Bourbonen zum König haben wollten, ein entscheidendes Manko. Napoleon war und blieb ein Emporkömmling, den die Revolution an die Spitze des Staates gebracht hatte, und er blieb es, mochte er auch noch so viele Errungenschaften der Revolution abschaffen.

Der 1769 auf Korsika geborene Napoleon Buonaparte (so sein ursprünglicher italienischer Name) konnte eine jakobinische Vergangenheit und glänzende militärische Siege aufweisen: Beides, nicht nur der Erfolg auf den Schauplätzen des Krieges, waren die Grundpfeiler seiner Popularität in breiten Schichten der Bevölkerung. Im August 1793 hatte Bonaparte die Stadt Toulon von den Royalisten befreit und dem jakobinischen Wohlfahrtsausschuß damit einen großen Dienst erwiesen. Im Oktober 1795 hatte er, nunmehr als General des Direktoriums, in Paris einen royalistischen Aufstand niedergeschlagen. Die Geschichte seiner ruhmvollen militärischen Erfolge reichte von Arcole bis Marengo, vom Italienfeldzug 1796/97 bis zum Italienfeldzug 1800.

So stützte sich Napoleons Macht in erster Linie auf das Heer. Unter seiner Herrschaft gab es keine echte politische Mitbestimmung. Das Prinzip der freien Wahlen wurde abgeschafft und durch Plebiszite bei wichtigen Entscheidungen ersetzt. Doch die wirkliche Volksabstimmung wurde in den Schlachten durchgeführt, und an ihr nahmen die Soldaten teil. Das französische Heer bestand seit der Einführung der allgemeinen Wehrpflicht durch die Jakobiner aus den

Söhnen des Volkes, die durch die Revolution persönlich frei und gleich an Rechten geworden waren. Dabei blieb es auch im Zeitalter Napoleons. Die Söldnerheere des Ancien régime, die man wie Waren kaufen und verkaufen konnte, gehörten ein für allemal der Vergangenheit an. Napoleon setzte die Eroberungskriege fort, mit denen das Direktorium begonnen hatte, aber in seinen Appellen an die Soldaten gelang es ihm, sie zu überzeugen, daß es um ihre Sache, um ihr Vaterland ging. Das bonapartistische Regime war auf militärische Erfolge angewiesen, und nicht von ungefähr begann Napoleons Stern zu sinken, als diese ausblieben.

Napoleon sicherte zweitens seine Herrschaft durch die sogenannte »revolutionäre Garantie«. Diese wurde in Artikel 94 der Konsulatsverfassung verankert und verbürgte, daß die durch die Revolution bewirkte Besitzverschiebung nicht rückgängig gemacht wurde. Das war eine äußerst wichtige Entscheidung zur Herstellung des sozialen Friedens in Frankreich. Der gesetzmäßige Verkauf von Nationalgütern, seien sie die Güter des Königs, des emigrierten Adels oder der Kirche gewesen, blieb rechtens. Damit band Napoleon alle materiellen Nutznießer der Revolution an das Kaiserreich. Andererseits konnten die Emigranten jetzt wieder gefahrlos zurückkommen. Ihnen, die ihre Güter verloren hatten, bot man eine finanzielle Entschädigung aus dem Staatsschatz an. Etwa 140 000 machten von diesem Angebot Gebrauch. Viele von ihnen erhielten auch einen Teil ihrer Güter zurück, die nicht verkauft worden waren.

Drittens wurde die soziale Ordnung durch die Beendigung des Kirchenkampfes stabilisiert. Seit 1791 hatte die Spaltung zwischen den Geistlichen, die den Eid auf die Verfassung leisteten, und den eidverweigernden, papsttreuen Priestern bestanden. Dieses Schisma wurde durch ein Konkordat zwischen Napoleon und Papst Pius VII., das am 18. April 1802 feierlich verkündet wurde, beigelegt. Der französische Staat erkannte den Katholizismus an, zwar nicht als Staatsreligion, aber doch als die Religion der Mehrheit der Franzosen. Das bedeutete auch, daß die kirchlichen Feiern an Sonn- und Feiertagen wieder offiziell gestattet waren. Am 1. Januar 1806 wurde der christliche Kalender wieder eingeführt. Im Gegenzug verzichtete der Papst auf den während der Revolution enteigneten Kirchenbesitz. Die gesellschaftliche Umschichtung erhielt dadurch eine außerstaatliche Sanktion. Fortan konnte niemand mehr im Namen des Glaubens gegen diese revolutionären Veränderungen ankämpfen. Viele eidverweigernde Priester, die sich bisher im Ausland aufgehalten hatten, kehrten daraufhin nach Frankreich zurück. Die Erzbischöfe und Bischöfe konnten von Napoleon ernannt werden, danach wurden sie vom Papst geweiht und eingesetzt. Damit griff man auf eine Regelung zurück, die vor der Revolution gegolten hatte. Im neuen napoleonischen Episkopat gab es 16 papsttreue, 12 konstitutionelle und 32 neu ernannte Geistliche – auch hier eine Mischung, die den Ausgleich stärkte.

Das neue Rechtssystem, das man als den vierten Grundpfeiler napoleonischer Herrschaft bezeichnen kann, war ebenfalls durch einen Kompromiß zwischen Revolution und Restauration gekennzeichnet. Am 24. März 1804 wurde der *Code Civil des Français* verkündet, das später *Code Napoléon* genannte bürgerliche Gesetzbuch. Es kam den Hauptforderungen aus der ersten, gemäßigten Phase der Revolution entgegen. Entsprechend der Rangfolge von Grundrechten, die Bonaparte in seiner Proklamation vom 15. Dezember 1799 festgelegt hatte, ging es nun darum, das Eigentum als höchstes Recht vor den feudalen und jakobinischen Angriffen zu schützen. Unter Gleichheit wurde wieder die Rechtsgleichheit aller Franzosen (mit Ausnahme der Schwarzen in den Kolonien) verstanden. Damit waren die Rechtswillkür und die Rechtsunsicherheit des Ancien régime endgültig überwunden. Im Familienrecht griff der *Code Napoléon* auf konservative Ziele zurück: Der Staat schützte die Familie und verringerte die Scheidungsmöglichkeiten. Innerhalb der Familie stellte man die väterliche

Autorität wieder her. Die Frau durfte ohne die Erlaubnis des Mannes keine Geschäfte tätigen. Auch im Erbrecht wurde der jakobinische Gedanke, daß alle Söhne gleich viel erben, zugunsten der freien Verfügung des Erblassers abgeschafft.

Der dritte und vierte Koalitionskrieg

England war nach dem Wiedereintritt Pitts in die Regierung (10. Mai 1804) bemüht, eine neue antifranzösische Front auf dem Festland zu errichten. Diese Bestrebungen wurden in Rußland durch den neuen Zaren, Alexander I., der seinem Vater nach einer Palastrevolution (23. März 1801) gefolgt war, unterstützt. Am 11. April 1805 unterzeichneten Unterhändler beider Staaten in St. Petersburg ein englisch-russisches Bündnis. Dieser dritten Koalition traten nicht nur Schweden und Neapel bei, auch Österreich schloß sich nach einigem Zögern am 9. August 1805 an. Preußen blieb zunächst noch neutral. Napoleon sicherte sich die Unterstützung der süddeutschen Staaten Bayern, Baden und Württemberg.

Der Feldzug von 1805 verlief für die Franzosen außerordentlich erfolgreich. Am 17. Oktober wurden drei österreichische Korps in Ulm eingeschlossen und mußten kapitulieren. Während Admiral Nelson die französische und spanische Flotte am 21. Oktober bei Trafalgar vernichtete und damit England für das ganze Jahrhundert die Seeherrschaft sicherte, siegten die Franzosen auf dem Kontinent. Am 13. November rückten sie in Wien ein. Bei Austerlitz brachten Napoleons Truppen in der sog. Dreikaiserschlacht am 2. Dezember den Russen und Österreichern eine entscheidende Niederlage bei. Die Truppen des Zaren zogen sich daraufhin nach Rußland zurück; Österreich mußte am 26. Dezember 1805 den Frieden von Preßburg schließen. Die ausgehandelten Gebietsabtretungen bedeuteten, daß

Österreich aus Italien und Deutschland zurückgedrängt wurde.

Nun jedoch trat Preußen in den Krieg ein und schloß mit Rußland ein antifranzösisches Bündnis, die vierte Koalition. Der preußische König erließ am 9. Oktober 1806 ein Kriegsmanifest. Doch Preußen erging es nicht besser als Österreich. Am 14. Oktober wurden seine Truppen bei Jena und Auerstedt geschlagen; am 27. Oktober erschien Napoleon in Berlin.

Preußen gab mit dieser vernichtenden Niederlage noch nicht endgültig auf. Nach der Winterpause kam am 26. April 1807 in Bartenstein ein russisch-preußisches Schutz- und Trutzbündnis zustande. Doch am 14. Juni 1807 konnten Napoleons Soldaten auch die russischen Truppen in Ostpreußen bei Friedland entscheidend schlagen. Am 7. Juli 1807 handelte Napoleon mit Alexander I. den Frieden von Tilsit aus. Er nahm Preußen die Erwerbungen aus der zweiten und dritten polnischen Teilung und alle Gebiete westlich der Elbe, einschließlich Magdeburgs. Rußland schloß mit Frankreich ein Bündnis und trat ebenso wie Preußen der französischen Kontinentalsperre gegen England bei, die Napoleon am 21. November 1806 in Berlin verkündet hatte.

Nach dem dritten und vierten Koalitionskrieg stand Napoleon auf dem Höhepunkt seiner Macht. Frankreichs Staatsgrenzen waren bis an den Rhein vorgeschoben worden. Die französische Hegemonie über Europa gliederte sich nun in Familienstaaten (das sind Staaten, in denen Mitglieder der Familie Napoleons regierten), abhängige Vasallenstaaten (Staaten, die von Napoleons Gnaden noch selbständig blieben) und Verbündete.

Im Reichsdeputationshauptschluß hatte Napoleon schon 1803 eine umfassende territoriale Neuordnung Deutschlands erzwungen. Abgeschafft wurden die geistlichen Fürstentümer (Säkularisation), alle freien Reichsstädte bis auf sechs sowie etwa 350 Reichsritterschaften (Mediatisierung).

Hauptnutznießer dieser territorialen Neuordnung waren die süddeutschen Staaten Baden, Bayern und Württemberg. Sie wurden zu Mittelstaaten und in einem Umfang vergrößert, den sie im wesentlichen bis heute als Bundesländer behalten haben. Auch wurden sie im Rang erhöht, und zwar zu den Königreichen Bayern und Württemberg bzw. zu einem Großherzogtum Baden – Staatsformen, die bis zur Revolution von 1918 hielten. Das Heilige Römische Reich Deutscher Nation hatte durch diese Veränderungen aufgehört zu bestehen. Am 6. August 1806 verzichtete Franz II. unter dem Druck Napoleons auf die deutsche Kaiserkrone. Zu den Familienstaaten gehörten Holland (Bruder Ludwig seit 1806 König), Westfalen (Bruder Jérôme seit 1807 König), Spanien (Bruder Joseph seit 1808 König), Süditalien (Schwager Joachim Murat seit 1808 König von Neapel und Sizilien) und Norditalien (Napoleon selbst König seit 1805). Um seine eigene Dynastie aufzuwerten, ließ sich Napoleon von Josephine Beauharnais scheiden und heiratete 1810 Marie-Louise, die Tochter Franz I. von Österreich.

Als Vasallenstaaten galten die Schweiz (nachdem Napoleon 1803 eine neue Verfassung erzwungen hatte), die süd- und mitteldeutschen Fürstentümer (die seit 1806 zu einem Rheinbund aus 16 Mitgliedern zusammengeschlossen waren), das territorial zusammengeschrumpfte Preußen und ein 1807 aus den bisherigen preußischen Provinzen geschaffenes Großherzogtum Warschau. Mit Frankreich verbündet waren Dänemark/Norwegen sowie gezwungenermaßen Österreich und Rußland. Als einziger Gegner war England übriggeblieben.

Befreiungskämpfe gegen das napoleonische Empire

Den ersten 15 Jahren des 19. Jahrhunderts drückte Napoleon seinen Stempel auf. Es war eine zwiespältige Zeit. Napoleon war ein Diktator von unersättlichem Ehrgeiz und

Machthunger; militärische Erfolge gehörten zur Legitimation seines Herrschaftssystems. Aber er verwaltete auch das Erbe der Französischen Revolution. Überall wohin er seine Truppen führte, brachte er Reformen mit.

Die von ihm errichteten Familienstaaten kamen in den Genuß derjenigen revolutionären Errungenschaften, die Frankreich noch erhalten geblieben waren. Während Napoleons Herrschaft für Frankreich einen Rückschritt auf dem Wege zu einer freiheitlich verfaßten demokratischen Gesellschaft bedeutete, erfuhren die Familienstaaten in der Regel durch die französische Herrschaft einen Modernisierungsschub: durch die Abschaffung der Feudalordnung, die Freiheit von Handel und Gewerbe, die Gleichheit vor dem Gesetz, die Judenemanzipation.

Auch in den mit Frankreich zwangsweise verbündeten Staaten Preußen und Österreich kam es zu umfassenden Reformen, die von einheimischen Ministern durchgeführt wurden, um die militärische Schlagkraft für einen weiteren Krieg gegen Frankreich zu stärken. In Österreich stand neben einer Bildungs- und Rechtsreform die Reform des Heeres im Mittelpunkt. Man formierte neben der bestehenden Armee eine Landwehr und führte 1808 die allgemeine Wehrpflicht ein. Die Nation sollte an den Staat gebunden werden, um neue Kräfte gegen Frankreich freizumachen.

Demselben Ziel waren die preußischen Reformen verpflichtet, die seit 1807 verkündet wurden. Gerhard Johann David von Scharnhorst, der Initiator der Heeresreform, umging zunächst durch kurzfristige Ausbildung von Rekruten (»Krümpersystem«) die von Napoleon verfügte Beschränkung des preußischen Heeres auf 42 000 Mann. Dann wurde das absolutistische Söldnerheer in ein modernes Volksheer umgewandelt: Man ersetzte alte Generäle durch junge, führte die Beförderung nach Verdienst und die militärische Schulung auf einer Kriegsakademie ein. Ein Edikt von 1813 schuf neben dem stehenden Heer die Landwehr, eine Art Volksmiliz mit nichtadeligen Offizieren. Im folgenden Jahr ging auch Preußen zur allgemeinen Wehrpflicht über.

Mittelpunkt der von Wilhelm von Humboldt durchgesetzten Bildungsreform war die 1810 gegründete Berliner Universität. An ihr probte man ein neues Wissenschaftsideal, das von den Prinzipien der Einheit von Forschung und Lehre, der akademischen Freiheit gegenüber den Ansprüchen des Staates und der Gemeinsamkeit von Lehrenden und Lernenden ausging. Dem preußischen Staat sollte durch einen geistigen Aufschwung das ersetzt werden, was ihm an Materiellem verlorengegangen war.

Im Rahmen der preußischen Reformen wurde außerdem in einer neuen Städteordnung das Prinzip der kommunalen Selbstverwaltung eingeführt. Neben dem Bürgermeister als Berufsbeamten gab es fortan gewählte ehrenamtliche Mitarbeiter in den Magistraten.

Ein Edikt vom 9. Oktober 1807 verkündete die Abschaffung der Erbuntertänigkeit. Nach dem Regulierungsedikt vom 14. September 1811 konnten sich die Bauern durch die Abtretung von Land an den Grundherrn befreien. Das Gesetz rief jedoch den Widerstand des Adels hervor, so daß Minister Karl August Freiherr von Hardenberg als Nachfolger des Freiherrn vom Stein 1816 die nicht gespannfähigen Bauern von der Neuregelung ausschloß.

So kam es im Schatten der Heeresreform auch zu anderen Reformen in Preußen, die von heute her gesehen bedeutender sind, obwohl sie damals nicht den kurzfristigen Erfordernissen der Aufrüstung gegen Frankreich entsprachen.

Zwiespältig wie die napoleonische Herrschaft war auch der Kampf gegen sie. Letztlich siegte ein Bündnis zwischen Fürsten, Königen und dem Zaren von Rußland. Zwar unterstützten Volksbewegungen diesen Kampf, gaben aber nie den Ausschlag. Während die Volksbewegungen in Napoleon den fremden Despoten bekämpften und dabei gleichzeitig für nationale Ziele fochten, warfen die Fürsten in

Napoleon den Erben der Französischen Revolution nieder und kämpften dabei für die Restauration vorrevolutionärer Zustände. Die Volksbewegungen traten im Kampf um die nationale Einheit gegen ihren sozialen Befreier an, und indem sie es taten, halfen sie mit, den Sieg der Reaktion zu erfechten.

Spanien war das erste Land, in dem sich Widerstand gegen das französische Imperium regte. Im Jahre 1808 brach dort ein Aufstand gegen König Joseph Bonaparte aus. Er wurde angeführt von Adeligen und Priestern, war aber auch im Volk breit verankert. Trotz Napoleons erfolgreichem Spanienfeldzug von 1808/09 schwelte der Widerstand weiter und band jahrelang starke französische Kräfte. Der spanische Aufstand gilt als einer der ersten Guerilla-Kriege in der Geschichte. An dessen Ende erhielt Ferdinand VII., ein Bourbone, der vor der Inthronisation Josephs geherrscht hatte, im Dezember 1813 die Krone zurück. Das Volk aber ging leer aus, denn Ferdinand regierte als absolutistischer Herrscher.

In Österreich kam es 1809 zu einer weiteren Erhebung gegen Napoleon. Ihre Symbolfigur war Andreas Hofer, der in Tirol einen Volkskrieg gegen Frankreich und das mit ihm verbündete Bayern entfachte. Mit den regulären Truppen errang der österreichische Erzherzog Karl am 21./22. Mai 1809 bei Aspern den ersten Sieg gegen Napoleon. Er nutzte diesen jedoch nicht aus und verlor daraufhin am 5./6. Juli die Schlacht bei Wagram. Der Friede von Schönbrunn, den Österreich am 14. Oktober unterzeichnen mußte, brachte Gebietsverluste, die den Staat wie Preußen zu einer Macht zweiten Ranges erniedrigte. Hofer, der den Aufstand fortsetzte, wurde verraten und am 20. Februar 1810 in Mantua erschossen. Seitdem der Freiheitsheld Tirols, war er ebenfalls von dem zwiespältigen Charakter der Epoche geprägt. Zwar trat er gegen die Fremdherrschaft auf, aber er wandte sich auch gegen Aufklärung und Französische Revolution. Er verteidigte den Obrigkeitsstaat und die Religiosität, die von der französischen Staatsumwälzung in Frage gestellt worden waren.

Die Erhebung Preußens begann Ende des Jahres 1812, als das Scheitern des Rußlandfeldzuges Napoleons klar war. Im Juni 1812 war dieser mit dem bisher größten Heer der Geschichte in Rußland einmarschiert. Mehr als die Hälfte der Soldaten waren keine Franzosen, sondern Truppen der Verbündeten Preußen und Österreich sowie aus anderen Teilen Deutschlands. Der Feldzug scheiterte an der Ausweichtaktik der Russen, an Nachschubschwierigkeiten und am einbrechenden Winter. Der von den Russen angelegte Brand von Moskau im September 1812 zwang Napoleons Truppen zum Rückzug.

In dieser Situation schloß der preußische General Yorck von Wartenburg eigenmächtig und ohne Befehl des Königs am 30. Dezember 1812 mit dem russischen General von Diebitsch die Konvention von Tauroggen. Diese bedeutete den preußischen Abfall von Frankreich; ein in der Geschichte wohl einmaliges Beispiel von Hochverrat ohne Folgen für die Verräter. In Fortsetzung von Tauroggen stellten der Freiherr vom Stein im Auftrag des Zaren, General Yorck und die ostpreußischen Landstände Landwehreinheiten gegen Napoleon zusammen. Erst am 28. Februar 1813 verständigte sich Preußen offiziell mit Rußland im Vertrag von Kalisch. Am 15. März 1813 erklärte König Friedrich Wilhelm III. Frankreich den Krieg. Die Konvention von Tauroggen ist immer als ein nationales Symbol verstanden worden: Der Dienst für das Vaterland war wichtiger als der Dienst für den König. General Yorck und die anderen Vorpreschenden machten Ernst mit dem Grundsatz, daß eigenes Handeln wichtiger sei als blinder Gehorsam.

Der schließlich mit mehrmonatiger Verzögerung auch offiziell erklärte Krieg gegen Frankreich war ohne Zweifel populär: Der königliche Aufruf »An mein Volk« vom 17. März 1813 löste spontane Opferbereitschaft im Volk aus. Geld- und Sachspenden trafen ein und dienten zur

Verstärkung von Linientruppen aus Reservisten und zum Aufstellen von Freiwilligenverbänden. Auch außerhalb Preußens schlossen sich Freiwillige dem Krieg an, u. a. das Freicorps Lützow in den Farben Schwarz-Rot-Gold. Von den Kreisausschüssen wurde eine Landwehr aus den wehrfähigen Männern zwischen dem 17. und 40. Lebensjahr gebildet.

Die Nationalisierung der öffentlichen Meinung in Preußen und anderen Teilen Deutschlands geht bezeichnenderweise auch auf die Niederlage bei Jena und Auerstedt zurück. Die wortgewaltigen Anführer der Nationalisierung waren Ernst Moritz Arndt, Johann Gottlieb Fichte und Joseph Görres. Ab 1806 begann Arndts *Geist der Zeit* zu erscheinen; im Winter 1807/08 hielt Fichte seine *Reden an die deutsche Nation*. Für beide Personen war das Bekenntnis zu einem aggressiven, antifranzösischen deutschen Volkstum eine Revision früherer Anschauungen. Fichte hatte 1793 zwei Schriften zur Verteidigung der Französischen Revolution verfaßt und sich in seiner Jenaer Professorenzeit von 1794 bis 1799 nicht gescheut, einen philosophischen Jakobinismus zu vertreten. Arndt hatte 1799 eine Reise nach Paris gemacht und in der 1804 veröffentlichten Reisebeschreibung noch recht positiv vom revolutionären Frankreich berichtet.

Görres formulierte seine Abwendung von der Revolution sowie seine Gedanken über den Gegensatz zwischen der deutschen und der französischen Mentalität zwar schon 1800 nach einer Parisreise (*Resultate meiner Sendung nach Paris*). Er wurde jedoch erst 1814, gegen Ende der napoleonischen Herrschaft, mit seiner Zeitschrift *Rheinischer Merkur* zum Sprachrohr der antifranzösischen deutschen Verfassungsbewegung. Görres war in seiner Jugend als Wortführer der Koblenzer Cisrhenanen noch revolutionärer eingestellt gewesen als Arndt und Fichte.

Obwohl sich die öffentliche Meinung nationalisiert hatte und Freiwillige mit zu den Waffen griffen, waren die Befreiungskriege in erster Linie Koalitionskriege europäischer Staaten, ganz im Geiste der Staatsräson des 18. Jahrhunderts. Es gab zwar, auch in Preußen, nationalrevolutionäre Impulse, sie waren aber für den Ausgang des Krieges nicht entscheidend. Preußen trug neben Rußland die Hauptlast der Befreiungskriege. Österreich trat erst nach einigem Zögern im August der Koalition bei. Auch England und Schweden standen auf seiten der Koalition. Die Rheinbundstaaten kämpften auf seiten Frankreichs. Die Entscheidung fiel in der Völkerschlacht bei Leipzig (16.–19. Oktober 1813). Die Koalition siegte, aber Napoleons Truppen konnten sich geordnet über den Rhein zurückziehen. Der Rheinbund löste sich auf, seine Mitglieder traten gegen die Zusicherung ihres von Napoleons Gnaden erlangten Besitzstandes und ihrer Souveränität zu den Verbündeten über.

Am 31. März 1814 drangen die Verbündeten in Paris ein. Napoleon wurde zur Abdankung gezwungen. Ihm wurde auf der Insel Elba ein selbständiges Fürstentum zugewiesen. Am 30. Mai 1814 wurde der Frieden von Paris mit dem wieder eingesetzten Bourbonen (Ludwig XVIII.) geschlossen.

Die Rückkehr Napoleons im März 1815 und seine Herrschaft der 100 Tage blieb nur eine Episode. Nachdem seine Truppen die letzte Schlacht am 18. Juni 1815 bei Waterloo verloren hatten, marschierten die Verbündeten am 7. Juli ein zweitesmal in Paris ein. Ludwig XVIII. konnte zurückkehren, und Napoleon wurde auf die Insel St. Helena deportiert, wo er 1821 starb.

1
Die Französische Revolution in der Geschichtsschreibung

Die Geschichtsschreibung über die Französische Revolution ist von Anfang an und noch bis heute in starkem Maße von weltanschaulich-politischen Richtungen geprägt. An der Beurteilung der Revolution scheiden sich die Geister. Es scheint, als ob die Historiker in ihren Büchern ein zweites Mal den Kampf führen, der ursprünglich auf den Straßen und in den Parlamenten ausgetragen wurde. Auch darin zeigt sich die Bedeutung der Revolution: sie erlaubt keinem Betrachter eine unparteiische Stellungnahme. Nur wer sich mit ganz entfernt liegenden Themen befaßt, kann es zu einer distanzierten Gelassenheit bringen.

Diese politische Gerichtetheit der Revolutionsgeschichtsschreibung hat andererseits nicht verhindert, daß sich im Laufe der Zeit unser Wissen über die Ereignisse erheblich erweiterte. Zu nennen sind die Einführung quellenkritischer Methoden, die Arbeit mit unveröffentlichten Quellen, der Wandel von einem personalistischen Geschichtsverständnis zu strukturalistischen Ansätzen, die Ausweitung des Blicks auf andere Regionen als Paris und auf die benachbarten Länder sowie die Versuche einer vergleichenden Darstellung bürgerlicher Revolutionen. Alle diese und andere Neuerungen haben immer wieder zu Erkenntnisfortschritten geführt – aber die weltanschaulichen Gegensätze in der Gesamtschau nicht überwunden. Man kann diesen Sachverhalt auch positiv formulieren: Gerade die offen parteiergreifende Geschichtsschreibung enthielt so viele Provokationen, daß sie in besonderem Maße zu immer neuen empirischen Forschungen anregte.

Auch dieses Buch kann kein wissenschaftlich-objektives Bild der Revolutionszeit vermitteln. Ich bekenne mich zu der von dem französischen Politiker Georges Clemenceau 1897 formulierten Überzeugung, daß die Revolution ein Block sei, von dem kein Teil herausgelöst werden könne. Die folgende Literaturübersicht trägt diesem Umstand Rechnung. Es sollen aus der Vielzahl der klassischen Werke, aus mehr als 200 Jahren Revolutionsforschung, drei Interpretationsmuster entwickelt werden: ein konservatives, ein liberales und ein sozialistisches.

Die konservative Auseinandersetzung mit der Revolution setzte schon 1790 mit einem Werk von Edmund Burke ein, das berühmt werden sollte. Es heißt *Reflections on the Revolution in France* und wurde gleich im folgenden Jahr unter dem Titel *Betrachtungen über die Französische Revolution* ins Deutsche übertragen. Burke vertrat die These, daß die Revolution nicht notwendig gewesen sei. Vielmehr habe die alte Gesellschaft aus sich heraus noch die Kraft zu Reformen gehabt. Vor allem die Einberufung der Generalstände stellte nach Burke einen vielversprechenden Schritt zu Reformen dar; Reformen, die das Ende der absoluten Monarchie bedeutet hätten. Er fand nirgends Spuren einer Regierung, die im Ganzen so pflichtvergessen, so verderbt und so drückend gewesen wäre, daß sie schlechterdings keine Verbesserung zugelassen hätte.

Auf der Grundlage dieser Analyse formulierten andere Zeitgenossen der Revolution die sog. Verschwörungsthese. Wenn die Revolution nicht notwendig gewesen war, wenn die Bevölkerung gar nicht so sehr litt – warum brach die Revolution dann aus? Die konservative Antwort lautet: Sie wurde künstlich herbeigeführt, und zwar nicht von unzufriedenen Massen, sondern durch eine kleine Gruppe von

Verschwörern. Als solche hatte man im 18. Jahrhundert
die aufgeklärten Intellektuellen in ihren literarischen Salons sowie die Freimaurer mit ihrem geheimbündlerischen
Kommunikationsnetz ausgemacht. Die Verschwörungsthese wurde jedoch zum Grundbestand konservativer Kritik
an jeder Revolution. Auch in späteren Zeiten malten Konservative ein rosiges Bild der jeweiligen alten Gesellschaft,
demgegenüber der Ausbruch der Revolution als unberech-
tigt erschien.

   Der konservativen Deutung der Französischen Revolution hat Alexis de Tocqueville mit seiner Untersuchung
L'Ancien Régime et la Révolution (*Der alte Staat und die
Revolution*) ein weiteres Glanzlicht aufgesetzt. Sie erschien
erstmals im Jahre 1856. Auch Tocqueville war wie Burke ein
differenzierter Denker. Sein methodischer Ansatz, nämlich
die Analyse der gesellschaftlichen Strukturen und der Klas-
sengegensätze, sollte der Politikwissenschaft wichtige Impulse geben. Bezüglich der Französischen Revolution betonte er jedoch die in der französischen Geschichte angelegten evolutionären Prozesse. Er war der Meinung, daß eine
Modernisierung der Gesellschaft auch ohne Revolution
stattgefunden hätte. Außerdem vertrat er die These, daß der
gefährlichste Moment für eine autoritäre Regierung derjenige sei, in dem sie Reformen gewähre. Das kann man nur zu
leicht so verstehen: Die absolute Monarchie in Frankreich
hätte überlebt, wenn sie nicht Reformen zugestanden hätte.

   Spätere Historiker, unter ihnen Pierre Gaxotte und Bernard Fay, haben die konservativen Positionen über die
Französische Revolution mit zeitgemäßen Varianten vertreten. Man erkennt sie daran, daß sie die von Burke und
Tocqueville geprägten Grundmuster wiederholen. Sie haben
eine Vorliebe für die Analyse der vorrevolutionären Gesellschaft und versuchen, deren angebliche Reformfähigkeit
herauszuarbeiten.

   Der Typus liberaler Revolutionsgeschichtsschreibung ist
dagegen daran zu erkennen, daß seine Autoren eine ausge-

sprochene Vorliebe für die ersten drei Jahre der Revolution entwickeln. Seine klassischen Vertreter waren François Auguste Mignet und Jules Michelet. Michelets Revolutionsgeschichte erschien 1847 bis 1853. Er schuf ein farbenprächtiges Gemälde von der Kampfbereitschaft und vom Opfermut des guten Volkes, das seine Ketten abwarf, und vergaß auch nicht die Frauen der Revolution.

In neuerer Zeit hat die Darstellung von François Furet und Denis Richet viel Aufmerksamkeit erregt. In diesem Buch wird die These von den drei Revolutionen des Jahres 1789 vorgetragen und mit der Auffassung verbunden, daß die Herrschaft der Jakobiner eine »Entgleisung« gewesen sei. Von ihr, der jakobinischen Entgleisung, habe sich die Revolution erst wieder in der Zeit des Direktoriums erholt. Vor allem diese negative Bewertung der radikalen Revolutionsphase rückt das Buch in die Nähe liberaler Deutungsmuster. Wenn sich der Typus konservativer Interpretation vom Kampf gegen den Ausbruch der Revolution her bestimmen läßt, so lebt die liberale Analyse vom Kampf gegen die Radikalisierung der Revolution. In Deutschland ist die neuere Revolutionsgeschichtsschreibung stark von Furets Thesen beeinflußt, wie aus den Büchern von Ernst Schulin und Eberhard Schmitt ersichtlich ist.

In der sozialistischen Interpretation bildet die Jakobinerherrschaft von 1793/94 nicht eine Entgleisung, sondern vielmehr den Höhepunkt der Revolution. Dieses dritte Deutungsmuster geht trotz aller internen Meinungsverschiedenheiten auf Karl Marx und Friedrich Engels zurück. Die beiden haben zwar keine geschlossene Untersuchung über die Französische Revolution geschrieben, sich jedoch oft über sie schriftlich geäußert.

In Frankreich dominierte seit den 1920er Jahren die sozialistische Richtung, vor allem mit den Pariser Lehrstuhlinhabern Albert Mathiez, Georges Lefebvre und Albert Soboul. Für sie alle war die Französische Revolution als Ganzes eine bürgerliche, weil in ihr das Bürgertum als auf-

strebende Klasse den Feudalismus oder wenigstens seine
Reste beseitigte. Bürgerlich seien selbst die Jakobiner geblieben, wenn auch auf einer radikal-demokratischen Stufe.
Allerdings deuteten sich in ihrer Bewegung bzw. Herrschaft
schon einige Charakteristika späterer sozialistischer Revolutionen an: so etwa die Rolle der Jakobiner als Avantgarde,
ihre Herrschaft als Diktatur und die Rolle der politischen
Klubs als Vorformen politischer Parteien. Von Lefebvre
stammt der Nachweis einer Adelsrevolte von 1787/88, die
der Revolution vorausging. Er entwickelte ferner die These
einer autonomen Bauernrevolution im Jahre 1789. Die Ge-
samtdarstellung von Soboul wurde auch in der deutschen
Übersetzung zu einem Standardwerk.

Obwohl sozialistische Historiker, von Außenseitern ab-
gesehen, die Revolution als eine bürgerliche ansahen, wurden von ihnen doch auch umfangreiche Forschungen über
die Rolle der Volksmassen (Sansculotten) und ihr Verhältnis
zu den Jakobinern geleistet. Neben Soboul ist in diesem
Zusammenhang der bedeutendste deutsche Revolutions-
forscher nach dem Zweiten Weltkrieg, der Leipziger Walter
Markov, zu nennen.

Die Auswirkungen der Revolution auf Deutschland sind
erst seit den fünfziger Jahren des 20. Jahrhunderts durch
die deutsche Jakobinerforschung intensiver untersucht worden. Zu nennen sind hier vor allem die Arbeiten von Heinrich Scheel und Walter Grab. Vorbilder konnte es nur wenige geben. Zwar wurde namentlich in der angelsächsischen
Forschung gern eine international vergleichende Perspektive eingenommen, aber die Gesamtdarstellungen dieser
Provenienz (wie z. B. die Bücher von Crane Brinton und
Robert R. Palmer) zeichneten sich nicht nur durch eine
konservative Grundeinstellung aus; sie vertraten auch die
inzwischen nicht mehr haltbare Ansicht, daß die Revolutionsauswirkungen in den deutschen Gebieten weniger be-
deutend gewesen seien als in den meisten anderen europäischen Ländern.

2

Der Einfluß der Französischen Revolution auf die Politisierung in Deutschland

Wann entwickelte sich in Deutschland politisches Bewußtsein? Welche Rolle spielte die Französische Revolution dabei? In der älteren Geschichtsforschung entstand über diese Fragen eine Kontroverse, die heute wohl weitgehend beigelegt ist. Diese klassische Forschungskontroverse wurde bis in die 1950er Jahre hinein losgelöst von den konkreten sozialen Verhältnissen behandelt. Man beschränkte sich auf die Untersuchung einer kleinen Gruppe von Schriftstellern, Publizisten und Philosophen.

Im Jahre 1928 hatte Alfred Stern in einer Veröffentlichung über den Einfluß der Französischen Revolution auf das deutsche Geistesleben die These formuliert, daß sich in Deutschland erst in der Auseinandersetzung mit der Französischen Revolution politisches Bewußtsein entwickelt habe. Wenn es vor 1789 Gruppen von Gleichgesinnten gab, so seien diese vornehmlich durch Gemeinsamkeiten in Fragen des Glaubens, der Kunst und der Wissenschaft bedingt gewesen. Andere Historiker hatten Stern in dieser Meinung beigepflichtet.

Gegen diese These veröffentlichte Fritz Valjavec 1951 ein Buch über die Entstehung der politischen Strömungen in Deutschland seit 1770. Er machte schon mit seinem Titel deutlich, daß seiner Meinung nach die Französische Revolution von 1789 nicht zum Auslöser der Politisierung in Deutschland geworden sei.

Diese Kontroverse um den Einfluß der Französischen Revolution auf das politische Bewußtsein in Deutschland konnte seit den 1960er Jahren durch die Ergebnisse der deutschen Jakobinerforschung auf einer breiteren Quellenbasis diskutiert und in neue Zusammenhänge eingeordnet werden. Im folgenden soll das Verhältnis von deutscher Öffentlichkeit und Französischer Revolution auf der Grundlage dieser neuen Erkenntnisse skizziert werden.

Seit dem Ende des Dreißigjährigen Krieges (1648) war Deutschland endgültig in eine Vielzahl von kleinen und kleinsten Territorien zersplittert. Neben über 300 souveränen Staaten gab es mit Preußen und Österreich zwei Großmächte, die miteinander um die politische Führung wetteiferten. Das Heilige Römische Reich Deutscher Nation – so der offizielle Titel – war nur noch eine formelle Klammer, die die auseinanderstrebenden Teile mühsam zusammenhielt. Die wichtigsten politischen Entscheidungen lagen in der Kompetenz der einzelnen Territorialstaaten; sie waren in Gesetzgebung, Gerichtsbarkeit, Landesverteidigung und Polizeiwesen von der Reichsgewalt unabhängig.

Die Reichsgewalt lag noch bis zum formellen Ende des Deutschen Reiches im Jahre 1806 beim Kaiser. Er wurde offiziell von den Kurfürsten gewählt, deren mittelalterliche Zahl und Zusammensetzung sich längst geändert hatte; faktisch war die Kaiserwürde in der Habsburger Dynastie erblich. Ferner gab es noch den Reichstag, der seit 1663 als Gesandtenkongreß permanent in Regensburg tagte. Er war eine Vertretung der Kurfürsten, Reichsfürsten und Reichsstädte. Die Kompetenzen des Reichstags waren verfassungsrechtlich nicht genau abgegrenzt. Immerhin konnte er einen Krieg zur Angelegenheit des ganzen Reiches erklären, was er z. B. 1793 mit dem Krieg gegen Frankreich tat.

Die dritte Zentralinstitution war das Reichskammergericht. Es saß seit 1693 in Wetzlar, war zuständig für Landfriedensbruch, Fiskalsachen und diente auch als oberste Berufungsinstanz. Doch versuchten die Fürsten, ihren Untertanen das Appellationsrecht zu verwehren, auch verringerten sie ihre finanziellen Zuwendungen an das Gericht, so daß die Zahl der Richter vermindert werden mußte und die Entscheidungen oft verschleppt wurden.

Wenn es sein mußte, konnte das Reichskammergericht allerdings auch schnell handeln: Im April 1790 beschloß es eine Reichsexekution gegen Aufständische im Bistum Lüttich, das zum Heiligen Römischen Reich gehörte. Dort war 1789 eine Revolution nach französischem Muster ausgebrochen; sie wurde von Reichstruppen niedergeschlagen.

Die deutschen Reichsfürsten ahmten in ihren Territorialstaaten entweder die Regierungsform des Absolutismus nach, so wie sie ihnen in Frankreich vorgeführt wurde, oder sie waren Vertreter eines »aufgeklärten Absolutismus«. Letzteres bedeutet, daß die Fürsten sich, beeinflußt durch die Aufklärung, freiwillig an höhere Interessen als die eigenen banden.

Herausbildung politischen Bewußtseins

Die Französische Revolution übte auf das Bildungsbürgertum in diesem zersplitterten und mit nur wenigen zentralen Kompetenzen ausgestatteten Deutschen Reich einen großen Einfluß aus. Die ersten deutschen Kommentare und Augenzeugenberichte waren durchweg positiv. Als in Paris die Bastille gestürmt wurde, waren in Deutschland alle Voraussetzungen eines begeisterten Echos gegeben. Viele Deutsche dachten, auch nach der Erklärung der Menschen- und Bürgerrechte, in Frankreich würden nun Ideen verwirklicht, die sie seit 20 Jahren schon selbst verfochten hatten. Sie waren mit dieser Meinung durchaus im Recht, denn die Revolution setzte mit einer gemäßigten Phase ein.

So nannte Friedrich Gottlieb Klopstock die Ereignisse in Frankreich 1789 in einer begeisterten Ode »des Jahrhunderts edelste Tat«. Das enthusiastische Gedicht des 65jährigen Dichters war eine Huldigung an die Franzosen und ein unüberhörbarer Appell an die Deutschen, es den »Franken« nachzutun. Auch Christian Friedrich Daniel Schubart gehörte in Stuttgart zu den Revolutionsanhängern, obwohl er schon zehn Jahre lang seiner Gedichte und politischen Publizistik wegen auf dem Hohenasperg gefangengehalten worden war. Gealtert und krank setzte er nach seiner Freilassung die journalistische Tätigkeit ein wenig vorsichtiger fort. Dennoch trug er mit seiner Zeitschrift *Chronik* zum positiven Bild von der Revolution bei.

Auch die Feiern zum ersten Jahrestag der Französischen Revolution erhielten in Deutschland noch vielfach Zustimmung. Sophie Schubert, später als verheiratete Mereau bekannt geworden, verfaßte aus diesem Anlaß ein Freiheitsgedicht. Es ist das früheste weibliche Bekenntnis in Deutschland zur Revolution.

Nach dem Ausbruch der Revolution beschränkte sich eine ganze Anzahl deutscher Publizisten nicht darauf, die Ereignisse im Nachbarland bloß als Zuschauer zu betrachten. Sie reisten nach Frankreich, um sie mit eigenen Augen zu sehen und darüber zu berichten. Eine ungeheure Wirkung erreichten die Reisebeschreibungen von Joachim Heinrich Campe, als sie 1789/90 erstmals veröffentlicht wurden. Campe war zu dieser Zeit als Jugendschriftsteller, Pädagoge und Schulpolitiker in Braunschweig und weithin bekannt. Er konnte es nicht erwarten, nach Paris zu kommen, um unbedingt, wie er schrieb, »dem Leichenbegängnis des französischen Despotismus« beizuwohnen. Seine begeisterte Zustimmung beeinflußte den Meinungsbildungsprozeß in Deutschland nachhaltig.

Ein vorsichtigerer Mann war bei aller Revolutionsgeneigtheit der Oldenburgische Kanzleirat und Schriftsteller Georg Anton von Halem. Er unternahm seine Reise 1790 mit zwei Freunden, die ebenfalls im Staatsdienst standen. Die drei wollten zunächst gar nicht nach Frankreich, sondern über die Schweiz nach Italien gehen. Sie entschlossen sich dann aber in den Alpen aus Interesse an den Ereignissen in Frankreich zur Korrektur der Reiseroute. Halems Beschreibung des Grenzübergangs zwischen Genf und Lyon, in der er das Naturschauspiel des Wasserfalls der

Rhône mit dem »Rauschen des Gallischen Freiheits-Cataracts« verglich, ist berühmt geworden. Diese Beispiele von revolutionsbegeisterten Einzelpersonen ließen sich mehren.

Überblickt man die öffentliche Meinung in Deutschland, so ergibt sich folgendes: Politisches Bewußtsein war in deutschen Landen schon vor 1789 ausgebildet. Die Schriftsteller, Journalisten und Professoren waren ebenso wie ihre französischen Kollegen von der Aufklärungsphilosophie geprägt. Ihre Abhängigkeit von den fürstlichen Höfen nahm ab. Die Intellektuellen formierten sich als ein freier Zusammenschluß von aufgeklärten Geistern gegenüber der Herrschaft. Sie schrieben sich Briefe, tauschten ihre Werke aus, gingen ins Theater oder trafen sich in Kaffeehäusern, Salons und Lesegesellschaften zu gemeinsamen Gesprächen. Bildung wurde zu einem politischen Kampfmittel, das vor allem den Adel ins Examen zwang. Man mußte gebildet sein, um in den genannten Institutionen der Aufklärung mitreden zu können. Ab etwa 1770 gab es in Deutschland eine Literatur, die sich gegen die »Tyrannen« richtete und deutlich republikanische Züge trug. Schillers Schauspiel *Die Räuber* ist das bekannteste Beispiel dieser Gattung geworden. Unter dem Titel *Robert, chef des brigands* wurde das Stück übrigens in Paris zum größten Theatererfolg der Revolutionszeit, nachdem es am 10. März 1792 zum erstenmal im »Théâtre du Marais« aufgeführt worden war.

Obwohl also das politische Bewußtsein vorgebildet war, hat die Französische Revolution einen großen Einfluß auf den Prozeß der Meinungsbildung ausgeübt, und zwar in zweierlei Hinsicht: Sie verschärfte die Politisierung in Deutschland, indem sie jeden politisch denkenden Deutschen zwang, zum Wesen der Revolution überhaupt und zum Verlauf der Revolution im Nachbarland im besonderen Stellung zu nehmen. Die Französische Revolution hat außerdem die einzelnen Menschen zu politischen Gruppen zusammengeführt.

Gruppenbildung

In der Auseinandersetzung mit der Französischen Revolution bildeten sich drei politische Gruppierungen in Deutschland stärker heraus:

Gegner der Revolution von 1789 fanden sich in Kreisen und Zeitungen zusammen, die man konservativ nennen kann. Solche Zentren konservativer Revolutionsabwehr entstanden im Kurfürstentum Hannover mit seiner Universität Göttingen, in Holstein auf Schloß Emkendorf und im Mitarbeiterkreis der *Berlinischen Monatsschrift.* Zur Hannoverschen Schule gehörten u. a. Ernst Brandes, Christoph Girtanner, August Wilhelm Rehberg und Justus Möser. Sie wirkten vor allem mit ihren Schriften auf die öffentliche Meinung. In Emkendorf trafen sich um den Hausherrn Friedrich Karl Graf von Reventlow vor allem Vertreter des Adels sowie französische Emigranten.

Gegner der Radikalisierung der Revolution entwickelten ab 1792 liberale Positionen. Sie brauchten sich am wenigsten zu organisieren, weil sie die herrschende Meinung vertraten. Zentren liberaler Auseinandersetzung waren Weimar und Jena; bedeutende Beiträge dazu lieferten Christoph Martin Wieland und Schiller. Es ging ihnen darum, an den Ideen der Revolution festzuhalten, aber Wege aufzuzeigen, wie man deren »Entgleisung« in der Jakobinerherrschaft verhindern könne. Sie entwickelten das Programm der Versittlichung des Menschen, d. h., sie forderten die Menschen auf, zuerst sich selbst zu verändern, bevor sie anfangen könnten, die Verhältnisse zu verändern.

In politischen Klubs, die sich in Deutschland seit 1790 zumeist geheim bildeten und deren Mitglieder die Orientierung an der Französischen Revolution auch in deren radikaler Phase nicht aufgaben, trafen sich die Demokraten oder, wie damals gesagt wurde, die deutschen Jakobiner. Diese Gruppen hatten im Unterschied zu den konservativen und liberalen Kreisen festere Organisationsformen. Ein Glücksfall ist es stets, wenn sich auch Dokumente von ihnen finden lassen.

Vom 14. Juli 1790 datiert die Stiftungsurkunde einer »Gesellschaft der Freunde der Verfassung«, die aller Wahrscheinlichkeit nach in Stuttgart existierte. An der Stuttgarter Hohen Carlsschule bestand 1791 auch unter den Studenten eine »Gesellschaft der Wahrheit«, die Kontakte mit dem Straßburger Jakobinerklub aufnahm und diverse politische Aktionen durchführte. An anderen deutschen Universitäten, wie etwa Tübingen und Jena, bildeten sich ebenfalls politische Studentenklubs. Die Mitglieder eines solchen in Jena nannten ihre Organisation ausdrücklich »Jakobinerklub«.

In Landau, das seit dem Ende des 17. Jahrhunderts zu Frankreich gehörte, bestand vom 1. Januar 1791 bis zum 19. Mai 1795 ein Jakobinerklub, der sich zunächst wie in Paris »Gesellschaft der Konstitutionsfreunde« nannte und öffentlich tagte. Seine Mitgliederliste enthält 404 Namen, darunter die von sechs Frauen.

Schon den ersten Jahrestag des Bastillesturms hatten Hamburger Revolutionsfreunde im Landhaus des Kaufmanns Georg Heinrich Sieveking gefeiert. Im Herbst 1792 entstand in Hamburg unter Franzosen und Deutschen eine »Societé de Lecture«; sie konnte sich eine Zeitlang öffentlich versammeln. Im dänischen Altona machte um die Jahreswende 1792/93 ein »Jakobinerklub echter Republikaner« von sich reden. Fünf Flugblätter von ihm haben sich bis heute erhalten.

Im August und September 1792 schickte eine Mannheimer »Gesellschaft der Menschenrechte« zwei Solidaritätsadressen nach Paris. In Nagold wurde im Januar 1793 ein geheimer politischer Klub aufgedeckt, der in einem Flugblatt die Franzosen aufgefordert hatte, nach Württemberg einzumarschieren. Das sind nur einige Beispiele von politischen Klubs in Deutschland. Eine sicher nicht vollständige Liste weist für die Zeit bis 1793 schon 30 solcher parteiähnlichen Organisationen nach.

Die öffentliche Meinung war 1789 in Deutschland trotz der Herausbildung konservativer Gruppen noch weitgehend revolutionsfreundlich eingestellt gewesen. Das änderte sich 1792 mit der Radikalisierung. Nach der Hinrichtung des französischen Königs im Januar 1793 schlug die Stimmung in Deutschland vollends um. Jetzt stand nur noch eine kleine Anzahl der Gebildeten auf seiten der Revolution. Die große Mehrzahl wandte sich von ihr ab. Dazu gehörten auch Klopstock und Campe, die Anhänger der ersten Jahre. Die Revolutionsgegner von 1792/93 vereinigten sich aber nicht mit den konservativen Revolutionsgegnern von 1789, sondern nahmen eine Mittelstellung zwischen ihnen und den radikalen Verteidigern ein.

Diese Dreiteilung war ein Meinungsbildungsprozeß von weitreichender Bedeutung. Denn das politische Parteiensystem Deutschlands, das das 19. und große Teile des 20. Jahrhunderts bestimmte, nämlich die Teilung in konservativ, liberal und (sozial)demokratisch, ist am Ende des 18. Jahrhunderts vorgebildet worden, und zwar ohne daß äußere Anlässe, wie etwa ein bestimmtes Wahlrecht, dazu gezwungen hätten. Natürlich hat sich konservatives, liberales und demokratisches Denken nicht in der Auseinandersetzung mit der Französischen Revolution erschöpft. Des weiteren müßte noch auf die Staats- und Gesellschaftsvorstellungen der drei im Entstehen begriffenen Parteirichtungen eingegangen werden. Auch hat sich jede dieser drei Richtungen in der späteren deutschen Geschichte mehrfach in eine gemäßigte und eine radikalere Partei ausdifferenziert. Im Zusammenhang mit der eingangs beschriebenen Forschungskontroverse können wir uns aber hier darauf beschränken, den nachhaltigen Einfluß der Französischen Revolution auf das entstehende Parteiensystem in Deutschland festzustellen.

Zum Verhältnis von Revolte und Revolution

Durch die Erforschung sozialer Unruhen ist unser Geschichtsbild in den letzten Jahrzehnten erheblich verändert worden, auch was den Vergleich zwischen Deutschland und Frankreich betrifft. Bis vor einigen Jahren noch herrschte die Auffassung vor, daß die sozialen Gegensätze, Spannungen und Auseinandersetzungen im Deutschland des 18. Jahrhunderts erheblich weniger stark gewesen seien als in Frankreich. In neueren Untersuchungen ist das Bild vom ruhigen Deutschland korrigiert worden. Es sei nur deshalb entstanden, meint Helmut Berding, weil die ältere Wissenschaft ein zu geringes Interesse an der Erforschung sozialer Unruhen gezeigt habe. Nach den Ergebnissen neuerer lokal- und regionalgeschichtlicher Studien sind soziale Unruhen in Deutschland alles andere als Ausnahmeerscheinungen gewesen. Die ländliche und städtische Bevölkerung verhielt sich viel aufsässiger als bislang zumeist angenommen wurde.

Nimmt man diese Ergebnisse ernst, dann stellt sich die Frage, warum in Frankreich eine Revolution ausgebrochen sei und in Deutschland nicht, auf neue Weise. Bei der Erörterung dieser Problematik gilt es, das Verhältnis zu beachten, das Revolte und Revolution in Frankreich kennzeichnete. In der eingangs dieses Buches skizzierten Ursachendiskussion wurde von der sog. Vehikeltheorie ausgegangen und dargelegt, daß sich die sozialen Unruhen und die Revolution des Bürgertums zeitweise ergänzten.

Im letzten Jahrzehnt des 18. Jahrhunderts nahmen die Ausschreitungen in Deutschland, wohl unter dem Eindruck der Französischen Revolution, erheblich zu. Auf dem Lande und in den Städten kam es zu unabhängig voneinander ablaufenden Protestbewegungen. Diese zielten im allgemeinen nicht auf die Abschaffung der alten Machtverhältnisse, sondern konzentrierten sich auf den Kampf gegen örtliche Mißstände. Als Beispiele für Handwerkerunruhen seien der Hamburger Generalstreik (1791), die Augsburger Weberunruhen (1794) und der Stuttgarter Schuhmacheraufstand (1794) genannt.

In den Kleinstädten Württembergs erreichten die Wirren während der Jakobinerherrschaft in Frankreich ihren Höhepunkt. 1793 und 1794 saßen im Ludwigsburger Zuchthaus bzw. auf dem Hohenasperg mehr als 40 Personen wegen »unbotmäßigen Betragens« gefangen. Sie waren zumeist die Anführer von Revolten, die mehr als zehn Städte wenigstens für kurze Zeit erschüttert hatten und durch den Einsatz von Militär beendet werden mußten.

Auch unter den ländlichen Schichten brachen seit 1789 in vielen Teilen Deutschlands Unruhen aus. Am meisten Aufmerksamkeit erregte der sächsische Bauernaufstand von 1790. Seine Ursachen lagen in den traditionellen Abhängigkeitsverhältnissen der Bauern, vor allem im Jagdprivileg der Grundbesitzer. Das auslösende Moment bildete eine Wildplage. Erst trieben die Bauern das Wild von ihren Feldern, dann schossen sie es widerrechtlich ab. Schließlich stellten ganze Dorfschaften in der Gegend um Meißen den Frondienst ein. Im August 1790 zerstörten Bauerntrupps wie im benachbarten Frankreich Schlösser und Gutshöfe, besetzten das Land und befreiten ihre Anführer aus den Gefängnissen.

Unter diesen revoltierenden Bauern wirkte auch der Handwerker Christian Benjamin Geissler. Er versuchte seit Mai 1790, die aufständischen kursächsischen Bauern mit seinem Revolutionsprogramm bekannt zu machen, das er aus Paris übernommen hatte. Er forderte die Bauern auf, eine Nationalgarde zu bilden und (analog zum Zug der Pariserinnen nach Versailles) nach Pillnitz zu marschieren, um den Kurfürsten von dort in die Hauptstadt Dresden zu führen. Geissler wurde bereits im Juli verhaftet und saß bis

1809 im Zuchthaus; die Bauern ergaben sich im August angesichts der militärischen Überlegenheit der sächsischen Truppen nahezu kampflos.

Solche Volks-, Handwerker- und Bauernunruhen hatten damals schon eine lange Tradition. Sie nahmen im letzten Jahrzehnt des 18. Jahrhunderts in Deutschland zwar zu, änderten jedoch ihre Protestformen und Ziele gegenüber früheren Zeiten zumeist nicht. Die Fronten verliefen nicht immer eindeutig, so daß der »Pöbel« 1794 in Altona das Haus eines jakobinischen Kaufmanns stürmen konnte. Auch die traditionellen Studentenunruhen, die sich ebenfalls während der Jakobinerherrschaft häuften, richteten sich oft noch gegen reformwillige Studenten oder gar, wie in Jena 1794/95, gegen den jakobinisch gesinnten Professor Johann Gottlieb Fichte.

Diese Forschungsergebnisse werden von den Kritikern dahingehend ausgelegt, daß die Unruhen nur selten mit der Französischen Revolution in einem ursächlichen Zusammenhang standen und die Hinweise auf die Revolution nur »Drohgebärden« darstellten.

Dennoch verstärkten alle diese Revolten, gegen wen sie sich auch immer richteten, das Protestpotential in der Gesellschaft. Symbolische Handlungen, wie das Mitführen von Kokarden, das Errichten von Freiheitsbäumen sowie die Verwendung der revolutionären Terminologie, wurden freilich gern als Drohgebärden gegenüber der Obrigkeit benutzt. Aber das mit beträchtlichem Erfolg. Denn nach dem Ausbruch der Französischen Revolution erhielten dieselben Äußerungen des Volkszorns, die sich auch in Deutschland wie ein Strom durch die Jahrhunderte zogen, eine größere Bedeutung als früher. Sie wurden anders eingeschätzt als in ruhigen Zeiten. Wenn jemand in der Neujahrsnacht seine Freude durch scharfe Schüsse ausdrückte, dann mußte das im Jahre 1792 (nachdem die französischen Truppen nach Deutschland einmarschiert waren) anders wirken als einige Jahre zuvor.

Es ist also nicht viel gewonnen, wenn man nur auf den Ablauf der Proteste schaut und im wesentlichen die alten Formen sieht. Ein solches Urteil würde die psychologische Seite des Prozesses nicht zur Kenntnis nehmen. Das alte Protestverhalten wurde nach 1789 auf beiden Seiten neu erlebt. Die Regierenden reagierten schärfer auf die Unzufriedenen; und die Unzufriedenen konnten sich durch das französische Beispiel ermutigt fühlen. So nahm ein und dieselbe Tat schon durch die veränderten Zeitumstände eine neue Qualität an. Das Wirken Geisslers in Sachsen ist darüber hinaus ein Beispiel dafür, daß es durchaus die Möglichkeit gab, traditionelle Unruhen durch bewußte politische Agitation in eine revolutionäre Bewegung umzuwandeln.

Auch unter dem direkten Einfluß der Franzosen konnten sich traditionelle Protestbewegungen weiterentwickeln. In Köln verwandelte sich ein seit 1774 schwelender Zunftkampf um die Wiederherstellung der alten Stadtverfassung 1789 in eine Oppositionsbewegung mit revolutionären Drohgebärden und 1794, als die Franzosen die Stadt besetzten, in die Unabhängigkeitsbestrebungen der Cisrhenanen. Auch in den südwestdeutschen Reichsstädten Ulm, Reutlingen und Esslingen vermochten es die traditionellen Bürgerausschüsse, unter dem Einfluß der Revolution alte ständische Wertvorstellungen zu überwinden und seit 1796 zu Zentren revolutionärer Bewegungen zu werden.

Wenn es dieses soziale Konfliktpotential in Deutschland ebenso wie in Frankreich gab, so besteht der Unterschied zwischen beiden Ländern nur darin, daß sich in Deutschland, anders als in Frankreich, die Revolten von Bauern, Handwerkern und Studenten nicht mit einer politischen Revolution des aufgeklärten Bürgertums verbunden haben. Es fehlte dafür im Deutschen Reich ein politisches Zentrum, das die Rolle hätte übernehmen können, die Paris für Frankreich spielte.

4
Läßt sich die Revolution exportieren?

Kontroversen über die französische Außenpolitik standen und stehen nicht im Mittelpunkt der Debatten um die Revolution. Sie treten gegenüber den Fragen nach den Ursachen, den drei Revolutionen von 1789 und der Jakobinerherrschaft zurück. Wichtig wird die Außenpolitik zur Revolutionszeit jedoch für die Erforschung der Revolutionsauswirkungen auf andere Staaten. So hat sich im Zusammenhang mit der Aufarbeitung der Französischen Revolution in Deutschland auch eine kontrovers geführte Debatte um die revolutionäre französische Außenpolitik entwickelt. Dabei geht es im wesentlichen darum, ob die Franzosen als Eroberer oder als Befreier nach Deutschland kamen.

Die Antwort auf diese Frage hat Auswirkungen auf die Beurteilung derjenigen deutschen Revolutionsanhänger, die mit Hilfe der französischen Truppen in Deutschland Republiken errichten wollten. Im Verlauf des Krieges zwischen Frankreich und den anderen europäischen Mächten eröffnete sich den revolutionären Demokraten in den Nachbarländern mehrmals die Möglichkeit, unter dem Schutz Frankreichs Republiken zu gründen. Auf deutschem Boden war das 1792/93 mit der Mainzer Republik und 1797/98 mit der cisrhenanischen Republik der Fall.

Diese Bestrebungen waren den meisten deutschen Historikern des 19. und frühen 20. Jahrhunderts schon wegen ihres demokratischen Charakters sehr verdächtig. Hinzu kam noch, daß die deutschen Revolutionsanhänger mit den Franzosen zusammenarbeiteten oder zusammenarbeiten wollten. Sie beschlossen 1793 und 1797 sogar jedesmal die Loslösung ihrer Länder vom Deutschen Reich und den Anschluß an Frankreich. Das hat ihnen eine national-deutsche Öffentlichkeit und Geschichtsschreibung zu Zeiten der deutsch-französischen »Erbfeindschaft«, also bis 1945, übelgenommen. Nach 1945 wurde das Thema auf andere Weise wieder brisant. Deutschland hatte sich nicht aus eigener Kraft von der Herrschaft des Nationalsozialismus befreit. Auf deutschem Boden gab es mit der BRD und der DDR zwei Republiken, die – jede auf ihre Weise – unter dem Schutz einer »Brudernation« standen. Kann ein Volk seine Freiheit von einer anderen Nation zum Geschenk erhalten? Vor dieser Frage standen die deutschen Demokraten 1792 zum erstenmal.

Französische Deutschlandpolitik

Für eine Reihe von Historikern hatten die französischen Politiker von Anfang der Revolutionskriege an immer dieselben außenpolitischen Interessen, nämlich die Völker zur Freiheit zu zwingen und sie dafür bezahlen zu lassen. Durch Einquartierungen, Plünderungen, Kontributionen in Geld, Requisitionen von Waren und Kulturgütern, durch erzwungene Arbeitsleistungen seien die jeweils eroberten Länder rücksichtslos ausgebeutet worden.

Nicht weit davon entfernt ist die Meinung Franz Dumonts, der schon an der Jahreswende 1792/93 die Prinzipien der französischen Außen- und Besatzungspolitik einer Wandlung unterworfen sieht. Es geht dabei um die Interpretation der zwei genannten Dekrete des Nationalkonvents vom 19. November und 15. Dezember 1792. Diese Dekrete stehen nach Dumont im Widerspruch zu dem in der Verfassung von 1791 angeblich enthaltenen Bekenntnis zum Selbstbestimmungsrecht der Völker. Dort heißt es im Titel VI: »Die französische Nation verzichtet darauf, einen Krieg zu unternehmen, um Eroberungen zu machen. Sie wird ihre Streitkräfte niemals gegen die Freiheit eines anderen Volkes verwenden.« Dumont sieht diese Position schon mit den Dekreten von Ende 1792 aufgegeben. Konsequenterweise spricht er nicht von einer Mainzer Revolution, sondern von »Revolutionierung« durch die Franzosen und betont überhaupt den französischen Anteil am Gesamtgeschehen. Dagegen hält Heinrich Scheel Ende 1792 einen Wandel der französischen Außenpolitik für nicht gegeben und legt das Hauptgewicht in seinen Veröffentlichungen über die Mainzer Republik auf die eigene revolutionäre Kraft der deutschen Jakobiner.

Vor dem Hintergrund dieser Kontroverse ist darauf hinzuweisen, daß ein geschlossenes Bild französischer Herrschaft nicht gezeichnet werden kann. Es gilt auch in der Außenpolitik zwischen der girondistischen Aufschwungsphase der Revolution, der Jakobinerherrschaft und der Zeit des Direktoriums zu unterscheiden. Die Erfahrungen der deutschen Demokraten mit der Französischen Revolution waren 1792/93 noch neu und differenziert. Die Forderung nach einem Anschluß an Frankreich besaß im Jahre 1793 eine andere Bedeutung als 1797. 1793 konnten sich die Mainzer Jakobiner noch im guten Glauben an eine Revolution binden, die in Frankreich selbst erst die Bedürfnisse der unteren Schichten zu entdecken begann. Es gab noch keine Erfahrung mit Besatzungspraxis und keine Sicherheit darüber, wie lange Besatzung und Krieg dauern würden.

Zur Zeit der Jakobiner beschloß der Konvent, wie erwähnt, sich nicht mehr in die Angelegenheiten anderer Völker einmischen zu wollen. Ob die Jakobiner diese Erklärung ernst meinten, konnten sie aufgrund des Kriegsverlaufs nicht beweisen. Sie führten lediglich einen Verteidigungskrieg und standen gar nicht vor der Möglichkeit, in Feindesland einmarschieren zu können.

Im Jahre 1797, zur Zeit des Direktoriums, war die Situation anders als 1792/93. Die Franzosen führten sich im Rheinland (und in anderen europäischen Ländern) jetzt nicht mehr als Befreier auf, und ihre Regierungen hatten in Frankreich selbst die Volksbewegungen unterdrückt. Aber auch damals war die Revolution nicht beendet; sie konnte noch in verschiedene Richtungen gehen. So läßt sich auch die cisrhenanische Republik nicht als das ehrgeizige Privatunternehmen eines französischen Generals darstellen. Selbst 1797/98 spielten die linksrheinischen deutschen Revolutionsanhänger noch den aktiven Part im politischen Geschehen. Sie erhielten ihren Spielraum dadurch, daß das französische Direktorium selbst über den endgültigen Status der besetzten Gebiete uneins war.

Nach dieser Interpretation gab es also keine feststehende französische Besatzungspolitik, auch keinen einmaligen Wandel, sondern seit dem Kriegsbeginn im Jahre 1792 verschiedene, miteinander konkurrierende Richtungen. Es siegte schließlich, aber erst Ende 1797, die Partei der »natürlichen Grenzen«, die mit dieser Formel an die französische Hegemonialpolitik zur Zeit Ludwigs XIV. anknüpfte.

Die Mainzer Republik

Einen ersten Höhepunkt deutscher republikanischer Bestrebungen bildete die Mainzer Republik. Sie bestand rund fünf Monate lang, von Ende Oktober 1792 bis Anfang April 1793. Noch heute debattieren Historiker darüber, ob sie hauptsächlich als Ergebnis französischer Besatzungspolitik oder als eine deutsche Freiheitsbewegung aufzufassen ist. Welche Fakten sprechen für die eine, welche für die andere Auffassung?

Zum erstenmal in der deutschen Geschichte trat in dieser Zeit ein Landesparlament zusammen, das sich aus Abgeordneten zusammensetzte, die aufgrund eines allgemeinen, gleichen und direkten (Männer-)Wahlrechts gewählt worden waren: der Rheinisch-deutsche Nationalkonvent. Die Wahl fand am 26. Februar 1793 statt, die konstituierende Sitzung am 17. März 1793. Insgesamt konnten 16 Sitzungen abgehalten werden.

Auf seiner zweiten Sitzung am 18. März beschloß der Konvent eine Unabhängigkeitserklärung. Er dekretierte, daß die von ihm vertretenen Landstriche zwischen Landau und Bingen »von jetzt an einen freien, unabhängigen, unzertrennlichen Staat ausmachen«. Die Abgeordneten erklärten gleichzeitig »allen Zusammenhang mit dem deutschen Kaiser und Reich« für aufgehoben und bestimmten außerdem, daß das freie Volk der einzige rechtmäßige Souverän dieses Staates sei. Drei Tage nach der Unabhängigkeitserklärung, am 21. März 1793, beschloß der Konvent, die Einverleibung des neuen Staates in die französische Republik zu beantragen. Johann Georg Forster, die bedeutendste Persönlichkeit unter den Anhängern der Mainzer Republik, ja der deutschen Demokraten des ausgehenden 18. Jahrhunderts überhaupt, überbrachte den Anschlußwunsch zusammen mit zwei anderen Delegierten nach Paris. Am 30. März 1793 trug er die Annexionsbitte den Abgeordneten des Konvents vor.

Entscheidende Voraussetzung für die Entstehung und die Dauer der Mainzer Republik war der Kriegsverlauf zwischen Frankreich und den gegenrevolutionären Mächten. Nachdem am 20. September 1792 in der Kanonade von Valmy die Invasion Frankreichs gestoppt worden war, drangen die französischen Truppen auf deutsches Gebiet vor. Im Laufe des Oktobers wurden Speyer, Worms und Mainz (letzteres am 21.) besetzt. Während Kurtrier und Kurköln von den Franzosen nicht erobert werden konnten, blieb das Gebiet zwischen den Städten Landau, Saarbrücken, Mainz und Bingen bis zum Frühling 1793 in französischer Hand. Allein die vorübergehende Besetzung linksrheinischer deutscher Gebiete ermöglichte es den Mainzer Demokraten, ihre Aktivitäten offen auszuüben. Sie brauchten den politischen, ideologischen und finanziellen Rückhalt der Besatzungsmacht.

Die demokratische Bewegung am Rhein erreichte eine beachtliche Stärke. Ihre treibende Kraft waren nicht die

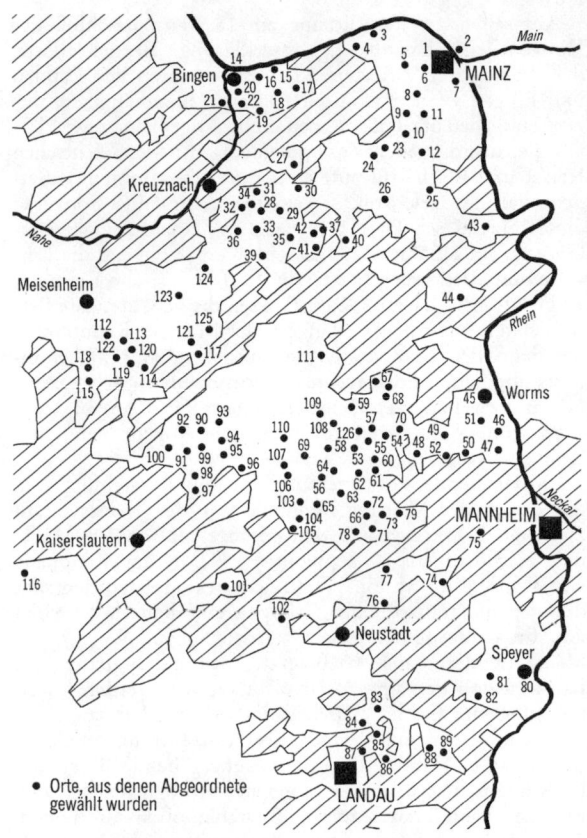

Wahlen zum Rheinisch-deutschen Nationalkonvent von 1793
Karte und Verzeichnis der Orte, aus denen Abgeordnete
in den Mainzer Konvent gewählt wurden

Franzosen, sondern die Einheimischen. Vor allem in neugegründeten politischen Klubs wurde viel für eine Demokratisierung gearbeitet. Solche Klubs entstanden in Mainz, Speyer, Worms, Aachen und Bergzabern. Der Mainzer Klub nannte sich wie der Pariser Jakobinerklub »Gesellschaft der Freunde der Freiheit und Gleichheit«. Er bestand vom 23. Oktober 1792 bis zum 14. März 1793 und hatte rund 500 Mitglieder. Die Landbevölkerung, von den Mainzer Jakobinern eifrig umworben, blieb zwar in der Mehrheit auf Distanz zur Revolution, doch gab es schließlich in mehr als 100 Dörfern Rheinhessens und der Pfalz Minderheiten, die eine Beseitigung des alten Regimes wünschten.

Insgesamt gesehen entwickelte sich in wenigen Monaten ein hohes Maß an Kreativität. Politische Reden wurden gehalten, gedruckt und verbreitet. Zeitungen entstanden, Flugschriften, auch revolutionsfreundliche Gedichte und Theaterstücke. In Bergzabern meldeten sich freiheitsliebende Frauen zu Wort. Festlicher Höhepunkt der Unabhängigkeitsbewegung war jedesmal die Aufrichtung eines Freiheitsbaumes. Solche Bäume standen schließlich in etwa 50 Dörfern. Nimmt man all diese Initiativen zusammen, so wird man sagen dürfen, daß die französische Besetzung nur das Ventil für ein lange aufgestautes deutsches Freiheitsverlangen öffnete.

Das galt auch, freilich in weit geringerem Maße, für das rechtsrheinische Deutschland. Hier weckte das Mainzer Beispiel ebenfalls Revolutionserwartungen. Von Göttingen aus wollten im Oktober 1792 Studenten den französischen Truppen entgegenreiten. In der Universitätsstadt selbst wurde am 7. November an mehreren Stellen ein »Freiheitsausruf an die hannövrischen Untertanen« angeheftet. Er forderte dazu auf, den Adel zu stürzen und datierte mit dem französischen Revolutionskalender.

In Nürnberg wurden ebenfalls im November 1792 verschiedene Aufrufe gefunden, die mit dem Pseudonym »Jakob Rothhaub« unterschrieben waren. Sie riefen zu den

Waffen, um dem Adel die Güter zu nehmen und in der freien Reichsstadt eine neue Regierung zu bilden. Der Verfasser hielt den Zeitpunkt unter Hinweis auf den französischen Vormarsch und die Gründung der Mainzer Republik für günstig.

Bei solchen und ähnlichen Aufrufen (die zeitgleichen Flugblätter der Mannheimer, Altonaer und Nagolder Jakobinerklubs wurden schon genannt) handelte es sich nicht nur um vereinzelte und illusionäre Ausbrüche revolutionärer Hoffnungen. Sie drückten vielmehr eine weitverbreitete Stimmung aus, und sie waren in der Erwartung eines französischen Vormarsches gar nicht unrealistisch. Mit dem Ende der Mainzer Republik gingen fürs erste die Revolutionserwartungen im rechtsrheinischen Deutschland zurück. Nach der französischen Niederlage bei Neerwinden verlor Frankreich am 30. März 1793 die linksrheinischen Lande. Nur die Festung Mainz konnte sich noch bis zum 23. Juli 1793 halten.

Die cisrhenanische Bewegung

Mit dieser Bezeichnung faßt man die Versuche der deutschen Jakobiner zusammen, auf linksrheinischem Gebiet eine unabhängige Republik zu gründen oder es an Frankreich anzuschließen. Voraussetzung dafür war die dauerhafte französische Besetzung linksrheinischer deutscher Territorien seit Herbst 1794. Aktuell wurde das Thema, als die Verhandlungen über das linksrheinische Deutschland zwischen dem Waffenstillstand von Leoben und dem Friedensvertrag von Campo Formio in ihr entscheidendes Stadium traten, also zwischen April und Oktober 1797. Solange die verschiedenen außenpolitischen Strategien im französischen Direktorium miteinander konkurrierten, war es für die Cisrhenanen möglich, eigene Vorstellungen einzubringen.

Wie bei der Mainzer Republik erweisen sich auch in der cisrhenanischen Bewegung die deutschen Freiheitsfreunde als die treibende Kraft. Seit Juli 1797 bestand in Koblenz ein »Korrespondenzbureau«, andere Städte folgten diesem Beispiel. In den Büros wurde versucht, Kontakte mit Gesinnungsgenossen herzustellen und Aktionen aufeinander abzustimmen. Ende Juli 1797 erschien der erste Aufruf »An die Bewohner des linken Rheinufers«. Er stammte von dem früheren Mainzer Jakobiner Mathias Metternich und forderte dazu auf, alles aufzubieten, »mit Frankreich vereinigt oder für einen eigenen Freistaat erklärt zu werden«. Bis zur Unterrichtung durch General Hoche, dem das Direktorium ja die zivile Verwaltung übertragen hatte, wurde diese Doppelformel in Aufrufen und Erklärungen immer wieder verwendet. Erst am 14. August teilte Hoche den Koblenzer Cisrhenanen mit, daß das Direktorium die Errichtung eines Freistaates wünsche. Seit Anfang September lief dann nur noch die Kampagne für eine cisrhenanische Republik. Den Kurswechsel des Direktoriums nach dem 18. Fructidor teilte Hoches Nachfolger den Cisrhenanen erst Ende Oktober mit.

So entstand im September/Oktober 1797 zwischen Aachen, Köln, Bonn und Koblenz eine cisrhenanische Republik. Als erste Stadt am Niederrhein folgte Rheinbach den Aufrufen und erklärte sich am 5. September für frei, pflanzte den Freiheitsbaum und proklamierte die Republik. Die Hauptorte Koblenz, Köln und Bonn folgten im Laufe des Septembers. Anders als bei der Mainzer Republik 1792/ 1793 wuchs die cisrhenanische von unten nach oben. Nach einer Reihe von städtischen Freiheitserklärungen schritt man zur feierlichen Vereinigung der freien Städte. Das geschah im Laufe des Oktobers. In den Städten wurden die alten Behörden durch neue Magistrate ersetzt, die mit den Cisrhenanen sympathisierten. Besonders radikal gebärdeten sich die neuen Bonner Kommunalpolitiker. Nach dem Vorbild der Pariser Jakobiner beschlossen sie ein Preismaximum für Lebensmittel.

Soweit war die Bewegung aufgrund eigenständiger Aktivitäten gediehen, als die Änderung des Pariser außenpolitischen Kurses bekannt wurde. Nun schwenkten die Cisrhenanen auf die Anschlußpolitik um. So erstellte ein Generalausschuß der Cisrhenanischen Föderation am 13. November 1797 eine »Souveränitätserklärung des Volkes zwischen Maas, Rhein und Mosel«. Anders als die entsprechende Mainzer Erklärung von 1793 war diese nicht von einem Parlament beschlossen worden. Die cisrhenanischen »Patrioten« erklärten aber wie damals die Mainzer Jakobiner ihre Loslösung vom Deutschen Reich, ihre unveränderte Bruderliebe zum deutschen Volk sowie die Einverleibung ihrer Gebiete in die französische Republik. Eine Deputation von drei Männern überreichte die Erklärung in Paris dem Rat der Alten und dem Rat der 500.

Mit diesem Akt sowie mit der Umwandlung des linksrheinischen Deutschlands in die vier französischen Departements Roer, Rhin et Moselle, Sarre, Mont-Tonerre wurden diese Landstriche und ihre Bewohner bis 1814 ein Teil der französischen Geschichte. Natürlich hätte das Direktorium den Anschluß auch ohne die Zustimmung der cisrhenanischen Patrioten vollzogen. Das bedeutet aber andererseits auch: Die Cisrhenanen haben freiwillig zugestimmt. Es ging für sie um die Übernahme eines bürgerlich-revolutionären Systems oder die Wiederherstellung der despotischen Fürsten- bzw. Stadtregimente. Angesichts dieser Alternative gab es für sie kein Zögern. In welcher Form sich die Übernahme der revolutionären Errungenschaften vollziehen sollte, mithin die nationale Seite ihres sozialen Anliegens, war für sie von zweitrangiger Bedeutung. Sie zogen die Errichtung einer selbständigen Republik dem Anschluß vor; aber ein Anschluß an Frankreich schien ihnen immer noch besser zu sein als die Rückkehr der deutschen Fürsten.

5
Deutsche Jakobiner

Problematisch erscheint es manchen Historikern, die deutschen Demokraten am Ende des 18. Jahrhunderts als Jakobiner zu bezeichnen. Die Ausdehnung des Jakobinerbegriffs auf Deutschland ist in der Tat schwierig, und zwar aus zwei Gründen. Zum ersten ist selbst der französische Jakobinismus nicht eindeutig zu bestimmen, weil er sich im Laufe der Revolution wandelte. Jakobinismus an der Macht, so haben wir ausgeführt, das war der Versuch, ein soziales Programm (die Gesellschaft der kleinen Eigentümer) und eine demokratische Freiheitslehre im Sinne Rousseaus in einer für Frankreich bedrohlichen Situation mit Gewalt durchzusetzen. Daneben war Jakobinismus in Frankreich vor 1793 und nach 1797 eine in Klubs organisierte Bewegung zur Unterstützung und Vorantreibung der Revolution.

Zweitens ist die Verwendung des Jakobinerbegriffs für Deutschland deshalb schwierig, weil die politischen Verhältnisse hier anders waren als in Frankreich. Die Revolution wurde zu einem großen Lernprozeß. Den meisten Deutschen fehlte diese Erfahrung, sie blieben Beobachter; was sich auf die Entwicklung ihres politischen Bewußtseins und die Entfaltung ihrer Handlungsmöglichkeiten auswirkte. Sie mußten sich, wollten sie politisch handeln, an den Verhältnissen im eigenen Land orientieren.

Unter den Zeitgenossen gab es nur wenige Deutsche, die sich selbst als Jakobiner bezeichneten. Jakobinismus war in Deutschland in erster Linie ein politischer Kampfbegriff, der von Revolutionsgegnern benutzt wurde, um alle die zu diffamieren, die auch nur die Notwendigkeit von Reformen behaupteten.

Will man den Begriff in der Geschichtswissenschaft verwenden, so wird man gut daran tun, sich weder auf eine weite Definition (die sich tendenziell dem politischen Kampfbegriff der Revolutionszeit annähert und möglichst viele Menschen zu den deutschen Jakobinern rechnet), noch auf eine enge Definition (die sich exakt am französischen Vorbild der Jahre 1793/94 ausrichtet) einzulassen. Am schwierigsten ist die Bezeichnung im Bereich der Literatur anzuwenden. Von einem »literarischen Jakobinismus« kann noch am ehesten gesprochen werden, wenn es einem Autor gelingt, seine politische Überzeugung mit einer Schreibweise zu verbinden, die das Volk auch erreicht. Denn die Einsicht in die Notwendigkeit, mit dem Volk und für das Volk Veränderungen zu bewirken, war die Grundlage, auf der sich ein bürgerlich-radikaler Demokratismus als jakobinisches Denken und Handeln entfaltete, in Frankreich und anderswo. So wäre denn unter den »klassischen« deutschen Schriftstellern nicht etwa Friedrich Hölderlin mit seiner humanitär-politischen Lyrik, der alles Agitatorische fehlt, sondern Gottfried August Bürger mit seinen volkstümlichen und antidespotischen Gedichten der Prototyp eines jakobinischen Autors.

Unproblematisch erscheint die Verwendung des Begriffs »deutsche Jakobiner« für diejenigen Zeitgenossen, die sich ausdrücklich zu Robespierre und seinen Anhängern bekannten oder die Jakobinerherrschaft in Frankreich rechtfertigten. Ersteres taten Studenten an verschiedenen deutschen Hochschulen; für letzteres ist Georg Forsters Schrift *Parisische Umrisse* ein eindrucksvolles Beispiel. Benutzt werden kann der Begriff auch für diejenigen Deutschen, die sich während der Revolution in politischen Klubs organisierten, die sich direkt oder indirekt den französischen Jakobinerklubs verbunden fühlten. Einige von ihnen wurden bereits genannt. Als deutsche Jakobiner können auch diejenigen Männer gelten, die sich an das Volk mit der Aufforderung zum Umsturz der Fürstenherrschaften oder aristokratischen Stadtregierungen richteten. Sie blieben, wie die zitierten Aufrufe zeigen, meist unbekannt.

Für die rechtsrheinischen deutschen Jakobiner bildete das Ende der Jakobinerherrschaft in Frankreich keine Zäsur. Denn sie orientierten sich weiterhin am revolutionären Frankreich und entwickelten sogar, jedesmal motiviert durch die französischen militärischen Erfolge, neue Projekte. Nach dem Frieden von Basel (1795), der für das nördliche Deutschland galt, wurde das südliche Deutschland wiederholt zum Auf- und Durchmarschgebiet der französischen und österreichischen Truppen. Mit der Verlagerung des Krieges in den Südwesten des Deutschen Reiches verlagerten sich auch die Revolutionshoffnungen deutscher Jakobiner in den Südwesten. Die deutsche demokratische Bewegung erlebte deshalb hier nach 1795 einen weiteren Höhepunkt. Stimulierende Wirkung übten 1797 und 1798 die Gründungen der cisrhenanischen und der helvetischen Republik sowie die Einberufung des württembergischen Reformlandtags aus.

Für die südwestdeutschen Jakobiner wurde vor allem die Revolution in der Schweiz wichtig, und zwar aus zwei Gründen: Erstens bot sie ein Beispiel dafür, daß gesamtstaatliche Veränderungen auch in einem Land möglich waren, das wie Deutschland aus vielen selbständigen Regierungen (in den Kantonen) bestand. Zweitens fanden die Freiheitsfreunde mit Basel (neben Straßburg) einen weiteren Stützpunkt an der Grenze, von wo aus sie ungehindert politisch arbeiten und auf den ganzen deutschen Südwesten einwirken konnten.

In Württemberg, wo sich die Stände gegenüber dem Herzog bedeutende Rechte zu wahren gewußt hatten, mußte dieser für 1797 deren Vertretung, die »Landschaft«, einberufen. Der Herzog von Württemberg war 1793 dem Krieg gegen Frankreich beigetreten. Im Jahre 1796 hatte er mit Frankreich einen Friedensvertrag schließen müssen, der Württemberg zu hohen Kontributionszahlungen verpflichtete. Um dem nachzukommen, wollte der Herzog neue Steuern erheben und mußte diese von der Landschaft beschließen lassen. Damit war eine Situation entstanden, die im Kern, wenn auch nicht in dem Ausmaß, mit Frankreich am Vorabend der Revolution verglichen werden kann. Wie dort im Jahre 1789 kam es jetzt 1796/97 in Württemberg zu einer Reformeuphorie, zu einer wahren Flut von Flugschriften und sogar zu einer 24 Punkte umfassenden Beschwerdeschrift der Städte und Ämter des Oberlands: das Nagolder *cahier de doléances*! Die treibende Kraft der Nagolder Bewegung war jener Johann Ludwig Hofacker, der schon 1792/93 den dortigen Jakobinerklub geleitet hatte.

Es wäre eine Verkennung der Tatsachen, diese Schriften (wie in der älteren Landesgeschichtsschreibung des öfteren geschehen) einfach unter den Begriff der ständischen Opposition einzuordnen. Auch in Frankreich war die Revolution gleichsam mit dem Gesicht nach rückwärts ausgebrochen, nachdem die alten Generalstände wieder einberufen worden waren. Warum also sollte aus der alten »Landschaft« nicht auch eine württembergische Nationalversammlung werden können?

Bei günstiger nationaler und internationaler Konstellation wäre in diesen Jahren die Gründung einer süddeutschen oder schwäbischen Republik möglich gewesen. Dazu mußten sich »nur« die Unruhen in der Bevölkerung (etwa in den südwestdeutschen Reichsstädten) mit der liberalen württembergischen Landtagsopposition, mit den Revolutionsabsichten deutscher Jakobiner und den Plänen ehrgeiziger französischer Generäle verbinden.

Ein Anlaß zum Ausbruch war auch schon vorhanden: der Rastatter Kongreß. Anders als in Frankreich hatte es bis dahin in Deutschland kein politisches Zentrum gegeben. Man hätte in jedem selbständigen Fürstentum eine eigene Revolution machen müssen, und man lief immer Gefahr, daß sich ein etwa abgesetzter Fürst rasch Hilfe vom Nachbarn holen konnte. Jetzt aber war in Rastatt vorübergehend ein Zentrum entstanden. Die diplomatischen Vertreter der deutschen Fürsten, immerhin diese, versammelten sich hier für einen Zeitraum von eineinhalb Jahren. Nur ein Schlag wäre nötig gewesen, und man hätte sie, wenigstens als Geiseln, in der Hand gehabt.

Der Plan zur Sprengung des Rastatter Kongresses

Anfang 1798 verdichteten sich Hinweise auf revolutionäre Machenschaften im deutschen Südwesten. Am 19. Januar berichtete ein badischer Hofrat aus Lörrach, es bestehe ein »von Karlsruhe bis Stockach reichender Plan, daß man die Beamten fangen, sich der Kassen bemächtigen, Nationalgarden bilden und den Congreß in Rastatt sprengen wolle«. Dann lieferte am 20. Januar ein Emissär ein Paket mit Flugblättern an die falsche Adresse ab. Es kam zu ersten Verhaftungen, man fand dabei auch eine Namensliste mit etwa 25 Personen. Am 22. Januar zeigte auch der Rastatter Gesandte Hessen-Darmstadts eine Verschwörung an, wobei er abschriftlich ein Exemplar desselben Flugblatts beilegte. Es trägt die Überschrift »Freiheit – Gleichheit!« Sofort setzten verschiedene Behörden Untersuchungskommissionen ein, die weitere Fakten ermittelten.

Das Bemerkenswerteste an diesem Flugblatt ist die weitgespannte Zielsetzung der Revolutionäre: Sie strebten erstens einen Freistaat in ganz Deutschland an, wenn auch ihr unmittelbares Wirkungsfeld zunächst nur einen Teil des Vaterlandes umfassen konnte. Damit setzten sie die radikalste Alternative zum dynastischen Interesse der Fürsten: das nationalstaatliche Prinzip. Zweitens forderten sie zur Errichtung eines unabhängigen Freistaats auf und machten damit deutlich, daß sie nicht willens waren, sich mit der Rolle eines von Frankreich abhängigen Staates zufriedenzugeben. Drittens richteten sie sich mit aller Entschiedenheit gegen den Rastatter Kongreß, dessen Gesandte sie nur als Menschenverkäufer ansahen.

Die Anführer dieses Revolutionsprojektes waren Johann

Georg Friedrich List und Ernst Alexander Jägerschmidt. Von List stammte der Plan, die Situation auszunutzen, daß ganz Europa 1798 nach Rastatt blickte. Ein verhafteter Jakobiner erklärte im Verhör, von List gehört zu haben, er wolle am verabredeten Tag einige Dorfschaften zusammennehmen, damit nach Rastatt marschieren und die Stadt besetzen.

Jägerschmidt soll nach einem anderen Vernehmungsprotokoll gesagt haben, es müsse eine totale Veränderung im Lande geben und der Markgraf mit seiner ganzen Dienerschaft beiseite geschafft werden. Man würde sodann eine republikanische Verfassung anordnen und den Untertanen Erleichterungen in ihren Abgaben verschaffen. In Rastatt würde mittels Auseinanderjagung der Gesandten der Anfang mit der Revolution gemacht werden.

Offenbar war der Aufstand mit dem französischen General Pierre François Charles Augereau abgesprochen. Augereau betrieb damals die Politik, den von Bonaparte geschlossenen Frieden von Campo Formio zu hintergehen und in einem neuen Deutschlandkrieg Ruhm und politischen Einfluß zu erringen. Dabei kam ihm das Projekt einer süddeutschen Republik gelegen. Das Direktorium reagierte prompt. Am 29. Januar 1798 wurde Augereau versetzt und praktisch degradiert. Er nahm die Versetzung an, ohne alles auf eine Karte zu setzen und offen gegen das Direktorium vorzugehen. Das ganze Projekt war also nicht nur durch erste Verhaftungen aufgedeckt worden, es geriet auch durch die schnelle Entfernung Augereaus ins Stocken. List und Jägerschmidt konnten in die Schweiz fliehen.

Die republikanische Verfassungsurkunde

Die Pläne Lists und Jägerschmidts waren keine bloßen Hirngespinste. Für die Republik, von der alle redeten, war die Verfassungsurkunde längst ausgearbeitet, und zwar schon seit dem Sommer 1798. Aber erst Anfang März 1799 erschien die umfangreiche Flugschrift mit dem Titel »Entwurf einer republikanischen Verfassungsurkunde, wie sie in Deutschland taugen möchte« in Basel im Druck; ihr Verfasser ist bis heute noch nicht ermittelt worden. Sie ist nicht der einzige Verfassungsentwurf der deutschen Jakobiner, aber doch der bedeutendste von ihnen. Als Endziel verkündete sie eine Republik, die alle Deutschen umfassen sollte. Zunächst aber war die Umwälzung nur in einigen Gebieten geplant; andere konnten sich später nach ihrer Befreiung anschließen. Grundprinzipien des Entwurfs sind die Volkssouveränität, das Zweikammersystem, das Mehrheitsprinzip bei Abstimmungen und die Gewaltenteilung. Er beginnt mit einer Erklärung von Menschenrechten. Insgesamt gilt die französische Direktorialverfassung von 1795 als Vorbild. Dem aus 547 Artikeln bestehenden Entwurf zufolge wählen diejenigen Männer, die verheiratet oder älter als 21 Jahre alt sind und eigenes Vermögen haben, in Urversammlungen ihre Wahlmänner. Für das passive Wahlrecht zum Wahlmann gilt ein milder Zensus. Diese Wahlmänner wählen dann nicht nur die Abgeordneten, sondern auch die Richter. Das parlamentarische System besteht aus einem Erstrat, in den man gewählt werden kann, wenn man mindestens 25 Jahre alt ist und mindestens fünf Jahre im Freistaat gelebt hat, sowie aus einem Zweitrat mit älteren und länger ansässigen Abgeordneten. Beide Parlamente zusammen sollen eine fünfköpfige Regierung, den sog. Staatsrat, wählen, deren Mitglieder fünf Jahre im Amt bleiben. Unmittelbare Wiederwahl ist nicht möglich. Der Verfassungsentwurf enthält außerdem Bestimmungen über das Gerichtswesen und das Schulsystem. Was ersteres betrifft, so werden auf der Gemeindeebene Friedensgerichte installiert, die jeweils aus fünf gewählten Schiedsrichtern bestehen. Auch die Richter des obersten Gerichts werden von bestimmten Wahlversammlungen, die durch das Los ermittelt wurden, gewählt. Die Lehrer sollen vom Staat bezahlt werden; die Schüler »der armen Bürgerklasse« erhalten ihre Schulbücher einmal unentgeltlich.

In den Kämpfen um die Errichtung einer bürgerlichen Gesellschaftsordnung, die durch die Französische Revolution auch in Deutschland angeregt wurden, bildeten das Projekt zur Sprengung des Rastatter Kongresses und die Bemühungen um eine süddeutsche Republik letzte Höhepunkte. Die im Zusammenhang mit diesen Bewegungen erarbeitete republikanische Verfassungsurkunde kann als das bedeutendste Dokument des süddeutschen Jakobinismus angesehen werden. Seine Verfasser verloren die gesamtstaatliche Perspektive nicht aus den Augen. Zwei andere Verfassungsentwürfe aus Köln und Ulm (1797 bzw. 1798) enthielten zwar mehr Elemente einer direkten Demokratie und orientierten sich teilweise an der französischen Jakobinerverfassung von 1793, bezogen sich aber jeweils nur auf ein reichsstädtisches Territorium. Der in Basel gedruckte Entwurf zeigte darüber hinaus eine Methode auf, wie sich unter den damaligen Bedingungen eine nationale Republik von unten nach oben hätte konstituieren können: In einem befreiten Gebiet wäre angefangen worden, andere Regionen hätten sich nach ihrer Befreiung anschließen können.

Der erneute Ausbruch des Koalitionskrieges und die anfänglichen Erfolge Österreichs ließen das Projekt einer süddeutschen Republik und die Verwirklichung der republikanischen Verfassungsurkunde in weite Ferne rücken.

6
Zum Verhältnis von Reform und Revolution

Die Französische Revolution von 1789 wurde in der Einführung als ein Ereignis charakterisiert, das innerhalb des gesamten Zeitalters der bürgerlichen Revolution von herausragender Bedeutung gewesen ist; nicht nur für Frankreich selbst, sondern auch für die benachbarten Länder. Um die internationale Tragweite der Französischen Revolution zu dokumentieren, wurde auf Entwicklungen in England, Holland, Belgien, Polen, Rußland, Österreich, Ungarn, Italien und in der Schweiz hingewiesen, vor allem aber immer wieder auf Deutschland.

Dabei hat sich folgendes gezeigt: Die deutsche Geschichte hat wohl nicht so starke demokratische Traditionen wie die französische (und auch die englische) Geschichte, aber diese Traditionen reichen doch weiter zurück als in das Revolutionsjahr 1848 oder dessen Vorgeschichte seit den 1830er Jahren. Die Wurzeln deutscher Demokratie greifen tiefer in den Boden der Vergangenheit hinein, als oft angenommen wird, und sie verbinden sich mit denjenigen, aus denen das moderne Frankreich erwachsen ist.

In Deutschland tritt die Geschichte der modernen Gesellschaft und die der Freiheitsbewegungen mit der Französischen Revolution von 1789 aus dem Reich der Utopie in das konkrete Stadium der Verwirklichung. Vor allem sind es drei Entwicklungen, die in dieser Zeit beginnen und seitdem die deutsche Geschichte des 19. und 20. Jahrhunderts mitbestimmen. Im letzten Jahrzehnt des 18. Jahrhunderts entstanden in Auseinandersetzung mit der Revolution die ersten politischen Gruppen, die man als Frühformen von Parteien bezeichnen kann. In den Jahren 1792/93 und 1797 wurden zweitens die ersten, freilich nur kurzlebigen Republiken auf deutschem Boden errichtet, die vom Prinzip der Volkssouveränität ausgingen. Und drittens wurden in diesen Jahren die ersten Verfassungsentwürfe erarbeitet. Es handelt sich bei ihnen nicht nur um theoretische Modelle. Sie standen vielmehr meistens im Zusammenhang mit revolutionären Bewegungen, denen wie ihren Nachfolgern von 1849 als Endziel eine republikanische Staatsform in Deutschland vorschwebte.

Diese Einschätzung wird allerdings nicht von allen Historikern geteilt. Man trifft vielmehr zumeist auf ein anderes Erklärungsmodell der gesellschaftlichen Entwicklung. Es geht davon aus, daß Frankreich und Deutschland zwei verschiedene Wege in die Moderne eingeschlagen hätten. Diese seien durch die Begriffe »Revolution« und »Reform« gekennzeichnet. Demnach gilt Frankreich als das klassische Land der Revolutionen. Man erinnert in diesem Zusammenhang noch an die Julirevolution von 1830, an die Februarrevolution von 1848 und an die Pariser Kommune von 1871.

Demgegenüber, so heißt es, habe die absolutistische Staatsform im Deutschland des 18. Jahrhunderts weniger rigide geherrscht; sie sei vielmehr »aufgeklärt« gewesen. Der Begriff des aufgeklärten Absolutismus wurde von Historikern nachträglich gebildet und meint, daß sich der Absolutismus ein moderneres Ansehen zu geben wußte. Der aufgeklärte Absolutismus soll eine Regierungsform gewesen sein, die zwar auch von ständisch-parlamentarischen Einrichtungen befreit war, in der sich die Fürsten aber als aufgeklärte Monarchen gaben; was bedeutet, daß sie sich freiwillig an Gesetze banden und Untertanenrechte anerkannten. Als vorbildliche Maßnahmen eines aufgeklärten Monarchen galten vor allem die Lockerung der Pressezensur, die Verwirklichung der Glaubensfreiheit, Bemühungen um die Kodifizierung des Rechts und die Reform des Bildungswesens.

Gemessen an diesem Maßstab galten in Deutschland vor allem das Preußen Friedrichs II. (er starb 1786) und das Österreich Josephs II. (er starb 1790) als aufgeklärte Monarchien. Von den kleineren Territorien erwarben sich das Herzogtum Sachsen-Weimar-Eisenach unter Herzog Carl August und das Kurfürstentum Mainz unter Friedrich Karl Joseph von Erthal den Ruf aufgeklärter Regierungsweise. Über den württembergischen Herzog Carl Eugen (er starb 1793) konnte man demnach sagen, daß er sich 1770 nach einem Erbvergleich mit der »Landschaft« von einem despotischen zu einem aufgeklärten Herzog gewandelt habe. Man führte in diesem Zusammenhang vor allem die Gründung der Stuttgarter Hohen Carlsschule (1770) ins Feld.

Die nach dem aufgeklärten Absolutismus regierten Staaten, so lautet nun die Gegenthese zu der in diesem Buch vertretenen Auffassung, hätten Reformen eingeleitet und seien dadurch von einer Revolution verschont worden. Von diesen deutschen Reformstaaten des 18. Jahrhunderts gehe eine direkte Verbindungslinie zu einer weiteren Welle von Reformen, die im ersten Jahrzehnt des 19. Jahrhunderts eingeleitet wurden: etwa durch die Freiherrn vom Stein und von Hardenberg in Preußen, aber auch in den zu Frankreich haltenden Rheinbundstaaten und im napoleonischen Westfalen.

Bei der Konstruktion dieser Entwicklung kommt der Französischen Revolution nur eine geringe Bedeutung zu: Die entscheidenden, von Frankreich ausgehenden Prägungen, so sagt man in diesem Zusammenhang, hätten die deutschen Länder erst in der napoleonischen Epoche erhalten. Gedacht wird dabei vor allem an die vielfältigen territorialen Veränderungen und an das Ende des Deutschen Reiches.

Was ist zu diesem gängigen Deutungsmuster in der hier gebotenen Kürze zu sagen? Zu Reformen waren die Fürsten in der Regel nur bereit, wenn sie dazu gezwungen wurden: etwa um den eigenen Staat überhaupt aufzubauen oder um ihn nach Kriegsniederlagen wieder zu stärken. Die Geschichte des aufgeklärten Absolutismus gehört nicht zu unserem Thema. Deshalb sei nur kurz daran erinnert, daß die josephinischen Reformen seit 1781 durchgeführt wurden, um die Habsburger Monarchie nach den militärischen Niederlagen gegen Preußen wieder zu alter Größe aufzurichten. Auch im friderizianischen Preußen war die Religionsfreiheit nach der Eroberung des katholischen Schlesien (1740) ein Gebot der Staatsräson. Die Kodifizierung des

Rechts wurde um ein halbes Jahrhundert verschleppt; das Preußische Landrecht stammt erst aus dem Jahr 1794. Herzog Carl Eugen von Württemberg zerstörte selbst das Bild des aufgeklärten Monarchen, das er von sich verbreiten wollte, durch die zehnjährige Einkerkerung Schubarts auf dem Hohenasperg (1777–1787), die Vertreibung Schillers (1782) und den Verkauf von Soldaten an das Kap der Guten Hoffnung (1786).

Vor allem aber gibt es im Deutschen Reich gar nicht diese ungebrochene, an der Revolution vorbeiführende Kontinuität der Reformen. Zwischen den beiden angeblichen Reformperioden des 18. und 19. Jahrhunderts stand der politische Zusammenbruch der absolutistischen Regime in Deutschland. Zuvor waren die angeblich von ihrer aufgeklärten Regierungsweise überzeugten Herrscher seit Mitte der 80er Jahre wieder auf den Weg zum reinen Absolutismus zurückgekehrt. Ihre aufgeklärten Jahre erwiesen sich als vorübergehende Reformperioden, die dann angesichts der Ausstrahlungskraft revolutionärer Ideen vollends zurückgenommen wurden.

In den meisten Ländern des Deutschen Reiches wehte nach 1789 ein rauherer Wind als vorher. Viele Fürsten gaben die bisher praktizierte Reformpolitik auf und bekämpften nicht nur die revolutionsfreundliche öffentliche Meinung, sondern auch alle aufklärerischen Strömungen. Das begann schon 1785 mit dem von Bayern ausgehenden Verbot der Illuminaten, einer radikalen Variante der Freimaurerorden.

Auch Preußen war schon vor Ausbruch der Revolution mit schlechtem Beispiel vorangegangen. Hier regierte jetzt König Friedrich Wilhelm II. (1786–1797). Er berief 1788 Johann Christoph von Wöllner zum Minister des geistlichen Departements, das auch die Kultur- und Bildungspolitik umfaßte. Dieser erließ am 9. Juli 1788 das nach ihm benannte Religionsedikt. Es setzte sich die »Wiederherstellung der christlichen Religion der protestantischen Kirche in ihrer ursprünglichen Reinheit« zum Ziel. Das kam einer

Kriegserklärung an die Aufklärung gleich und war eine
Absage an die unter Friedrich II. praktizierte Religionsfreiheit.

In Österreich ging 1790 mit dem Tode Kaiser Josephs II.
und vollends dann 1792 mit dem Tode seines Nachfolgers
Leopold II. die Ära der Reformpolitik zu Ende. Ein Teil der
aufgeklärten Schriftsteller, der die josephinischen Reformen
publizistisch unterstützt hatte, radikalisierte sich daraufhin.
Die Enttäuschten wandten sich in immer heftiger werden-
den Angriffen gegen das ganze System des aufgeklärten Absolutismus und mußten im Jahre 1794 die schon erwähnten
Jakobinerprozesse über sich ergehen lassen.

Auch in den kleineren deutschen Staaten wechselte weithin das politische Klima. Die württembergischen Herzöge
beruhigten ihre unbotmäßigen Untertanen nicht mit aufgeklärten, sondern militärischen Mitteln. Die Hohe Carlsschule wurde 1794 geschlossen. Im Erzbistum Köln war mit
der Bonner Universität 1786 ein aufgeklärtes Gegengewicht
zur alten Kölner Universität gegründet worden. Doch nach
dem Ausbruch der Revolution ging das Tauwetter auch in
Bonn zu Ende. Am 7. Juni 1791 mußte Professor Eulogius
Schneider nach Straßburg emigrieren und wurde damit zum
ersten Fall von politisch bedingten Professorenentlassun-
gen. Ein ähnliches Schicksal erlitten 1794 seine Kollegen
Carl Friedrich Cramer in Kiel und Johann Friedrich Hil-
scher in Leipzig. Ebenfalls nicht ganz freiwillig hatten Christoph Friedrich Cotta aus Stuttgart, Anton Joseph Dorsch
aus Mainz und Jakob Koller aus Heidelberg ihre Universitäten 1791 Richtung Straßburg verlassen.

Auch innerhalb der oppositionellen Strömungen Deutschlands waren die Grenzen zwischen Reform und Revolution
nicht scharf getrennt. So sinnvoll es ist, um der historischen
Erkenntnis willen zwischen Liberalen und Jakobinern zu
unterscheiden, so muß doch auch beachtet werden, daß sich
die damals lebenden Menschen in Auseinandersetzung mit
ihren Regierungen politisch weiterentwickelten. Die Wort-

führer der Mainzer Revolution waren in den 80er Jahren Anhänger der Mainzer Reformen gewesen (es ging damals hauptsächlich um eine Modernisierung der Universität); sie hatten sich nicht zuletzt aus Enttäuschung über die Rücknahme des aufgeklärten Absolutismus radikalisiert. Forster brauchte noch im Oktober 1792 einige Tage, um sich von seiner bisherigen Ansicht zu befreien, Deutschland sei nicht reif für eine Revolution, und dem Mainzer Jakobinerklub beizutreten. Dasselbe gilt für die österreichischen Jakobiner. Andreas Riedel, ihr Kopf, war in den 80er Jahren Lehrer am Hof des nachmaligen Kaisers Leopold II. gewesen und schrieb noch 1791 einen Entwurf für eine Verfassungsreform der Habsburger Monarchie.

Überall gab es diese fließenden Grenzen: natürlich auch in Frankreich. 1789 und 1790 dachte dort noch niemand, selbst Robespierre nicht, daran, die Monarchie abzuschaffen und den König hinzurichten. Revolutionäres Bewußtsein wurde keinem in die Wiege gelegt. Es entwickelte sich vielmehr in politischen Lernprozessen. Anders gesagt: Es waren die jeweiligen Regierungen selbst, die sich ihre radikalen Gegner heranzogen. Selbst in Frankreich lief die Entwicklung nicht zwangsläufig auf eine Revolution hinaus, und nach der Einberufung der Generalstände hatte der König noch genug Möglichkeiten, durch einen klaren Reformkurs eine Radikalisierung zu verhindern und seinen Kopf zu retten. Das Volk stürmte am 14. Juli 1789 die Bastille und am 10. August 1792 die Tuilerien nicht aus blinder Lust an Zerstörung, sondern weil der König zusammen mit den Emigranten und dem Ausland an der Wiederherstellung des Absolutismus arbeitete.

In den deutschen Ländern zeigte sich schließlich selbst in Preußen, daß revolutionäres Denken und Handeln – nicht nur das abschreckende französische Beispiel, sondern auch das einer einheimischen Minderheit – auf die Dauer eine wichtige Voraussetzung dafür waren, um die Obrigkeit zu Änderungen zu veranlassen.

Die berühmten preußischen Reformen von 1807 wären ohne die militärische Niederlage bei Jena und Auerstedt sicher nicht eingeleitet worden. Doch schon vor dem Zusammenbruch Preußens kritisierten leitende Beamte das absolutistische Staatssystem. Sie wünschten eine »Revolution von oben« und verstanden darunter: Bestimmte Prinzipien der Französischen Revolution sollten in die Monarchie übernommen werden, damit eine wirkliche Revolution vermieden werde und die Monarchie eine Chance zum Weiterleben habe. Auch in der Gedankenwelt des führenden Reformers, des Reichsfreiherrn vom Stein, verbanden sich mit einer konservativen Grundhaltung liberale und demokratische Ideen, die er aus England und Frankreich übernommen hatte. Seine im Juni 1807 in Nassau geschriebene Denkschrift zeigt diese für die preußische Reformbereitschaft charakteristische Mischung recht deutlich.

Schließlich spürt man in den wichtigsten Reformen selbst immer wieder den Willen, Errungenschaften der Französischen Revolution in den preußischen Staat einzubauen. Grundgedanke der Verwaltungsreform war es, die Mitverantwortung der Besitzbürger nicht wie im Frankreich der Revolution in einer Nationalversammlung, sondern in den Kommunen zuzulassen. In Preußen wurde die Kommunalpolitik zum politischen Übungsfeld, während das Zentralparlament bis zum Vorabend der Revolution von 1848 auf sich warten ließ. Die Humboldtsche Bildungsreform ging von demselben Grundsatz aus, den Schiller gegen die Radikalisierung der Revolution ins Feld geführt hatte; daß nämlich die Menschen erst gebildet werden müßten, bevor sie politisch verantwortlich tätig sein können. Das Ziel der gesamten Heeresreform war der freiwillig gehorchende Soldat, das Volk in Waffen nach dem Vorbild der jakobinischen Massenerhebung. Auch bei der Bauernbefreiung spürt man das Vorbild von 1789; doch da der Adel in Preußen nicht entmachtet wurde, bedurfte es der Revolution von 1848, um dessen Widerstand vollends zu brechen.

Es spricht also vieles dafür, Revolution und Reform gar nicht als Gegensätze zu begreifen. Sie waren am Ende des 18. und zu Beginn des 19. Jahrhunderts zwei miteinander verwandte Strategien zur Veränderung der Gesellschaft. Die Reformer blieben Reformer, wenn die Regierungen auf sie eingingen. Die Reformer wurden zu Revolutionären, wenn die Regierungen eingeleitete Reformen zurücknahmen oder zurücknehmen wollten. Die Regierungen beschworen ihrerseits revolutionäre Situationen herauf, wenn sie überfällige Reformen allzulange hinauszögerten. Und sie konnten in diesem Falle Revolutionen nur mit despotischen Mitteln verhindern. Das galt ebenso für Frankreich wie für Deutschland, und wahrscheinlich auch für andere Länder.

III
Quellen

Die Texte folgen den angegebenen Druckvorlagen (D). Die hier verkürzt zitierten Titel werden in den Literaturhinweisen im Abschnitt »Quellen« (S. 257 f.) ausführlich verzeichnet.

1

Aus dem Brief des Königs zur Einberufung der Generalstände vom 24. Januar 1789

Der Brief ist etwa doppelt so lang wie der hier abgedruckte erste Teil und richtet sich an die königlichen Beamten in den Provinzen. Ihm beigefügt ist eine umfangreiche Wahlordnung. Der angekündigte Termin wurde später noch verschoben.

Von Seiten des Königs.

Unser Geliebter und Getreuer, Wir tragen Sorge um eine Zusammenkunft unserer treuen Untertanen, damit sie Uns bei der Überwindung aller derjenigen Schwierigkeiten helfen, in denen Wir Uns bezüglich des Zustandes unserer Finanzen befinden, und um, unseren Wünschen gemäß, eine beständige und unveränderliche Ordnung in allen denjenigen Bereichen der Regierung zu errichten, die sich auf das Glück unserer Untertanen und den Wohlstand unseres Königreiches erstrecken.

Diese bedeutenden Beweggründe haben Uns bewogen, die Ständeversammlung aller Provinzen unserer Herrschaft einzuberufen, sowohl um Uns zu beraten und Uns beizustehen in allen Angelegenheiten, die ihr vor Augen gebracht werden, als auch um Uns die Wünsche und die Beschwerden unserer Völker bekannt zu machen, so daß mittels eines gegenseitigen Vertrauens und mittels einer wechselseitigen Liebe zwischen dem Souverän und seinen Untertanen so schnell wie möglich ein wirksames Mittel gegen die Mißstände des Staates herbeigeführt wird, und so daß die Mißbräuche aller Art abgeschafft und durch gute und solide Maßnahmen verhütet werden, die die öffentliche Glückseligkeit sichern und die uns, besonders Uns, die Ruhe und die Stille zurückgeben, deren Wir seit so langer Zeit beraubt worden sind.

Aus diesen Gründen benachrichtigen Wir und zeigen euch an, daß es unser Wille ist, am kommenden 27. April mit der Abhaltung der freien und allgemeinen Stände unseres Königreiches zu beginnen, in unserer Stadt Versailles, wo wir erwarten und wünschen, daß sich die vornehmsten Persönlichkeiten aus allen Provinzen, Gerichtsbezirken und Amtsbezirken einfinden werden.   [...]

D: Walder, S. 7. – Übers.: A. Kuhn.

2

Aus der Schrift von Émmanuel Joseph Sieyès: »Was ist der Dritte Stand?« (Januar 1789)

Die Flugschrift erschien zuerst im Januar 1789 anonym und wurde dann mehrfach nachgedruckt. Der Textauszug stammt aus dem ersten Kapitel.

Vor allem läßt sich unter den elementaren Bestandteilen einer Nation kein Platz für die Kaste der Adeligen finden. Ich weiß, daß es nur zu viele Individuen gibt, die durch Gebrechen, Unfähigkeit, unverbesserliche Faulheit oder ein Übermaß schlechter Sitten von den Arbeiten der Gesellschaft ferngehalten werden. Die Ausnahme und den Mißbrauch gibt es überall neben der Regel, zumal in einem großen Reich. Aber man muß zugeben, daß der Staat um so eher als wohlgeordnet gelten kann, je weniger solcher Mißbräuche es gibt. Am schlechtesten wäre der Staat geordnet, in dem nicht nur einzelne Privatpersonen, sondern eine ganze Klasse von Bürgern sich eine Ehre daraus machen würden, inmitten der allgemeinen Tätigkeit untätig zu bleiben, und wenn sie den größten Teil der Erzeugnisse verbrauchen dürften, ohne das geringste zu ihrer Erzeugung beigetragen zu haben. Eine solche Klasse gehört wegen ihrer Faulheit wahrlich nicht zur Nation.

Ebensowenig gehört der Adelsstand wegen seiner bürgerlichen und politischen Privilegien in unsere Mitte.

Was ist eine Nation? Ein Körper, dessen Mitglieder unter einem gemeinsamen Gesetz leben und durch eine und dieselbe gesetzgebende Versammlung vertreten sind.

Ist es nicht gewiß, daß der Adelsstand Privilegien, Befreiungen und sogar Rechte besitzt, die von den Rechten der Masse der Bürger losgelöst sind? Dadurch tritt er aus der allgemeinen Ordnung, aus dem allgemeinen Gesetz heraus. Folglich machen ihn schon seine bürgerlichen Rechte zu einem Volk für sich inmitten der Nation. Das ist wirklich ein *imperium in imperio*.

Auch seine politischen Rechte übt er für sich aus. Er hat seine eigenen Vertreter, die keinerlei Vollmacht des Volkes besitzen. Die Körperschaft seiner Abgeordneten hält ihre Sitzungen unter sich ab, und wenn sie sich einmal im gleichen Saal mit den Abgeordneten der einfachen Bürger versammeln sollte, dann wäre ebenso sicher seine Vertretung dem Wesen nach von ihnen geschieden und getrennt. Sie ist der Nation fremd durch ihr Prinzip, weil ihr Auftrag nicht vom Volk ausgeht, und durch ihren Zweck, weil er nicht in der Verteidigung des Gemeininteresses, sondern des Sonderinteresses besteht.

Der Dritte Stand umfaßt also alles, was zur Nation gehört. Und alles, was nicht Dritter Stand ist, kann sich nicht als Bestandteil der Nation betrachten. Was also ist der Dritte Stand? Alles.

D: Sieyès, S. 55 f. – © 1968 Insel Verlag, Frankfurt am Main.

3

Aus dem Beschwerdeheft (*cahier de doléances*) des Dritten Standes von Arcis (Frühjahr 1789)

Arcis war ein kleiner Ort im Gerichtsbezirk Troyes. Das ca-hier stammt aus dem Frühjahr 1789 und besteht aus 34 Ar-tikeln bzw. Absätzen; nur die ersten fünf sind numeriert. Es trägt 22 Unterschriften.

Wir verlangen, daß auf den nächsten Generalständen ver-handelt werden soll:

1. Daß sie sich 1792 versammeln werden, und daraufhin alle fünf Jahre oder in irgendeinem anderen bestimmten und festgelegten Zeitabstand, und daß sie durch Seine Majestät zusammengerufen werden;

2. Daß in den Generalständen die Deputierten des Drit-ten Standes immer denen der beiden ersten Stände gleich an Zahl sein und zur Hälfte aus den Städten und zur Hälfte aus den Flecken und Dörfern genommen werden; daß in Rücksicht der Deputierten des Klerus ein Drittel von den Pfarrern aus Stadt und Land genommen wird;

3. Daß die Stimmen per Kopf und nicht per Stand ge-nommen werden;

4. Daß alle Steuern, die festgelegt oder auferlegt werden, nur bis zum 1. Januar 1793 gelten sollen, und daraufhin bis zu dem 1. Januar, der dem Jahr folgt, in dem die General-stände abgehalten werden müssen; daß man sie bei Strafe der Veruntreuung nicht über diesen Termin hinaus erheben

kann, wenn sie nicht in den Generalständen verlängert worden sind;

5. Daß als ein Axiom der Politik und ein Fundamentalgesetz des Staates anerkannt sei, daß der König, die Nation und die Generalstände eins sind und daß die Minister in ihrem Amt allen dreien, getrennt oder vereint, verantwortlich sind.

D: Walder, S. 25. – Übers.: A. Kuhn.

4

Erklärung der Versammlung des Dritten Standes vom 17. Juni 1789

Die Versammlung stellt in der an die Wahlprüfung anschließenden Beratung dieser Vollmachten fest, daß diese Versammlung sich nunmehr aus von wenigstens sechsundneunzig Hundertsteln der Nation auf direktem Wege entsandten Repräsentanten zusammensetzt.

Eine so große Zahl von Abgeordneten darf kaum untätig bleiben, nur weil die Abgeordneten einiger Kreise oder Bürgerklassen fehlen; die trotz des an sie ergangenen Rufes Ferngebliebenen können die Anwesenden nicht an der vollen Ausübung ihrer Rechte hindern, besonders wenn die Ausübung dieser Rechte eine gebieterische und dringende Pflicht ist.

Da ferner nur die in ihrer Wahl bestätigten Repräsentanten an der Bildung des Nationalwillens mitzuwirken befugt sind und da alle in ihrer Wahl bestätigten Repräsentanten dieser Versammlung angehören müssen, so folgt hieraus zwingend, daß diese, und nur sie, befugt ist, den Gesamtwillen (»*la volonté générale*«) der Nation auszudrücken und zu vertreten; es darf zwischen dem Thron und dieser Versammlung keinerlei Veto noch Ablehnungsinstanz stehen.

Die Versammlung erklärt demnach, daß das gemeinsame

Werk der nationalen Neuordnung unverzüglich von den anwesenden Abgeordneten in Angriff genommen werden kann und muß und daß diese sich ihm ohne Unterbrechung und Behinderung widmen sollen.

Die Bezeichnung Nationalversammlung ist die einzige, welche bei der gegenwärtigen Lage der Dinge der Versammlung zukommt, erstens, weil ihre Mitglieder die einzigen öffentlich und gesetzlich anerkannten und in ihrer Wahl bestätigten Repräsentanten des Volkes sind; zweitens, weil sie auf direktem Wege von der überwiegenden Mehrheit (*»par la presque totalité«*) der Nation entsandt sind; drittens schließlich, weil bei der einen und unteilbaren Natur der Volksvertretung kein Abgeordneter, innerhalb welches Standes oder welcher Klasse er auch gewählt sei, das Recht hat, seine Funktion losgelöst von der gegenwärtigen Versammlung auszuüben.

Die Versammlung wird die Hoffnung nie aufgeben, alle heute noch abwesenden Abgeordneten in ihrem Kreise versammelt zu sehen; sie wird nicht müde werden, sie zur Erfüllung der ihnen auferlegten Verpflichtung, an der Abhaltung der Generalstände mitzuwirken, zu ermahnen. Sie erklärt im voraus, daß sie die abwesenden Abgeordneten, wann immer sie im Laufe der jetzt beginnenden Sitzungsperiode zu ihr stoßen, mit Freude willkommen heißen und nach Prüfung ihrer Vollmachten gemeinsam mit ihnen an der weiteren Durchführung der großen Aufgaben arbeiten wird, die die Erneuerung Frankreichs bewirken sollen.

Die Nationalversammlung beschließt, daß die Beweggründe für den vorliegenden Beschluß unverzüglich schriftlich formuliert werden, um dem König und der Nation vorgelegt zu werden.

D: Grab, *Die Französische Revolution*, S. 30 f. – Mit Genehmigung von Nymphenburger in der F. A. Herbig Verlagsbuchhandlung GmbH, München. – Vgl. Hartig/Hartig, S. 41.

5

Die Abschaffung der Feudalrechte (4. August 1789)
Aus dem Bericht des Journal de Paris vom 6. August 1789

*Der Bericht nimmt Bezug auf einen Antrag, bis auf weiteres
an allen Rechten festzuhalten.*

Als der Antrag vorgelesen worden war, ergriff der Vicomte
de Noailles das Wort, ohne abzuwarten, daß man etwas
über die Formulierung des Beschlusses bestimmt hätte. Er
bemerkte, daß die Unruhen, unter denen Frankreich leide
und die durch Plagen und Unheil jeder Art verursacht seien,
nur durch Erleichterungen und Wohltaten besänftigt werden könnten, und er schlug vor:
    die Abschaffung der Feudalrechte, die auf Personen
lasten, und die Ablösung derer, die den Grundbesitz be-
treffen.
    Dieser Antrag, eingebracht von einem Abgeordneten,
dessen Motiv zweifellos sehr großzügige Opferbereitschaft
war, hat nicht nur unverbindliche Beifallsbekundungen aus-
gelöst, sondern eine Art Enthusiasmus der Uneigennützig-
keit, der sich rasch auf alle Herzen übertrug. Niemals hat
man sich derart ums Wort gestritten, und alle haben es nur
ergriffen, um Opfer anzubieten, zu versprechen oder zu
vollziehen. Ein Antrag jagte den anderen; kaum einge-
bracht, waren sie auch schon angenommen.

D: Paschold/Gier, S. 85 f.

Aus einem Brief des Marquis de Ferrières,
Abgeordneter des Adels von Saumur in den Generalständen,
an den Chevalier de Rabreuil vom 7. August 1789

Monsieur, die Sitzung von Dienstagnacht, 4. August, ist die
denkwürdigste Sitzung, die jemals bei irgendeiner Nation

abgehalten wurde. Sie kennzeichnet den edlen Enthusiasmus des Franzosen. Sie zeigt der ganzen Welt, welches seine Großzügigkeit ist und welcher Opfer er fähig ist, wenn die Ehre, die Liebe zum Guten, der Heldenmut des Patriotismus ihn kommandieren. [...]

Die unglücklichen Umstände, in denen sich der Adel befindet, der allgemeine Aufstand, der von allen Seiten gegen ihn ausgebrochen ist, die Provinzen Franche-Comté, Dauphiné, Bourgogne, Elsaß, Normandie, Limousin von sehr heftigen Erschütterungen heimgesucht und zum Teil verwüstet; mehr als 150 angezündete Schlösser; die herrschaftlichen Titel in einer Art Raserei gesucht und verbrannt; die Unmöglichkeit sich gegen die Revolutionsflut zu widersetzen, die Umstände, die einen Widerstand unnütz machten; der Ruin des schönsten Königreichs Europas, das eine Beute der Anarchie und Verwüstung geworden ist; und, mehr als alles andere, diese den Franzosen angeborene Vaterlandsliebe, eine Liebe, die dem Adel eine gebieterische Pflicht ist, der durch Stand und Ehre verpflichtet ist, seine Güter, sein Leben selbst dem König und der Nation zu opfern: alles dies schrieb uns die Haltung vor, die wir einnehmen mußten; es war eine einzige allgemeine Bewegung. Der Klerus, der Adel erhoben sich und stimmten allen vorgeschlagenen Anträgen zu.

D: Roberts, S. 32. – Übers.: A. Kuhn.

6
Erklärung der Rechte des Menschen und des Bürgers vom 26. August 1789

Im folgenden wählen wir eine der ersten zeitgenössischen Übersetzungen aus, die der Straßburger Redakteur Andreas Meyer herstellte und für 12 Sous verkaufte. Im Februar 1793 schenkte er ein Exemplar dem Mainzer Jakobinerklub.

Da die Stellvertreter der französischen Nation, welche die
National-Versammlung ausmachen, in Erwägung zogen,
daß Unwissenheit, Vergessenheit und Verachtung der Menschenrechte die einzigen Ursachen des allgemeinen Unheils
und des Verderbnisses der Regierungen sind; so beschlossen
sie, die natürlichen, unveräußerlichen und heiligen Rechte
des Menschen mittelst einer feierlichen Erklärung in deut-
liches Licht zu setzen; damit diese Erklärung allen und jeden Gliedern des Staatskörpers immer vor Augen liege und
sie an ihre Rechte und Pflichten unablässig erinnere; damit
man die verschiedenen Handlungen der gesetzgebenden
und der ausführenden Macht mit dem Zweck aller und jeder Staatseinrichtungen stets vergleichen könne, und daher
mit desto mehr Ehrfurcht für dieselben erfüllet werde; damit künftighin des Reichsbürgers Berufungen auf Rechte
in dieser Erklärung so einfache als unumstößliche Gründe
finden und demnach selbst sein Widerstand zu Erhaltung
unserer Reichsverfassung und zu allgemeiner Wohlfahrt gedeihen möge.

Zufolge dessen erkennet und erkläret die National-Versammlung in Gegenwart und unter Obwaltung des Höchsten folgende Rechte des Menschen und des Bürgers.

I. Von ihrer Geburt an sind und bleiben die Menschen
frei und an Rechten einander gleich. Bürgerliche Unter-
scheidungen können nur auf gemeinen Nutzen gegründet
sein.

II. Jede Bildung politischer Gesellschaften hat die Erhaltung der natürlichen und unverjährlichen Rechte des Menschen zu ihrem Zwecke. Dieser Rechte Gegenstände sind
Freiheit, Eigentum, Sicherheit und Widerstand gegen Unterdrückung.

III. Die höchste Machthabung jedes Staates gründet sich
wesentlich auf die Nation. Weder einzelne Personen, noch
Körperschaften können je irgendeine Macht ausüben, die
nicht ausdrücklich aus dieser Quelle fließt.

IV. Die Freiheit besteht darin, daß jeder alles tun darf, was keinem andern schadet. In Ausübung natürlicher Rechte sind demnach keinem Menschen andere Grenzen gesetzt, als die, welche den Genuß gleicher Rechte anderen Gliedern der Gesellschaft sichern. Das Gesetz allein kann diese Grenzen bestimmen.

V. Das Gesetz darf Handlungen nur insofern verbieten, als sie der Gesellschaft schädlich sind. Was das Gesetz nicht verbietet, darf niemand hindern; und niemand darf gezwungen werden, zu tun, was das Gesetz nicht befiehlt.

VI. Das Gesetz ist der Ausdruck des allgemeinen Willens. Zu Bildung desselben haben alle Bürger gleiches Recht, persönlich oder durch Stellvertreter teilzunehmen. Das Gesetz muß für alle und jede, es seie zum Schutz oder zur Strafe, ein und dasselbe Gesetz sein. Vor ihm sind alle Bürger gleich, haben alle zu allen öffentlichen Würden, Stellen und Ämtern, nach Maßgab ihrer Fähigkeiten, gleiche Ansprüche. Es läßt keinen andern Unterschied zu, als den, welchen Tugenden und Talente machen.

VII. Kein Mensch darf gerichtlich angeklagt, in Verhaft genommen oder sonst in persönlicher Freiheit gestöret werden; es sei dann in Fällen, die das Gesetz bestimmt, und nach der Form, die es vorschreibt. Alle die, welche willkürliche Befehle bewirken, ausfertigen, ausüben oder vollstrecken lassen, sind der Strafe unterworfen. Hingegen ist jeder Bürger, der in Kraft des Gesetzes vorgeladen oder gegriffen wird, augenblicklichen Gehorsam schuldig. Durch Widerstand wird er straffällig.

VIII. Das Gesetz soll nur Strafen verordnen, die unumgänglich und einleuchtend notwendig sind. Niemand kann je gestraft werden, als nur in Kraft eines verordneten Gesetzes, welches vorher ausgekündigt und nachher auf das Verbrechen gesetzmäßig angewendet worden.

IX. Da kein Mensch eher für schuldig angesehen werden kann, als bis er nach dem Gesetze dafür erklärt wird; so folget daraus, daß jeder, den man in Verhaft zu nehmen unumgänglich nötig findet, gegen alle Strenge, die dazu nicht nötig ist, durch das Gesetz ernstlich geschützt werden muß.

X. Wegen Meinungen, selbst in Religionssachen, darf niemand beunruhiget werden, wenn er nur durch derselben Äußerung öffentliche Ordnung, welche das Gesetz eingeführt hat, nicht störet.

XI. Die freie Mitteilung der Gedanken und Meinungen ist eines der schätzbarsten Rechte des Menschen. Jeder Bürger darf demnach frei reden, schreiben und drucken lassen, was er will. Nur in den vom Gesetze bestimmten Fällen hat er den Mißbrauch dieser Freiheit zu verantworten.

XII. Zur Gewährleistung der Rechte des Menschen und des Bürgers wird öffentliche Gewalt erfordert. Folglich dienet die Einführung dieser Gewalt zu gemeiner Wohlfahrt aller und jeder, und nicht zu besonderem Nutzen derer, denen sie anvertrauet wird.

XIII. Zu Unterhaltung öffentlicher Gewalt und zu Bestreitung der Verwaltungskosten wird allgemeiner Beitrag unumgänglich erfordert. An diesen müssen alle Bürger nach Maßgab ihres Vermögens gleichen Anteil nehmen.

XIV. Die Bürger haben das Recht die Notwendigkeit des öffentlichen Beitrags zu untersuchen und ihn durch sich selbst oder durch ihre Stellvertreter frei zu genehmigen, zu bestätigen, desselben Verwendung zu wissen und die Summe, die Quellen, woraus sie bezogen wird, die Art der Erhebung und die Dauer zu bestimmen.

XV. Die Gesellschaft hat das Recht, von jedem öffentlichen Geschäftsträger wegen seiner Verwaltung Rechenschaft zu fordern.

XVI. Ein Staat, worin der Rechte Gewährleistung nicht gesichert ist, worin die Grenzen verschiedener Machthabungen nicht bestimmt sind, hat keine Verfassung.

XVII. Da das Eigentum ein unverletzbares und heiliges Recht ist, so kann niemand desselben beraubt werden; es seie dann, daß öffentliche und gesetzmäßig bewährte Not solches Opfer augenscheinlich erheischt. Aber auch dann darf dies nur unter Bedingung gerechter und vorläufiger Schadloshaltung geschehen.

D: *Freiheit, Gleichheit, Brüderlichkeit*, S. 328. – Andere Übers.: Grab, *Die Französische Revolution*, S. 37–39; Hartig/Hartig, S. 51–54; Paschold/Gier, S. 95–98.

7

Olympe de Gouges über die Rechte der Frau (1791)

Die im September 1791 veröffentlichte Schrift beginnt mit einem Brief an die Königin, in dem sie aufgefordert wird, für die Rechte der Frau einzutreten. Der folgende Text leitet die eigentliche Rechteerklärung der Frau und Bürgerin ein.

Mann, bist du fähig, gerecht zu sein? Eine Frau stellt dir diese Frage. Dieses Recht zumindest wirst du ihr nicht nehmen können. Sag mir, wer hat dir die unumschränkte Macht verliehen, mein Geschlecht zu unterdrücken? Deine Kraft? Deine Talente? Betrachte den Schöpfer in seiner Weisheit: Überblicke die Natur in all ihrer Größe, der du dich offenbar nähern willst, und nenne mir daraus, wenn du es wagst, ein Beispiel für diese tyrannische Herrschaft. Geh zu den Tieren, befrage die Elemente, studiere die Pflanzen, wirf zuletzt einen Blick auf alle Veränderungen der geordneten Materie und laß dich von den Tatsachen überzeugen, wenn ich dir die Mittel dazu gebe. Suche, erforsche und unterscheide, wenn du kannst, die Geschlechter in der Ordnung der Natur. Überall findest du sie in enger Verbindung, überall arbeiten sie in harmonischer Gemeinschaft an diesem unsterblichen Meisterwerk.

Nur der Mann hat sich aus der Ausnahme ein Prinzip
zusammengeschustert. Wunderlich, blind, aufgeblasen von
den Wissenschaften und degeneriert, will er in diesem Jahrhundert der Aufklärung und des Scharfsinns, in krassester
Unwissenheit, despotisch über ein Geschlecht befehlen,
dem alle intellektuellen Fähigkeiten verliehen worden sind.
Er möchte von der Revolution profitieren, er verlangt sein
Recht auf Gleichheit, um nicht noch mehr zu sagen.

D: Paschold/Gier, S. 183 f. – Andere Übers.: Gouges, S. 39 f.

8
Aus der Rede Jacques Pierre Brissots über den Krieg
(16. Dezember 1791)

Die Rede wurde im Jakobinerklub gehalten.

Seit sechs Monaten, eigentlich schon seit dem Beginn der
Revolution, überlege ich, welche Partei ich unterstützen
soll. Zauberkunststücke unserer Gegner werden es nicht dahin bringen, daß ich die Revolution im Stich lasse. Überlegungen und Tatsachen haben mich zu der Überzeugung gebracht, daß für ein Volk, das nach tausend Jahren Sklaverei
die Freiheit erobert hat, der Krieg ein Bedürfnis ist. Der
Krieg ist notwendig, um die Freiheit zu befestigen; er ist
notwendig, um sie von den Lastern des Despotismus zu rei-
nigen; er ist notwendig, um Männer zu entfernen, welche
sie vergiften könnten. [...]
    In zwei Jahren hat Frankreich seine friedlichen Mittel er-
schöpft, um die Rebellen in seinen Schoß zurückzuführen;
alle Versuche, alle Aufforderungen waren fruchtlos; sie beharren auf ihrer Rebellion, die fremden Fürsten beharren
darauf, sie in derselben zu unterstützen: kann man noch
schwanken, ob man sie angreifen soll? Unsere Ehre, unser
öffentlicher Kredit, die Notwendigkeit, unsere Revolution

moralisch zu machen und zu konsolidieren – all das macht es uns zum Gesetz. Denn wäre Frankreich nicht entehrt, wenn es nach der Vollendung seiner Verfassung eine Handvoll Aufwiegler dulden würde, die seiner zu Recht bestehenden Staatsgewalt Hohn sprechen würden; wäre Frankreich nicht entehrt, wenn es länger Beleidigungen hin nähme, die ein Despot nicht 14 Tage geduldet hätte. Ein Louis XIV. erklärte Spanien den Krieg, weil sein Gesandter vom spanischen Gesandten beleidigt worden war; und wir, die frei sind, sollten auch nur einen Augenblick schwanken! Was sollen sie denn von uns denken? Daß wir unfähig sind gegenüber den fremden Mächten zu handeln, oder daß die Rebellen uns Ehrfurcht einflößen? Das würden sie ja nur als Zeichen dafür ansehen, daß wir uns in einem Zustand der Verwirrung befinden. Was also wird das Ergebnis dieses Krieges sein? Wir müssen uns rächen oder uns damit abfinden, für alle Nationen ein Schandmal zu sein; wir müssen uns rächen, indem wir diese Räuberbande vernichten oder uns damit abfinden, daß die Parteiungen, die Verschwörungen, die Verwüstungen ewig werden und die Frechheit unserer Aristokraten noch größer wird, als sie es jemals war. Die Aristokraten glauben an die Armee von Koblenz; von daher rührt die Halsstarrigkeit dieser Fanatiker. Wollt Ihr mit einem Schlag die Aristokratie, die Widerspenstigen [*réfractaires*, gemeint sind die Eidverweigerer] und die Unzufriedenen vernichten: dann zerstört Koblenz; das Oberhaupt der Nation wird gezwungen sein, nach der Verfassung zu regieren, wird zu der Einsicht kommen müssen, daß sein Heil nur in der Anhänglichkeit an die Verfassung liegt, wird gezwungen sein, seine Handlungen nach der Verfassung zu richten.

D: Fischer, S. 144 f. – Andere Übers.: Hartig/Hartig, S. 67 f.

9

Kriegserklärung Frankreichs an Österreich
(20. April 1792)

Die Nationalversammlung erklärt,

daß die französische Nation, den durch die Verfassung geheiligten Grundsätzen getreu, keinen Krieg mit der Absicht der Eroberung zu unternehmen und niemals gegen die Freiheit irgendeines Volkes die Waffen zu ergreifen, die Waffen nur aufnimmt zur Verteidigung ihrer Freiheit und Unabhängigkeit;

daß der Krieg, den sie gezwungen ist zu führen, kein Krieg ist von Nation gegen Nation, sondern die gerechte Verteidigung eines freien Volkes gegen den ungerechten Angriff eines Königs;

daß die Franzosen niemals ihre Brüder mit ihren wahren Feinden verwechseln werden; daß sie nichts unterlassen werden, um die Geißel des Krieges zu lindern, das Eigentum zu schonen und zu erhalten und alle unvermeidlichen Leiden des Krieges einzig auf die fallen zu lassen, die sich gegen ihre Freiheit verschwören werden;

daß sie von vornherein alle Ausländer aufnimmt, die, der Sache ihrer Feinde absagend, sich unter ihre Fahnen scharen und ihre Anstrengungen der Verteidigung ihrer Freiheit weihen werden, und daß sie mit allen Mitteln, die in ihrer Macht stehen, deren Ansiedlung in Frankreich begünstigen wird.

Nach Beratung des förmlichen Antrags des Königs und nachdem die Dringlichkeit festgestellt worden ist, beschließt die Nationalversammlung den Krieg gegen den König von Ungarn und Böhmen.

D: Grab, *Die Französische Revolution*, S. 101 f. – Mit Genehmigung von Nymphenburger in der F. A. Herbig Verlagsbuchhandlung GmbH, München. – Andere Übers.: Hartig/Hartig, S. 69.

10

Aus dem Manifest des Herzogs von Braunschweig
(25. Juli 1792)

Ihre Majestäten der Kaiser und der König von Preußen haben mir den Oberbefehl über die Armeen anvertraut, die sie beide an der Grenze Frankreichs zusammengezogen haben; ich will also den Bewohnern dieses Königreichs die Gründe nennen, die die Maßnahmen der beiden Fürsten bestimmt haben, und die Absichten, welche sie leiten.

Nachdem diejenigen, die die Zügel der Macht an sich gerissen haben, den deutschen Fürsten ihre Rechte und Besitzungen im Elsaß und in Lothringen willkürlich entrissen, im Inneren die Ordnung gestört, die rechtmäßige Regierung gestürzt und gegen die geheiligte Person des Königs und seine erlauchte Familie Anschläge und Gewalttätigkeiten verübt haben, die sich noch täglich fortsetzen und wiederholen, haben sie schließlich das Maß vollgemacht, indem sie Seiner Majestät dem Kaiser einen ungerechten Krieg erklärt und seine niederländischen Provinzen angegriffen haben; einige Besitzungen des Deutschen Reiches sind in diese Übergriffe einbezogen worden, und mehrere andere sind der gleichen Gefahr nur dadurch entgangen, daß sie den gebieterischen Drohungen der herrschenden Partei und ihrer Abgesandten nachgaben.

Seine Majestät der König von Preußen, der Seiner kaiserlichen Majestät durch ein enges Verteidigungsbündnis alliiert und selbst ein mächtiges Mitglied des deutschen Reichsverbands ist, konnte daher nicht davon absehen, seinem Verbündeten und den übrigen Staaten zu Hilfe zu kommen; aus diesem doppelten Grund übernimmt er die Verteidigung des Kaisers und Deutschlands.

Mit diesen bedeutsamen Interessen verbindet sich noch ein gleich wichtiges Ziel, das den beiden Monarchen am Herzen liegt: der Anarchie im Innern Frankreichs ein Ende zu machen, den Angriffen auf Thron und Altar entgegenzutreten, die rechtmäßige Macht wieder einzusetzen, dem König seine Freiheit und Sicherheit wiederzugeben, deren er beraubt ist, und ihn in den Stand zu setzen, die gesetzmäßig ihm zukommende Autorität auszuüben.

In der Überzeugung, daß der gesunde Teil der französischen Nation die Maßlosigkeit der Partei verabscheut, die ihn unterdrückt, und daß der größere Teil der Bewohner ungeduldig den Augenblick erwartet, der Hilfe bringt um sich offen gegen die verhaßten Maßnahmen seiner Unterdrücker zu erklären, fordern Ihre Majestäten der Kaiser und der König von Preußen die Franzosen auf, unverzüglich zur Vernunft, zur Gerechtigkeit, zur Ordnung und zum Frieden zurückzukehren.

D: Paschold/Gier, S. 214–216. – Auch bei: Grab, *Die Französische Revolution*, S. 108 f.; Hartig/Hartig, S. 71 f.

11
Beschluß über das allgemeine Männerwahlrecht
(11. August 1792)

Da die Nationalversammlung in dem Augenblick, in dem sie feierlich den Schwur auf Freiheit und Gleichheit abgelegt hat, an diesem Tag die Anwendung eines für das Volk ebenso heiligen Grundsatzes sicherstellen will, verfügt sie, daß in Zukunft und vor allem für die Bildung des kommenden Nationalkonvents jeder französische Bürger, der 25 Jahre alt ist, seit einem Jahr einen festen Wohnsitz inne hat und von dem Ertrag seiner Arbeit lebt, berechtigt sein wird, in den Gemeindeversammlungen und in den Urwählerversammlungen mitabzustimmen, so wie jeder andere aktive Bürger und ohne irgend welchen Unterschied.

D: Hartig/Hartig, S. 74. – Mit Genehmigung der Ernst Klett Verlag GmbH, Stuttgart.

12

General Adam-Philippe Custine: »Aufruf an das gedrückte
Volk deutscher Nation« (Mainz, 25. Oktober 1792)

*Die Übersetzung wurde von Custines Sekretär Georg Wil-
helm Böhmer angefertigt.*

Als die Franken sich zum Kriege entschlossen, wurden sie
dazu aufgefordert, um den ungerechten Angriff der Despoten, dieser in Vorurteilen eingewiegten Menschen, zu-
rückzutreiben, welche sich einbilden, daß die Völker des
Erdbodens aus keiner andern Absicht da sind, als vor ihren
Unterdrückern zu knien und durch ihr Gold wie durch ihren blutigen Schweiß den Stolz, die Habsucht und die Wollust ihrer pflichtvergessenen Vorsteher zu sättigen. Die Nation der Franken und ihre Repräsentanten werden nach ihrer Gerechtigkeit allezeit die Völker unterscheiden, welche
unglücklich genug sind, sich genötigt zu sehen, ihre Häupter unter das entehrende Joch des Despotismus zu krüm-
men. Eine Nation, welche zuerst allen Völkern das Beispiel
gegeben hat, zu ihren Rechten zurückzukehren, bietet Ver-
brüderung, bietet Freiheit Euch an! Euer eigener unge-
zwungener Wille soll Euer Schicksal entscheiden. Selbst
dann, wenn Ihr die Sklaverei den Wohltaten vorziehen wür-
det, mit welchen die Freiheit Euch winkt, bleibt es Euch
überlassen, zu bestimmen, welcher Despot Euch Eure Fesseln zurückgeben soll.

Ich werde die alten Auflagen handhaben; nur von jenen
Menschen werde ich Brandschatzung fordern, welche Euch
drückende Lasten auflegten, denen sie sich selbst zu entziehen wußten. Ich werde alle konstituierten Gewalten bis dahin beschützen, wo ein freier Wunsch den Willen der Bürger, Beisassen und Bauern in den Städten und Ortschaften
des Erzbistums Mainz, der Bistümer Worms und Speyer
und in allen übrigen Gegenden von Deutschland, in welchen die Fahnen der Frankenrepublik aufgepflanzt werden

sollen, bis, sage ich, ein freier Wunsch den Willen eines jeden dieser deutschen Völker wird bekanntgemacht haben.

Ich bin im Begriffe, diese Festung in den fürchterlichsten Verteidigungszustand zu setzen, und ob man gleich unter Euch hat verbreiten wollen, daß ich die Absicht habe, sie zu verlassen, so schwöre ich doch: Ich will sie behaupten, selbst dann noch behaupten, wenn das ganze Heer unserer Feinde sich gegen dieselbe verbinden sollte. Möge sie zur Brustwehr der Freiheit aller Völker des Deutschen Reiches gedeihen! Mögen aus ihrem Busen die Grundsätze ewiger Wahrheiten hervorgehen! Möge die Klarheit dieser Vorsätze alle Menschen ergreifen, deren Nacken noch unter dem Joch der Knechtschaft gebeugt ist! Was mich betrifft, so habe ich, stolz auf den schönen Titel eines fränkischen Bürgers, alle jene Unterscheidungszeichen abgeschworen die der Stolz der Despoten erfand. Der einzige eines vernünftigen Menschen würdige Ehrgeiz ist dieser: In den Herzen seiner Mitbürger zu leben.

Der Franken Bürger, General der Armeen der Republik Custine. Dem Original gleichlautend: Dr. G. W. Böhmer.

D: Träger, S. 145 f.

13
»Freiheitsausruf an die hannövrischen Untertanen« (Göttingen, 7. November 1792)

Die Universitätsstadt Göttingen gehörte zum Kurfürstentum Hannover, das eine Personalunion mit dem englischen Königreich bildete.

Liebe Mitbürger! Nicht aus bloßem Revolutionsgeist, sondern angetrieben durch die Rechte der Menschheit, schlage ich euch vor, daß wir bei der jetzigen Epoche, wo der Despotismus zittert, einen Versuch machen können, den überstolzen hannövrischen Adel zu stürzen, und uns von verschiedenen ungerechten, für die Armut drückenden Abgaben zu befreien. Alle Menschen schuf Gott gleich; daher braucht nicht der sogenannte Untertan die Wollust des Despoten durch seinen Schweiß zu unterhalten.

Im ersten Jahr der Französischen Republik, von einem Hannoveraner geschrieben.

D: Grab, *Freyheit*, S. 91.

14

Die Hinrichtung des Königs (21. Januar 1793)

Aus dem Bericht des königlichen Beichtvaters,
Abbé Henri Essex Edgeworth de Firmont

Als der König ausgestiegen war, umringten ihn drei Henkersknechte und wollten ihm den Rock ausziehen; aber er stieß sie stolz zurück und legte ihn selbst ab. Er knöpfte auch Kragen und Hemd auf und machte sich eigenhändig zurecht. Die Henkersknechte, die die stolze Haltung des Königs einen Moment verunsichert hatte, schienen ihre Kühnheit zurückzugewinnen; sie umringten ihn von neuem und wollten ihm die Hände binden. »Was haben Sie vor?« fragte der König und zog seine Hände schnell zurück. »Sie fesseln«, antwortete einer der Henkersknechte. »Mich fesseln!« erwiderte der König empört, »nein, das werde ich niemals hinnehmen! Tun Sie, was Ihnen befohlen wurde, aber Sie werden mich nicht fesseln; nehmen Sie davon Abstand.« Die Henkersknechte insistierten; sie wurden lauter und schienen Hilfe herbeirufen zu wollen, um es mit Gewalt zu tun.

Das war der schrecklichste Moment dieses trostlosen Vormittags: Noch eine Minute, und der beste aller Könige hätte vor den Augen seiner rebellischen Untertanen eine

Kränkung hinnehmen müssen, die tausendmal unerträglicher ist als der Tod, wegen der Gewaltanwendung, zu der man offenbar entschlossen war. Er schien dies selbst zu befürchten; und zu mir gewandt sah er mich starr an, als wolle er mich um Rat bitten. Ach, ich konnte ihm keinen geben; zunächst antwortete ihm nur mein Schweigen; aber da er den Blick auf mich gerichtet hielt, sagte ich unter Tränen: »Sire, in dieser neuen Kränkung sehe ich nur eine letzte Gemeinsamkeit zwischen Eurer Majestät und dem Gott, der Ihnen als Lohn zuteil werden wird.« Bei diesen Worten erhob er die Augen mit einem Ausdruck des Schmerzes zum Himmel, den ich niemals beschreiben könnte. »Gewiß«, antwortete er, »es bedarf wirklich seines Beispiels, damit ich mich einem derartigen Affront unterwerfe.« Und zu den Henkersknechten gewandt fügte er sofort hinzu: »Tun Sie, was Sie wollen; ich werde den Kelch bis zur Neige leeren.«

Die Stufen, die zum Schafott führten, waren äußerst steil. Der König mußte sich auf meinen Arm stützen, und wegen der Mühe, die ihm das Steigen zu bereiten schien, fürchtete ich einen Augenblick, sein Mut würde schwinden. Aber wie erstaunt war ich, als ich ihn oben auf der letzten Stufe sah, daß er sich gewissermaßen meinen Händen entzog, festen Schritts über das ganze Schafott ging, mit einem einzigen Blick fünfzehn oder zwanzig Trommler, die ihm gegenüberstanden, zum Schweigen brachte und mit lauter Stimme, daß man es bis zum Pont-Tournant hören konnte, die für immer denkwürdigen Worte deutlich aussprach: »Ich sterbe unschuldig an den Verbrechen, die man mir vorwirft. Ich vergebe den Urhebern meines Todes und bitte Gott, das Blut, das Sie vergießen werden, möge niemals über Frankreich kommen.«

D: Paschold/Gier, S. 262 f.

Bericht von Jacques Roux

Roux überwachte zusammen mit einem anderen Munizipalbeamten im Auftrag der Kommune von Paris die Hinrichtung.

Wir legen euch Rechenschaft von der Erfüllung unsres Auftrags ab.

Wir haben uns in den Temple begeben; da haben wir dem Tyrannen angekündigt, daß die Stunde der Hinrichtung da sei.

Er verlangte, einige Minuten für seinen Beichtiger zu haben. Er wollte uns ein Päckchen geben, das wir euch zustellen sollten; wir erwiderten ihm, daß wir nur den Auftrag hätten, ihn zum Schafott zu führen. Er antwortete: »Das ist richtig.« Er gab das Päckchen einem unserer Kollegen. Er empfahl seine Familie und bat, Cléry, sein Kammerdiener, solle Kammerdiener bei der Königin werden, dann verbesserte er sich schnell und sagte: bei meiner Frau. Übordies bat er, daß seine früheren Diener in Versailles nicht vergessen würden. Er sagte zu Santerre: »Gehen wir.« Über den einen Hof ging er zu Fuß und stieg im zweiten in den Wagen. Unterwegs herrschte das tiefste Schweigen.

Es gab keinen Zwischenfall. Wir stiegen in die Bureaux des Marinegebäudes, um das Protokoll über die Hinrichtung aufzunehmen. Wir haben Capet bis zur Guillotine nicht aus den Augen gelassen. Um zehn Uhr zehn kam er an; drei Minuten erforderte das Aussteigen aus dem Wagen. Er wollte zum Volke reden. Santerre hat es nicht zugelassen. Sein Kopf fiel. Die Bürger tauchten ihre Piken und ihre Taschentücher in sein Blut.

Nach der Fertigstellung des Protokolls begaben wir uns in den provisorischen Exekutivrat, der sich jetzt mit den Nachforschungen nach dem Mörder von (Lepeletier de) Saint-Fargeau beschäftigt; wir haben uns beeilt, euch Rechenschaft abzulegen.

D: Landauer, Bd. 1, S. 464 f. – Vgl. Grab, *Die Französische Revolution*, S. 129 f.

Bericht des Henkers an einen Zeitungsredakteur
vom 20. Februar 1793

Bürger,

Ich war einen Augenblick verreist, und das war der Grund, daß ich nicht die Ehre gehabt habe, der Einladung zu entsprechen, die Sie in Ihrem Blatt hinsichtlich Ludwig Capets an mich richteten. Hier erhalten Sie nun meinem Versprechen gemäß die genaue Wahrheit über die Vorkommnisse. Als er zur Hinrichtung aus dem Wagen stieg, sagte man ihm, man müsse seinen Rock ausziehen; er machte einige Schwierigkeiten, indem er sagte, man könnte ihn, so wie er wäre, hinrichten. Als man ihm vorstellte, daß das eine unmögliche Sache sei, half er selbst beim Ausziehen seines Rocks. Dann machte er die nämliche Schwierigkeit, als es sich darum handelte, ihm die Hände zu binden, die er selbst hinstreckte, als der Mann, der ihn begleitete, ihm sagte, das wäre ein letztes Opfer. Dann fragte er, ob die Trommler immer trommeln würden; es wurde ihm geantwortet, man wisse es nicht. Und das war die Wahrheit. Er stieg auf das Gerüst und wollte schnell nach vorne, weil er reden wollte. Aber man stellte ihm vor, daß die Sache noch unmöglich sei.

Er ließ sich dann an die Stelle führen, wo man ihn festband, und da hat er sehr laut gerufen: Volk, ich sterbe unschuldig. Dann drehte er sich zu uns und sagte zu uns: Meine Herren, ich bin unschuldig an alledem, wessen man mich beschuldigt. Ich wünsche, daß mein Blut das Glück der Franzosen kitten möge. Das, Bürger, sind seine letzten und seine echten Worte.

Die Art kleiner Wortstreit, die sich am Fuß des Schafotts ereignete, drehte sich darum, daß er es nicht für nötig hielt, daß man seinen Rock auszog und ihm die Hände band. Er

machte auch den Vorschlag, sich selbst die Haare abzu-
schneiden.

Und um der Wahrheit die Ehre zu geben, er hat all das
mit einer Kaltblütigkeit und einer Festigkeit mitgemacht,
die uns alle erstaunt hat. Ich bleibe ganz überzeugt, daß er
diese Festigkeit in den Prinzipien der Religion geschöpft
hatte, von welcher niemand mehr als er durchdrungen oder
überzeugt schien.

Sie dürfen versichert sein, Bürger, daß Sie hier die Wahrheit in ihrem ganzen Lichte haben.

Ich habe die Ehre, Bürger, zu sein Ihr Mitbürger Sanson

D: Landauer, Bd. 1, S. 466 f.

15

Aus der Rede Georges Jacques Dantons über die Errichtung eines Revolutionstribunals (10. März 1793)

*An diesem Tag diskutierten die Abgeordneten des National-
konvents mehrere Stunden lang über die schwierige militärische Lage der Nation. Auch Danton, der für Justiz zuständige Minister, hatte schon das Wort ergriffen. Als gegen sechs
Uhr abends die Sitzung aufgehoben werden sollte, ergriff er
noch einmal das Wort.*

Ich fordere alle guten Bürger auf, ihren Posten nicht zu verlassen! (Die ganze Versammlung bleibt schweigend auf ihren Plätzen.) Wie, Bürger, in einem Augenblick, wo – und
das ist durchaus möglich – Miranda vielleicht geschlagen
wird, Dumouriez bedrängt wird und vielleicht gezwungen
ist, die Waffen zu strecken, wollt Ihr auseinandergehen,
ohne die Maßregeln getroffen zu haben, die das öffentliche
Wohl erfordert. Ich fühle, wie notwendig es ist, ein Gericht
zur Bestrafung der Konterrevolutionäre einzurichten, denn
für sie ist dieses Tribunal erforderlich, und dieses Tribunal

muß an die Stelle des höchsten Tribunals der Volkssache treten. [...]

(Eine Stimme: September! Allgemeine Empörung. Man ruft von allen Seiten den Zwischenrufer zur Ordnung.)

Nichts ist schwieriger als zu bestimmen, was ein politisches Verbrechen ist. Wenn es aber so ist, daß der Mann aus dem Volke für ein bestimmtes Verbrechen sofort bestraft wird, hingegen ein politisches Verbrechen nur schwer zu verfolgen ist, braucht man da nicht außerordentliche Gesetze, die außerhalb der gesellschaftlichen Institutionen wurzeln, welche die Rebellen schrecken und die Schuldigen treffen?

Das Wohl des Volkes verlangt jetzt große Mittel und furchtbare Maßnahmen. Ich sehe keinen Mittelweg zwischen einem ordentlichen Gericht und einem Revolutionstribunal. Diese Wahrheit wird von der Geschichte bestätigt. Und da man in dieser Versammlung gewagt hat, an jene blutigen Tage zu erinnern, über die jeder gute Bürger seufzt, sage ich nun, daß, wenn damals ein Tribunal bestanden hätte, das Volk, dem man so oft und so grausam ungerecht diese Tage zum Vorwurf macht, diese nicht mit Blut überzogen hätte, sage ich weiterhin – und ich bin mir der Zustimmung jener sicher, die Zeugen dieser Ereignisse waren –, daß es keiner menschlichen Macht möglich war, der Woge der nationalen Rache Einhalt zu gebieten.

Lernen wir aus den Fehlern unserer Vorgänger. Tun wir, was die Gesetzgebende Versammlung nicht getan hat: seien wir schrecklich, damit nicht das Volk schrecklich sein muß; organisieren wir ein Tribunal – nicht gut, denn das ist unmöglich, aber so wenig schlecht als möglich, damit das Volk wisse, daß das Schwert des Gesetzes über dem Haupt all seiner Feinde schwebt. [...]

Ich verlange also, daß noch im Laufe der Sitzung das Revolutionstribunal organisiert wird, daß im Rahmen der Neuorganisierung die Exekutive die zu energischen Handlungen notwendigen Vollmachten erhält. Ich verlange nicht, daß etwas desorganisiert wird, ich schlage nur Mittel zur Verbesserung vor.

(Eine Stimme: Du führst Dich wie ein König auf!)

Und ich sage Dir, daß Du wie ein Feigling redest! (Man fordert, daß der Zwischenrufer zur Ordnung gerufen wird.)

Ich verlange, daß der Konvent über meine Gründe urteilt und die beleidigenden und entehrenden Namen verachtet, die man mir zu geben wagt. [...]

Ich fasse zusammen: Heute abend Organisierung des Tribunals, Organisierung der exekutiven Gewalt; morgen militärische Bewegung. Morgen müssen Eure Kommissare aufgebrochen sein! Ganz Frankreich muß sich erheben, zu den Waffen eilen und gegen den Feind marschieren! Holland muß besetzt werden, Belgien muß frei sein, der englische Handel muß zugrunde gerichtet werden! Die Freunde der Freiheit müssen über dieses Land triumphieren! Unsere überall siegreichen Waffen müssen den Völkern Befreiung und Glück bringen – und die Welt wird gerächt sein!

(Inmitten von tosendem Beifall verläßt Danton die Tribüne.)

D: Fischer, S. 278–281.

16

Dekret des Rheinisch-deutschen Nationalkonvents
(Mainz, 21. März 1793)

Nachdem der Rheinisch-deutsche Nationalkonvent in Erwägung gezogen, daß die unter dem 18. März dekretierte Unabhängigkeit des neuen zwischen Landau und Bingen am Rhein gelegenen deutschen Freistaats nur unter dem Schutz der Frankenrepublik und mit Hilfe ihrer siegreichen Waffen errungen werden konnte und daß alle Bande der Freundschaft, der Dankbarkeit und des wahren gegenseitigen Vorteils beide Nationen zu einer brüderlichen und unzertrennlichen Vereinigung auffordern, so dekretiert derselbe einmütig:

Daß das rheinisch-deutsche freie Volk die Einverleibung in die fränkische Republik wolle und bei derselben darum anhalte und daß zu dem Ende eine Deputation aus der Mitte dieses Rheinisch-deutschen Nationalkonvents ernannt werden solle, um diesen Wunsch dem fränkischen Nationalkonvent vorzutragen.

A. J. Hofmann, Präsident Frank, Schlemmer, Sekretäre

D: Träger, S. 464. – Vgl. Hartig/Hartig, S. 84 f.

17

Aus der Rede Jean Paul Marats über die Errichtung des Wohlfahrtsausschusses (6. April 1793)

Marat fand in der im Nationalkonvent gehaltenen Rede mit der Formel »Despotismus der Freiheit« einen Begriff, den Robespierre später zur Begründung der Jakobinerherrschaft benutzen sollte.

Die unheilvollen Ereignisse, die ein Ergebnis des Verrats der Generäle sind, die beträchtlichen Kräfte, die die feindliche Koalition an unseren Grenzen versammelt hat, die Notwendigkeit, das Vaterland zu retten, zwingen euch heute dazu, einen neuen Ausschuß einzusetzen.

Ich will diese Institution nicht unter politischen und verfassungsmäßigen Prinzipien untersuchen; sie ist keine Einrichtung der Staatsgewalt, sie ist eine Übergangseinrichtung mit der Aufgabe, die Nationalgarde zu organisieren und sie gegen den Feind zu werfen. Man hat euch mit diesem Ausschuß Angst einzuflößen versucht, indem man sagte, das sei die Diktatur; aber Diktatur ist dann gegeben, wenn alle Macht in der Hand eines Mannes liegt, vor dem alle Gesetze zu schweigen haben; dieser Ausschuß hingegen ist euch unterstellt, und ihr habt das Recht ihn aufzulösen.

Doch wer sind die Männer, die Einwände erheben? Es sind dieselben Männer, welche die Diktatur in die Hand von Roland legen wollten, die Millionen in die Hand eines treulosen Ministers gelegt haben.

Aber vielleicht ist dieser Ausschuß mit den Befugnissen, die ihr ihm übertragen habt, nicht in der Lage, die Freiheit zu retten; die Freiheit muß durch Gewalt begründet werden, und es ist jetzt der Augenblick gekommen, da man den vorübergehenden Despotismus der Freiheit einrichten muß, um den Despotismus der Könige zu vernichten. Ich spreche mich für den Entwurf des Ausschusses aus. (Tobender Beifall auf den Tribünen, etwas Beifall auch aus der Versammlung.)

D: Fischer, S. 296.

18

Aus der Rede Louis Antoine Saint-Justs über die Verfassung (24. April 1793)

Nach der Einführung der Republik mußte eine neue Verfassung ausgearbeitet werden. Saint-Just (wie auch Robespierre im nächsten Text) nahmen Bezug auf einen Entwurf, den ein Komitee ausgearbeitet hatte, dem die Girondisten Charles Jean Marie Barbaroux, Bertrand Barère, Antoine Nicolas Marquis de Condorcet, Armand Gensonné, Thomas Paine, Jérôme Pétion, Pierre Victurnien Vergniaud sowie Emmanuel Joseph Sieyès angehörten. Condorcet hatte den Entwurf am 15. Februar 1793 im Nationalkonvent vorgetragen und damit die Diskussion eröffnet. Saint-Just hielt die Rede ebenfalls im Nationalkonvent.

Das Prinzip der Gesetzgebung in einem freien Staat ist der
allgemeine Wille; und da das Prinzip alles andere bestimmt,
habe ich in diesem Entwurf danach gesucht, welche Vorstellung man sich von dem allgemeinen Willen gemacht hat,
denn von dieser Vorstellung allein leitet sich alles andere ab.

Der allgemeine Wille entsteht, genau gesagt und in der
Sprache der Freiheit, aus der Mehrheit der Einzelwillen, die
individuell ohne fremden Einfluß abgegeben worden sind:
Wenn das Gesetz so zustande kommt, sichert es notwendi-
gerweise das allgemeine Interesse. Denn aus der Mehrheit
der Willen ergibt sich die Mehrheit der Interessen, da jeder
seinen Willen an seinen Interessen ausrichtet.

Mir scheint, daß das Komitee den allgemeinen Willen von
seiner intellektuellen Seite betrachtet hat, so daß die Gesetze eher Geschmackssache als Ausdruck des allgemeinen
Willens wären, da der allgemeine Wille als rein spekulativer
sich eher aus den Ansichten des Geistes [»*esprit*«], als aus
dem Interesse der sozialen Körperschaft ergibt.

In dieser Auffassung wird der allgemeine Wille verdorben; die Freiheit gehört dem Volk in Wirklichkeit nicht
mehr, sie ist ein dem öffentlichen Wohl fremdes Gesetz. So
stimmte Athen kurz vor seinem Ende ab, ohne Demokratie,
und beschloß den Untergang seiner Freiheit.

Diese Vorstellung vom allgemeinen Willen wird, wenn sie
sich auf der Erde erfolgreich durchsetzt, die Freiheit ver-
bannen. Die Freiheit wird aus den Herzen verschwinden
und zum Spielball des Geistes werden: Die Freiheit wird
sich unter allen möglichen Regierungsformen denken lassen; denn in der Einbildung verliert alles seine natürlichen
Formen und alles verändert sich – und man schafft sich
Freiheiten, so wie sich die Augen in den Wolken Gestalten
erschaffen. Wenn man aber den allgemeinen Willen auf sein
wahres Prinzip zurückführt, so ist er der materielle Wille
des Volkes, gleichzeitig sein Wille; er hat zum Ziel, das aktive Interesse der größten Zahl von Menschen zu bewahren,
und nicht deren passives Interesse.

Rousseau, der mit seinem Herzen schrieb und der der Welt alles das Gute wünschte, was er nur wünschen konnte, dachte nicht im Traum daran, als er den allgemeinen Willen zum Prinzip der Gesetze machte, daß der allgemeine Wille jemals ein ihm selbst fremdes Prinzip sein könnte.

Es liegt nur an euch, ob in zwanzig Jahren der Thron wieder errichtet ist durch die Schwankungen und Illusionen, die von einem spekulativ gewordenen Begriff des allgemeinen Willens herrühren. Wenn ihr die Republik wollt, dann verbindet euch mit dem Volk und macht alles für das Volk.

D: Saint-Just, S. 104 f. – Übers.: A. Kuhn. Vgl. auch: Fischer, S. 304 f.

19

Aus der Rede Maximilien Robespierres über die repräsentative Regierung (10. Mai 1793)

Der Mensch ist für das Glück und für die Freiheit geboren, und dennoch ist er überall ein Sklave und ein Unglücklicher! Die Gesellschaft hat die Erhaltung seiner Rechte und die Vervollkommnung seines Wesens zum Ziel; und dennoch entwürdigt und unterdrückt ihn die Gesellschaft allerorten! Es ist die Zeit gekommen, ihn an seine wirkliche Bestimmung zu erinnern; die Entwicklung der menschlichen Vernunft hat diese große Revolution vorbereitet, und die Aufgabe sie zu beschleunigen ist ganz besonders euch auferlegt worden. Um eure Mission zu erfüllen, müßt ihr genau das Gegenteil von dem tun, was vor euch getan wurde. Bislang bestand die Kunst zu regieren nur in der Kunst zu plündern und die Mehrheit zugunsten der Minderheit zu knechten; die Gesetzgebung war nur ein Mittel, diese Machenschaften in ein System zu bringen. Die Könige und die Aristokraten haben ihr Geschäft sehr gut verstanden: es liegt nun an euch, das eure zu tun, das heißt, die Menschen durch Gesetze glücklich und frei zu machen. [...]

Die Regierung ist eingesetzt worden, um dem allgemeinen Willen Achtung zu verschaffen; aber die Menschen, die die Regierung führen, haben einen individuellen Willen, und jeder Wille ist bestrebt, das Übergewicht zu erlangen.

Wenn sie zu diesem Zweck die öffentliche Macht gebrauchen, mit der sie ausgestattet sind, dann ist die Regierung nur eine Geißel der Freiheit. Wir müssen daraus schließen, daß das erste Ziel einer jeden Verfassung darin bestehen muß, die öffentliche und die individuelle Freiheit gegen die Regierung selbst zu verteidigen. [...]

Ihr aber, die euch die Freiheit und das Vaterland lieb sind, müßt euch allein darum kümmern, sie zu retten; und da man in diesem Augenblick, in dem die dringende Notwendigkeit ihrer Verteidigung eure ganze Aufmerksamkeit zu erfordern scheint, darangehen will, möglichst schnell das Gebäude der Verfassung eines großen Volkes zu errichten, stellt sie wenigstens auf die ewig gültige Grundlage der Wahrheit! Stellt zuerst den unbestreitbaren Grundsatz auf, daß das Volk gut ist und daß seine Abgeordneten für die Korruption anfällig sind; daß man in der Tugend und in der Souveränität des Volkes einen Schutz gegen die Laster und den Despotismus der Regierung suchen muß. [...]

D: Robespierre, *Ausgewählte Texte*, S. 408–415. – Mit Genehmigung des Merlin Verlags Andreas Meyer Verlags-GmbH u. Co. KG, Vastorf. – Frz. Text: Robespierre, *Discours*, S. 131–138.

20

Aus der Verfassung vom 24. Juni 1793

Von den Beziehungen der Französischen Republik zu fremden Nationen

Art. 118. Das französische Volk ist der Freund und natürliche Verbündete aller freien Völker.

Art. 119. Es mischt sich nicht in die Regierung anderer Nationen ein; es duldet nicht, daß andere Nationen sich in die seine einmischen.

Art. 120. Es gewährt Ausländern, die um der Sache der Freiheit willen aus ihrem Vaterland vertrieben wurden, Zuflucht. Es verweigert sie den Tyrannen.

Art. 121. Es schließt keinen Frieden mit einem Feind, der sein Gebiet besetzt hält.

Von der Garantie der Menschenrechte

Art. 122. Die Verfassung verbürgt allen Franzosen Gleichheit, Freiheit, Sicherheit, Eigentum, öffentliche Schuld, freie Ausübung des Gottesdienstes, allgemeinen Unterricht, öffentliche Unterstützung, unbeschränkte Pressefreiheit, das Petitionsrecht, das Recht, sich in Volksversammlungen zu vereinen, den Genuß aller Menschenrechte.

Art. 123. Die Französische Republik ehrt Treue, Mut, kindliche Liebe und Unglück. Sie stellt das Gut ihrer Verfassung unter die Hut aller Tugenden.

Art. 124. Die Erklärung der Menschenrechte und die Verfassungsurkunde sind auf Tafeln in der Mitte der gesetzgebenden Körperschaft und an öffentlichen Plätzen eingegraben worden.

D: Grab, *Die Französische Revolution*, S. 162. – Mit Genehmigung von Nymphenburger in der F. A. Herbig Verlagsbuchhandlung GmbH, München. – Andere Übers.: Hartig/Hartig, S. 90.

21

Aus dem »Manifest der Enragés« (25. Juni 1793)

Das Manifest wurde von Jacques Roux den Abgeordneten
des Nationalkonvents als Petition vorgelesen, nachdem es in
den Sektionen Gravilliers und Bonne-Nouvelle sowie im
Klub der Cordeliers beratschlagt worden war. Es nimmt Be-
zug auf die am Tag zuvor vom Nationalkonvent verab-
schiedete neue Verfassung.

Abgeordnete des französischen Volkes!
Hundertmal hat dieser geheiligte Saal von den Verbrechen
der Egoisten und Schurken widergehallt; immer wieder
habt ihr uns versprochen, die Blutsauger des Volkes zu vernichten. Jetzt soll die Konstitutionsakte dem Volkssouve-
rän zur Billigung vorgelegt werden; habt ihr darin die Bör-
senspekulation geächtet? Nein! Habt ihr die Todesstrafe
gegen die Hamsterer ausgesprochen? Nein! Habt ihr festgestellt, worin die Handelsfreiheit besteht? Nein! Habt ihr
den Verkauf von Münzgeld verboten? Nein! Nun denn, so
erklären wir euch, daß ihr nicht alles für das Glück des
Volkes getan habt. Die Freiheit ist nur ein leerer Wahn, solange eine Klasse die andere ungestraft verhungern lassen
kann. Die Gleichheit ist nur ein leerer Wahn, solange der
Reiche kraft seines Monopols über Leben und Tod seiner
Mitmenschen entscheidet. Die Republik ist nur ein leerer
Wahn, solange die Gegenrevolution tagtäglich am Werk ist,
indem sie alle Lebensmittelpreise hinaufschraubt, die von
Dreivierteln der Bürger nur unter Tränen aufgebracht wer-
den können.
    Und doch, nur wenn man die Erpressermethoden der
Geschäftemacherei ausschaltet, hat Handel Anspruch auf
Achtung; nur wenn ihr die Lebensmittel für die Sansculot-
ten erschwinglich macht, werdet ihr diese an die Sache der
Revolution binden, sie um die Verfassungsgesetze scha-
ren. [...]

Seit vier Jahren haben allein die Reichen von den Vorteilen der Revolution profitiert. Die Händleraristokratie, schrecklicher als die Adels- und Priesteraristokratie, hat sich ein grausames Spiel daraus gemacht, die Privatvermögen und die Finanzen der Republik an sich zu reißen; noch wissen wir nicht, bis zu welchem Punkt ihre Erpressung gehen wird, denn die Warenpreise steigen täglich, vom Morgen bis zum Abend, auf beängstigende Weise. Bürger Repräsentanten, es ist Zeit, daß der Kampf auf Leben und Tod, den die Egoisten gegen die am meisten arbeitende Klasse der Gesellschaft führen, ein Ende hat. Sagt den Börsenspekulanten und Hamsterern deutlich: entweder sie gehorchen euren Dekreten in Zukunft, oder sie gehorchen ihnen nicht. Im ersten Fall werdet ihr das Vaterland gerettet haben; aber auch wenn der andere Fall eintritt, werdet ihr es gerettet haben, denn wir werden Manns genug sein, die Blutsauger des Volkes herauszufinden und zu vernichten.

Wie? Eigentum von Schurken sollte etwas Heiligeres sein als das menschliche Leben? Die bewaffnete Macht untersteht den Verwaltungsbehörden, und die Lebensmittel sollten ihnen nicht auf Anforderung zur Verfügung stehen? Der Gesetzgeber hat das Recht, den Krieg zu erklären, das heißt, Menschen in den Tod zu schicken, und er sollte nicht das Recht haben, zu verhindern, daß man die Daheimgebliebenen aussaugt und dem Hungertode preisgibt? [...]

D: Grab, *Die Französische Revolution*, S. 163–165. – Mit Genehmigung von Nymphenburger in der F. A. Herbig Verlagsbuchhandlung GmbH, München. – Andere Übers.: Hartig/Hartig, S. 91 f.

22

Forderungen zweier Sektionen an den Nationalkonvent
(15. September 1793)

Die Vollversammlungen der Sektion »Marchés« und »Contrat Social« treten vollzählig vor Euch. Sie kommen keineswegs, um Euch schöne Reden zu halten, sondern sie wollen Euch ihre Meinung sagen und ihr Recht behaupten.

Ihr habt in Eurer Sitzung vom 9. dieses Monats dekretiert, daß in jeder Sektion nur zwei Sitzungen pro Woche gehalten werden und daß die bedürftigen Bürger eine Entschädigung von 40 Sous für die Sitzung erhalten sollen.

Nachdem die Vollversammlungen mit Bedacht und gewissenhaft dieses Dekret geprüft haben, erklären sie, daß sie es für einen Angriff auf die Souveränität des Volkes und unter den gegebenen Umständen für gefährlich halten, zu dem Zeitpunkt nämlich, wo die Feinde des Vaterlandes von allen Seiten herbeiströmen, um die Republik und die Freiheit zu vernichten.

Die Sektionen »Marchés« und »Contrat Social« haben schon am 31. Mai, diesem für ewig denkwürdigen Tag, geschworen, daß sie ihre Versammlungen erst dann einstellen und erst dann die Waffen aus der Hand legen werden, wenn alle inneren und äußeren Feinde zerschmettert am Boden liegen werden. Sie kommen nun und erneuern vor Euch diesen Schwur, indem sie Euch, Gesetzgeber, ermahnen, Euer Dekret zu widerrufen, das von dem gesäuberten Nationalkonvent niemals hätte erlassen werden dürfen. Darüber hinaus erklären die Sektionen, daß keines ihrer Mitglieder die versprochenen 40 Sous entgegennehmen wird, denn sie betrachten diesen Vorschlag als entwürdigend für ein freies und demokratisches Volk. [...]

D: Markov/Soboul, S. 175. – Vgl. Hartig/Hartig, S. 96 f.

23

Aus der Rede Maximilien Robespierres über die Grundsätze der revolutionären Regierung (25. Dezember 1793)

Die Rede wurde im Namen des Wohlfahrtsausschusses vor den Abgeordneten des Nationalkonvents gehalten. Im folgenden wird aus der wohl ersten deutschen Übersetzung zitiert, die im damals zu Dänemark gehörenden und deshalb Pressefreiheit genießenden Altona 1794 anonym erschien.

Die Theorie der revolutionären Regierung ist ebenso neu, als die Revolution selbst, durch welche sie herbeigeführt ward. Man muß sie nicht in den Büchern der politischen Schriftsteller suchen, welche diese Revolution nicht vorausgesehen haben; noch in den Gesetzen der Tyrannen, welche, mit dem Mißbrauch ihrer Gewalt zufrieden, sich wenig um ihre Rechtmäßigkeit bekümmern. Daher ist auch schon dieses Wort dem Aristokratismus ein Gegenstand des Schreckens und der Verleumdung; den Tyrannen ein Ärgernis; vielen Leuten ein Rätsel; man muß es nun allen erklären, um wenigstens die guten Bürger an die Grundsätze des allgemeinen Interesses zu fesseln.

Das Geschäft der Regierung ist, die moralischen und physischen Kräfte der Nation nach dem Zwecke ihrer ursprünglichen Einrichtung hinzulenken.

Der Zweck der konstitutionellen Regierung ist, die Republik zu erhalten; derjenige der revolutionären Regierung ist, sie zu gründen.

Die Revolution ist ein Krieg der Freiheit gegen ihre Feinde; die Konstitution ist die Regierung der siegreichen und friedlichen Freiheit.

Die revolutionäre Regierung erfordert eine außerordentliche Tätigkeit, eben darum, weil sie im Kriege ist. Sie ist weniger einförmigen und weniger strengen Regeln unterworfen, weil die Umstände, in denen sie sich befindet, stürmisch und veränderlich sind, vorzüglich aber, weil sie ge-

zwungen ist, beständig neue und schnelle Hilfsmittel gegen
neue und dringende Gefahren anzuwenden.

Die konstitutionelle Regierung beschäftigt sich vornehmlich mit der bürgerlichen, die revolutionäre aber mit der öffentlichen Freiheit. Unter der konstitutionellen Regierung
ist es beinahe genug, die Individuen gegen den Mißbrauch
der öffentlichen Gewalt zu schützen. Unter der revolutionären Regierung muß die öffentliche Gewalt sich selbst gegen alle Faktionen verteidigen, von denen sie angegriffen
wird. Die revolutionäre Regierung ist den guten Bürgern allen Nationalschutz, den Feinden des Volkes aber nur den
Tod schuldig.

Diese Begriffe sind hinreichend, den Ursprung und die
Natur der Gesetze zu erklären, die wir revolutionär nennen. Diejenigen, welche dieselben für willkürlich oder ty-
rannisch verschreien, sind dumme oder boshafte Sophisten,
die entgegengesetzte Dinge miteinander zu vermischen suchen; sie wollen dem Frieden und dem Kriege, der Gesund-
heit und der Krankheit gleiche Gesetze vorschreiben; oder
vielmehr, sie wollen nur die Wiederauflebung der Tyrannei
und den Tod des Vaterlandes. Wenn sie die buchstäbliche
Befolgung der konstitutionellen Vorschriften fordern, so
geschieht dies nur darum, um sie ungestraft verletzen zu
können; es sind niederträchtige Meuchelmörder, welche sich
Mühe geben, um die Republik ohne Gefahr in der Wiege zu
erwürgen, dieselbe durch schwankende Grundsätze zu fesseln, von denen sie selbst sich schon loszumachen wissen.
Das konstitutionelle Schiff ist nicht gebauet worden, um
immer auf dem Werfte zu bleiben, aber mußte man es im
stärksten Sturme und beim widrigsten Winde ins Wasser
lassen? Dieses wollten die Tyrannen und ihre Sklaven, welche sich dem Baue desselben widersetzt hatten; aber das
französische Volk hat euch befohlen, die Wiederkunft der
Ruhe zu erwarten; seine einmütigen Wünsche stillten plötz-
lich das Geschrei der Aristokratie und des Föderalismus
und verlangten von euch die baldige Befreiung von allen

seinen Feinden. Die Tempel der Götter sind nicht gemacht, um den Gottlosen, welche sie entweihen, zum Schutze zu dienen; die Konstitution nicht, um die Komplotte der Tyrannen, welche sie zu zerstören suchen, zu beschützen.

Wenn aber die revolutionäre Regierung tätiger in ihrem Gange und freier in ihren Bewegungen sein muß als die gewöhnliche Regierung; ist sie darum minder gerecht und minder rechtmäßig? Nein! Sie stützt sich auf das heiligste aller Gesetze, auf das Wohl des Volkes; auf das unverwerflichste aller Rechte, auf die Notwendigkeit. [...]

D: *Reden von Robespierre*, S. 18–21. – Frz. Text: Robespierre, *Discours*, S. 190–192.

24

Aus der Rede Maximilien Robespierres über die Grundsätze der politischen Moral, welche den Nationalkonvent bei der innern Regierung der Republik leiten müssen (5. Februar 1794)

Das Fundamental-Prinzip der demokratischen oder populären Verfassung, das heißt, die wesentliche Triebfeder, welche sie erhält und in Bewegung setzt, ist die Tugend; ich meine hier die öffentliche Tugend, welche in Griechenland und Rom so viele Wunder erzeugte und im republikanischen Frankreich noch weit erstaunlichere hervorbringen muß; nämlich die Tugend, welche nichts anders als die Liebe zum Vaterlande und zu den Gesetzen desselben ist. Da nun aber die Gleichheit das Wesen der Republik oder der Demokratie ist, so folgt daraus, daß die Liebe zum Vaterlande auch notwendig die Liebe zur Gleichheit in sich begreife.

Es ist ferner wahr, daß dieses erhabene Gefühl das Vermögen voraussetzt, das allgemeine Interesse allem Privatinteresse vorzuziehen; hieraus folgt, daß die Liebe zum Vaterlande auch alle andere Tugenden voraussetzt oder erzeuge;

denn was sind diese anders, als die Kraft der Seele, welche den Menschen zu jenen Aufopferungen fähig macht? Wie könnte auch z. B. der Sklave des Geizes oder der Ehrsucht seinen Götzen dem Vaterlande aufopfern? Die Tugend ist nicht nur die Seele der Demokratie; sie kann auch nur in dieser Regierungsform bestehen. In der Monarchie kenne ich nur ein Individuum, welches das Vaterland lieben kann und eben darum nicht einmal der Tugend bedarf; dies ist der Monarch. Der Grund hiervon liegt darin, daß der Monarch unter allen Einwohnern seiner Staaten der einzige ist, der ein Vaterland hat. Ist er nicht, wenigstens der Tat nach, der Souverän? Steht er nicht an der Stelle des Volks? Und was ist das Vaterland anders, als das Land, in welchem man Staatsbürger und Mitglied des Souveräns ist?

Eben diesem Grundsatze zufolge bedeutet das Wort Vaterland in den aristokratischen Staaten nur etwas für diejenigen Familien, welche die Souveränität mit Gewalt an sich gerissen haben. Bloß in der Demokratie ist der Staat wirklich das Vaterland aller Individuen, aus denen er besteht; er kann daher ebenso viele Verteidiger, die an seiner Sache interessiert sind, zählen, als er Bürger enthält; dies ist die Quelle der Überlegenheit der freien Völker gegen alle anderen. [...]

So wie im Frieden die Triebfeder der Volksregierung die Tugend ist, so ist es in einer Revolution die Tugend und der Schrecken zugleich; die Tugend, ohne welche der Schrecken traurig, der Schrecken, ohne den die Tugend unmächtig ist. Der Schrecken ist nichts anders, als eine schleunige, strenge und unbiegsame Gerechtigkeit; er fließt also aus der Tugend; er ist also nicht ein besonderes Prinzip, sondern eine Folge aus dem Hauptprinzip der Demokratie, auf die dringendsten Bedürfnisse des Vaterlandes angewendet. Man sagt, der Schrecken sei die Triebfeder der despotischen Regierungsform. Sollte also unsere Verfassung dem Despotismus gleichen? Ja, wie das Schwert, welches in der Hand der

Freiheitshelden glänzt, demjenigen gleicht, womit die Trabanten der Tyrannei bewaffnet sind. Der Despot regiere seine unvernünftigen Untertanen durch den Schrecken; als Despot hat er recht. Dämpfet durch den Schrecken die Feinde der Freiheit, und Ihr werdet ebenfalls als die Gründer der Republik recht haben. Die Regierungsform, welche sich für eine Revolution schickt, ist der Despotismus der Freiheit gegen die Tyrannei.

Ist denn die Gewalt nur zur Beschützung des Lasters gemacht? Und ist nicht der Blitz dazu bestimmt, die stolzen Häupter zu Boden zu schlagen? Die Natur gebietet einem jeden physischen und moralischen Wesen, für seine Erhaltung zu sorgen. Das Verbrechen erwürgt die Unschuld, um zu herrschen, und die Unschuld windet sich mit allen Kräften aus den Händen des Verbrechens los. Die Tyrannei herrsche nur einen einzigen Tag; so wird den folgenden nicht ein Patriot mehr übrig sein. Bis wie lange noch wird man die Wut der Despoten Gerechtigkeit und die Gerechtigkeit des Volkes Barbarei oder Empörung nennen? Wie zärtlich man doch gegen die Unterdrücker und wie unerbittlich man gegen die Unterdrückten ist!

D: *Reden von Robespierre*, S. 46–48, 55–57. – Frz. Text: Robespierre, *Discours*, S. 214–216; 221–223.

25

Petition der Bürger der Vorstadt Saint-Antoine an den Nationalkonvent (31. März 1795)

Seit dem 9. Thermidor geht es uns immer schlechter. Der 9. Thermidor sollte das Volk retten, und das Volk ist das Opfer all der Machenschaften. Man hatte uns versprochen, daß es nach Aufhebung der Höchstpreise alles in Hülle und Fülle geben würde, und die Hungersnot ist schlimmer denn

je. Die Einkerkerungen gehen weiter. Das Volk will endlich frei sein: es weiß, daß, wenn es unterdrückt ist, gemäß der Erklärung der Menschenrechte der Aufstand eine seiner Pflichten ist. Warum ist Paris ohne Magistrat? Warum hat man die Volksgesellschaften geschlossen? Wo bleiben unsere Ernten? Warum verlieren unsere Assignaten von Tag zu Tag an Wert? Warum dürfen sich all die Fanatiker und die Jugend des Palais-Royal versammeln? Wenn Gerechtigkeit nicht ein leeres Wort sein soll, verlangen wir die Bestrafung der Verhafteten oder ihre Freilassung. Wir verlangen, daß man alle Mittel anwendet, um das fürchterliche Elend des Volkes zu beheben, ihm seine Rechte zurückzugeben, rasch die demokratische Verfassung von 1793 in Kraft zu setzen. Wir stehen bereit, die Republik und die Freiheit zu verteidigen.

D: Hartig/Hartig, S. 107. – Mit Genehmigung der Ernst Klett Verlag GmbH, Stuttgart.

Französische Spielkarten

Die vier Damen repräsentieren die Freiheit der Religion, der Künste, der Presse und des Handels; die Buben sind Verkörperungen der Gleichheit; statt der Könige sind die Génies des Handels, des Ackerbaus, der Marine und des Krieges dargestellt (mit Druckgenehmigung vom 7. Februar 1794)

26

Gracchus Babeuf: Aus dem Manifest der Plebejer (30. November 1795)

Der Aufruf erschien in Babeufs Zeitschrift Der Volkstribun, *Nr. 35. Er wurde dort als »Abriß des großen Manifests, das verkündet werden soll, um die tatsächliche Gleichheit wieder einzuführen«, bezeichnet.*

Es ist Zeit, daß das mit Füßen getretene und gemeuchelte Volk großartiger, feierlicher, allgemeiner als es je getan, seinen Willen kundgibt, auf daß nicht nur die Symptome, die Begleiterscheinungen des Elends, sondern die Wirklichkeit, das Elend selbst, ausgerottet werden. Möge das Volk sein Manifest erlassen! Möge es in demselben bestimmen, wie es die Demokratie verstanden wissen will, und wie sie in Übereinstimmung mit den wahren Grundsätzen wirklich sein soll. Möge es darin aufzeigen, daß die Demokratie solchen, die zuviel haben, Verpflichtung ist, diejenigen, die nicht genug haben, mit allem, was ihnen fehlt, zu versehen! Daß der Mangel an Mitteln bei den letzteren nur in dem besteht, was die anderen ihnen gestohlen haben. Gesetzmäßig gestohlen, wenn man will; d. h. mit Hilfe von Räubergesetzen, die, in den neuesten wie in den ältesten Zeiten, unter allen Regierungen jeden Diebstahl genehmigt haben; mit Hilfe von Gesetzen, nach denen ich gezwungen bin, nur um leben zu können, jeden Tag die Möbel aus meiner Wohnung wegzuschaffen und den Dieben, die jene Gesetze beschützen, auch den letzten Lumpen zuzutragen, der mich bedeckt. Möge das Volk erklären, daß es die Herausgabe alles Gestohlenen verlangt, alles dessen, was die Reichen den Armen schändlicherweise weggenommen haben! Eine solche Rückerstattung wird gewiß nicht weniger rechtmäßig sein als die Entschädigung der Emigranten. Wir wollen durch die Wiederaufrichtung der Demokratie erstens, daß wir unsere Lumpen, unsere alten Möbel zurückerhalten und daß diejenigen, die sie uns genommen haben, künftig daran gehindert werden, ähnliche Verbrechen zu begehen. [...]

Müssen wir zur Wiederherstellung der Rechte des Menschengeschlechtes und zur Beseitigung aller gegenwärtigen Übelstände uns auf den heiligen Berg zurückziehen, brauchen wir eine plebejische Vendée? Mögen alle Freunde der Gleichheit sich darauf vorbereiten und es sich schon jetzt gesagt sein lassen! [...] Unter dem Schutz unserer hunderttausend Lanzen und Feuerschlünde werden wir den ersten wahren Kodex der Natur verkünden, dessen Vorschriften nie hätten verletzt werden dürfen.

Wir werden deutlich aussprechen, was das gemeine Glück [*le bonheur commun*], Ziel der Gesellschaft, ist.

Wir werden zeigen, daß beim Übergang aus dem Naturzustand zum gesellschaftlichen Zustand das Los keines einzigen sich hätte verschlechtern dürfen.

Wir werden die Grenzen des Eigentumsrechts festsetzen. [*Nous définirons la propriété.*]

Wir werden beweisen, daß Grund und Boden nicht einzelnen, sondern allen gehört. [...]

Daß die Erzeugnisse der gewerblichen Tätigkeit und des Geistes gleichfalls das Eigentum aller, Besitz der gesamten Verbindung der Menschen werden von dem Augenblick an, da die Erfinder und die Arbeiter sie hervorgebracht haben, weil sie nur eine Vergütung für die früheren Erfindungen des Geistes und des Gewerbefleißes sind, aus denen die neuen Erfinder und Arbeiter in dem gesellschaftlichen Leben Vorteil gezogen haben und durch die sie in ihren Entdeckungen unterstützt worden sind. Daß die erworbenen Kenntnisse, weil sie allen gehören, unter alle gleichmäßig verteilt werden müssen. [...]

Daß das einzige Mittel, dies zu erreichen, darin besteht, die gemeinschaftliche Verwaltung einzuführen, das Sondereigentum aufzuheben, jedem Menschen nach seiner Anlage und seiner beruflichen Fähigkeit die für ihn geeignete Tätigkeit zuzuweisen; ihn zu verpflichten, die Frucht derselben in natura an das gemeinschaftliche Magazin abzuliefern, eine einfache Distributionsverwaltung einzurichten, eine Lebensmittelverwaltung, die über alle Individuen und Sachen Buch führt, und die die letzteren in peinlichster Gleichheit verteilt und jedem Bürger in seine Behausung zuführt. [...]

Soweit der kurze Abriß des fürchterlichen Manifests, das wir der bedrückten Mehrzahl des französischen Volkes vorlegen werden und dessen ersten Entwurf wir hiermit unterbreiten, um ihm einen Vorgeschmack desselben zu geben.

D: Grab, *Die Französische Revolution*, S. 278–284. – Mit Genehmigung von Nymphenburger in der F. A. Herbig Verlagsbuchhandlung GmbH, München.

27

Freiheit – Gleichheit (deutsches Flugblatt vom Januar 1798)

Freiheit – Gleichheit

Schon lange hat das deutsche Volk nach seiner Freiheit geseufzt, und die Ungleichheit der Stände war schon lange der Gegenstand seines Hasses und seiner Verachtung. Es fühlt seine Würde und die Wahrheit, daß in ihm die Allgewalt und das Recht liegt, sich Gesetze zu geben, die eines freien Volkes würdig sind. Mutig steht es also gegen jene Menschenverkäufer auf, welche, ohne es zu fragen, Staaten und Völker mit der nämlichen Willkür teilen, mit der sie sie bis jetzt beherrschten. Deutschlands Volk erklärt also hiermit, daß es das Joch jederart abwirft und einen unabhängigen Freistaat bildet. Jeder, der es wagt, sich unseren Rechten entgegenzusetzen, wird als Vaterlandsverräter bestraft, und wehe dem Fürsten, der unsere Rache reizt!

D: Scheel, *Flugschriften*, S. 129; vgl. Grab, *Freyheit*, S. 183.

28

Proklamation der Konsuln über die neue Verfassung
(15. Dezember 1799)

Eine Verfassung ist euch vorgelegt worden.

Sie beendet die Unsicherheiten, die die provisorische Regierung in die äußeren Beziehungen, in die innere und militärische Lage der Republik brachte.

Sie setzt in den Institutionen, die sie errichtet, die ersten Beamten ein, deren Ergebenheit sich für ihre Tätigkeit als notwendig erwiesen hat.

Die Verfassung ist auf den wahren Grundsätzen der repräsentativen Regierung, auf den heiligen Rechten des Eigentums, der Gleichheit und der Freiheit gegründet.

Die Gewalten, die sie errichtet, werden stark und fest sein, so wie sie sein müssen, um die Rechte der Bürger und die Interessen des Staates zu garantieren.

Bürger, die Revolution ist auf die Grundsätze gebracht, von denen sie ausgegangen ist: Sie ist beendet.

Bonaparte. Roger Ducos. Sieyès.

Übers.: A. Kuhn. Vgl. Grab, *Die Französische Revolution*, S. 300 f.

Literaturhinweise

Die folgende Bibliographie strebt weder Vollständigkeit an, noch will sie Rechenschaft darüber geben, auf welche Werke sich die Darstellung der Revolutionsereignisse in diesem Band stützt. Sie stellt vielmehr eine Anleitung zum selbständigen Weiterstudium dar.

Quellen

Fischer, Peter (Hrsg.): Reden der Französischen Revolution. München 1974.

Freiheit, Gleichheit, Brüderlichkeit. 200 Jahre Französische Revolution in Deutschland. Nürnberg 1989.

Gouges, Olympe de: Schriften. Hrsg. von Monika Dillier, Vera Mostowlansky, Regula Wyss. Frankfurt a. M. 1980.

Grab, Walter (Hrsg.): Die Französische Revolution. Eine Dokumentation. München 1973.

– Freyheit oder Mordt und Todt. Revolutionsaufrufe deutscher Jakobiner. Berlin 1979.

Hartig, Irmgard / Hartig, Paul: Die Französische Revolution. Stuttgart 1990.

Landauer, Gustav (Hrsg.): Briefe aus der Französischen Revolution. 2 Bde. Frankfurt a. M. 1922.

Markov, Walter (Hrsg.): Jacques Roux. Scripta et Acta. Berlin 1969. [Quellen in französischer Sprache.]

Markov, Walter / Soboul, Albert: Die Sansculotten von Paris. Dokumente zur Volksbewegung 1793–1794. Berlin 1957. [Quellen in französischer Sprache und deutscher Übersetzung.]

Paschold, Chris E. / Gier, Albert (Hrsg.): Die Französische Revolution. Ein Lesebuch mit zeitgenössischen Berichten und Dokumenten. Ausgew., übers. und komm. Stuttgart 1989.

Roberts, John Morris (Hrsg.): French Revolution documents. Bd. 1 (1789–1792). Oxford 1966. [Quellen in französischer Sprache.]

Reden von Robespierre, gehalten im Nationalconvent. Altona 1794.

Robespierre, Maximilien: Discours et Rapports à la Convention. Paris 1965.

– Ausgewählte Texte. Dt. von Manfred Unruh. Hamburg 1971.

Saint-Just, Antoine de: Discours et Rapports. Hrsg. von Albert Soboul. Paris 1957.

Scheel, Heinrich (Hrsg.): Jakobinische Flugschriften aus dem deutschen Süden Ende des 18. Jahrhunderts. Berlin 1965.

Sieyès, Emmanuel: Abhandlung über die Privilegien. Was ist der Dritte Stand? Hrsg. von Rolf Hellmut Foerster. Frankfurt a. M. 1968.

Thompson, James Matthew (Hrsg.): French Revolution Documents 1789 till 1794. 2. Aufl. Oxford 1948.

Träger, Claus (Hrsg.): Mainz zwischen Rot und Schwarz. Die Mainzer Revolution 1792–1793 in Schriften, Reden und Briefen. Berlin 1963.

Walder, Ernst (Bearb.): Vom Ancien Régime zur Französischen Revolution. Wahlreglement für die États Généraux von 1789. Cahiers de doléances 1789. Französische Verfassung von 1791. 2., durchges. Aufl. Bern 1952.

Lexika

Jeschonnek, Bernd: Revolution in Frankreich 1789–1799. Ein Lexikon. Berlin 1989.

Reinalter, Helmut / Kuhn, Axel / Ruiz, Alain: Biographisches Lexikon zur Geschichte der demokratischen und liberalen Bewegungen in Mitteleuropa. Bd. 1 (1770–1800). Frankfurt a. M. 1992.

Reinalter, Helmut (Hrsg.): Lexikon zu Demokratie und Liberalismus 1750–1848/49. Frankfurt a. M. 1993.

Gesamtdarstellungen

Brinton, Crane: Europa im Zeitalter der Französischen Revolution. 2. Aufl. Wien 1948. [Engl. Ausg. 1934.]

Fay, Bernard: Die große Revolution in Frankreich 1715–1815. München 1960.

Fehrenbach, Elisabeth: Vom Ancien Régime zum Wiener Kongreß. 4., überarb. und erw. Aufl. München 2001.

Furet, François / Richet, Denis: Die Französische Revolution. Frankfurt a. M. 1968.

Gaxotte, Pierre: Die französische Revolution. Leipzig 1929. – Erw. Neuausg. München 1973.

Göhring, Martin: Geschichte der großen Revolution. 2 Bde. Tübingen 1950/51.

Grab, Walter: Die Französische Revolution. Aufbruch in die moderne Demokratie. Stuttgart 1989.

Griewank, Karl: Die Französische Revolution 1789–1799. Berlin 1948. 8. Aufl. Köln 1984.

Kropotkin, Peter A.: Die französische Revolution 1789–1793. Leipzig 1909. [Engl. Ausg. 1889.]

Lefebvre, Georges: La Révolution française. Paris 1930. [Keine dt. Übers., engl. Ausg. 2 Bde. 1962/64.]

Mathiez, Albert: Die Französische Revolution. 3 Bde. Hamburg 1950. [Frz. Ausg. 1922/27.]

Michelet, Jules: Geschichte der Französischen Revolution. 5 Bde. Frankfurt a. M 1988. [Frz. Ausg. 1847/53.]

Mignet, François Auguste: Geschichte der Französischen Revolution von 1789 bis 1814. Frankfurt a. M. 1895. [Frz. Ausg. 1824.]

Palmer, Robert R.: Das Zeitalter der demokratischen Revolution. Eine vergleichende Geschichte Europas und Amerikas von 1760 bis zur Französischen Revolution. Frankfurt a. M. 1970.

Schulin, Ernst: Die Französische Revolution. München 1988.

Soboul, Albert: Die Große Französische Revolution. Ein Abriß ihrer Geschichte. 2 Bde. Frankfurt a. M. 1973. 5. Aufl. Ebd. 1988.

Tocqueville, Alexis de: Der alte Staat und die Revolution. München 1978.

Vovelle, Michel: Die Französische Revolution – Soziale Bewegung und Umbruch der Mentalitäten. München/Wien 1982.

Aufsatzsammlungen

Cobban, Alfred: Aspects of the French Revolution. New York 1968.

Grab, Walter (Hrsg.): Die Debatte um die Französische Revolution. 35 Beiträge. München 1975. [Texte von Mathiez, Cobb, Lefebvre, Cunow, Cobban, Palmer, Soboul, Göhring, Manfred, Guérin u. a.]

Hartig, Irmgard A. (Hrsg.): Geburt der bürgerlichen Gesellschaft: 1789. Frankfurt a. M. 1979. [Beitr. von Labrousse, Lefebvre, Soboul, Dommanget, Vovelle.]

Schmitt, Eberhard (Hrsg.): Die Französische Revolution. Köln 1976. [Aufsätze von Soboul, Furet, Mazauric, Hinrichs, Palmer, Clough, Robin.]

Darstellungen zu einzelnen Bereichen

Ancien Régime

Farge, Arlette / Foucault, Michel: Familiäre Konflikte. Die »Lettres de cachet«. Aus den Archiven der Bastille im 18. Jahrhundert. Frankfurt a. M. 1989.

Hintze, Hedwig: Staatseinheit und Föderalismus im alten Frankreich und in der Revolution. Hrsg. von Rolf Reichardt. Frankfurt a. M. 1989. [Erstausg. 1928.]

Kircheisen, Friedrich M.: Die Bastille. Berlin 1927.

Latude, Henri Masers de: Fünfunddreißig Jahre im Kerker. München 1981. [Franz. Erstausg. 1790.]

Ursachen der Revolution

Schmitt, Eberhard (Hrsg.): Die Französische Revolution. Anlässe und langfristige Ursachen. Darmstadt 1973. [Aufsätze in frz. und engl. Sprache.]

Aufklärung

Buhr, Manfred / Losurdo, Domenico: Fichte – die Französische Revolution und das Ideal vom ewigen Frieden. Berlin 1991.

Coe, Richard N.: Morelly. Ein Rationalist auf dem Wege zum Sozialismus. Berlin 1961.

Fetscher, Iring: Rousseaus politische Philosophie. Zur Geschichte des demokratischen Freiheitsbegriffs. 8. Aufl. Frankfurt a. M. 1999.

Groethuysen, Bernhard: Philosophie der Französischen Revolution. Frankfurt a. M. 1989. [Frz. Ausg. 1956.]

Horkheimer, Max / Adorno, Theodor W.: Dialektik der Aufklärung. Frankfurt a. M. 1988. [Erstausg. 1947.]

Erste Revolutionsphase

Burke, Edmund: Betrachtungen über die Französische Revolution. Zürich 1987. [Erste dt. Ausg. 1793.]

Doormann, Lottemi: »Ein Feuer brennt in mir.« Die Lebensgeschichte der Olympe de Gouges. Weinheim 1993.

Lefebvre, Georges: 1789. Das Jahr der Revolution. München 1989. [Frz. Ausg. 1939.]

Lüsebrink, Hans-Jürgen / Reichardt, Rolf: Die Bastille. Zur Symbolgeschichte von Herrschaft und Freiheit. Frankfurt a. M. 1990.

Schnur, Roman (Hrsg.): Zur Geschichte der Erklärung der Menschenrechte. Darmstadt 1974.

Schulz, Friedrich: Geschichte der großen Revolution in Frankreich. Frankfurt a. M. 1989. [Erste dt. Ausg. 1791.]

Zweite Revolutionsphase

Brinton, Crane: The Jacobins. An Essay in the New History. New York 1930. – 2. Aufl. Ebd. 1961.

Markov, Walter: Volksbewegungen in der Französischen Revolution. Frankfurt a. M. 1976.

– (Hrsg.): Maximilien Robespierre 1758–1794. Berlin 1961. [Beitr. von 18 Wissenschaftlern.]

– (Hrsg.): Jakobiner und Sansculotten. Beiträge zur Geschichte der französischen Revolutionsregierung 1793–1794. Berlin 1956.

Rudé, George: Die Massen in der Französischen Revolution. München/Wien 1961.

Soboul, Albert: Französische Revolution und Volksbewegung: die Sansculotten. Frankfurt a. M. 1978.

Dritte Revolutionsphase

Dalin, V. M.: Babeuf-Studien. Berlin 1961.

Woloch, Isser: Jacobin Legacy. The democratic movement under the Directory. Princeton 1970.

Zeitalter Napoleons

Berding, Helmut: Napoleonische Herrschafts- und Gesellschaftspolitik im Königreich Westfalen 1807–1813. Göttingen 1973.

Fehrenbach, Elisabeth: Traditionale Gesellschaft und revolutionäres Recht. Die Einführung des Code Napoléon in den Rheinbundstaaten. 3. Aufl. Göttingen 1983.

Wohlfeil, Rainer: Spanien und die Deutsche Erhebung 1808 – 1814. Wiesbaden 1966.

Kulturgeschichte der Revolution

Harten, Hans-Christian / Harten, Elke: Die Versöhnung mit der Natur. Gärten, Freiheitsbäume, republikanische Wälder, heilige Berge und Tugendparks in der Französischen Revolution. Reinbek b. Hamburg 1989.

Lafargue, Paul: Die französische Sprache vor und nach der Revolution. Die Anfänge der Romantik. Hamburg 1988. [Erstmals erschienen 1894 bzw. 1896/97)

Stübig, Frauke: Erziehung zur Gleichheit. Konzepte der *éducation commune* in der Französischen Revolution. Ravensburg 1974.

Träger, Jörg: Der Tod des Marat. Revolution des Menschenbildes. München 1986.

Wendel, Hermann: Die Marseillaise. Biographie einer Hymne. Zürich 1937.

Deutschland und die Französische Revolution

Berding, Helmut / François, Etienne / Ullman, Hans-Peter (Hrsg.): Deutschland und Frankreich im Zeitalter der Französischen Revolution. Frankfurt a. M. 1989.

Dumont, Franz: Die Mainzer Republik von 1792/93. 2., erw. Aufl. Mainz 1993.

Grab, Walter: Ein Volk muß seine Freiheit selbst erobern. Zur Geschichte der deutschen Jakobiner. Frankfurt a. M. 1984.

Kuhn, Axel (Hrsg.): Linksrheinische deutsche Jakobiner. Aufrufe, Reden, Protokolle, Briefe und Schriften 1794–1801. Stuttgart 1978.

Scheel, Heinrich: Süddeutsche Jakobiner. Klassenkämpfe und republikanische Bestrebungen im deutschen Süden Ende des 18. Jahrhunderts. 3. Aufl. Berlin 1980.

Valjavec, Fritz: Die Entstehung der politischen Strömungen in Deutschland 1770–1815. Kronberg i. Ts. 1978. (Erstausg. 1951.]

Verzeichnis der Karten und Abbildungen

Namenregister

Zum Autor

AXEL KUHN, Jahrgang 1943, Studium der Geschichte, Germanistik und Philosophie. Promotion 1969, Habilitation 1975 im Fach Neuere Geschichte. Seit 1981 Professor für Neuere Geschichte am Historischen Institut der Universität Stuttgart. Forschungsschwerpunkte und Veröffentlichungen in den Bereichen Geschichte der demokratischen Bewegungen in Deutschland, Arbeitergeschichte, Alltagsgeschichte, Französische Revolution.

Geschichte

Padberg, Lutz E. von: Die Christianisierung Europas im Mittelalter. 307 S. 19 Abb. 8 Kt. UB 17015

Die Peinliche Gerichtsordnung Kaiser Karls V. und des Heiligen Römischen Reichs von 1532 (Carolina). Hrsg. und erl.: F.-Ch. Schroeder. 215 S. UB 18064

Pufendorf, Samuel: Die Verfassung des deutschen Reiches. Übers. u. Hrsg.: H. Denzer. 224 S. UB 966

Quellen zur Geschichte der Frauen.
– Bd. 1: Antike. Hrsg.: B. Patzek. 344 S. 18 Abb. UB 17022
– Bd. 3: Neuzeit. Hrsg.: A. Conrad u. K. Michalik. 458 S. 19 Abb. UB 17024

Die Revolution von 1848/49. Eine Dokumentation. Hrsg.: W. Grab. 279 S. UB 9699

Der römische Festkalender der Republik. Feste, Organisation und Priesterschaften. Von Angelika u. Ingemar König. 152 S. UB 8693

Sachsenspiegel. Landrecht und Lehnrecht. Hrsg.: F. Ebel. 267 S. UB 3355

Schulze, Hagen: Gibt es überhaupt eine deutsche Geschichte? 77 S. 11 Abb. UB 17016

Stollberg-Rilinger, Barbara: Europa im Jahrhundert der Aufklärung. 408 S. UB 17025

Tocqueville, Alexis de: Über die Demokratie in Amerika. Ausw. u. hrsg.: J. P. Mayer. 391 S. UB 8077

Die Verfassung des Deutschen Reichs vom 11. August 1919. Hrsg.: H. Mosler. 80 S. UB 6051

Widukind von Corvey: Res gestae Saxonicae / Die Sachsengeschichte. Lat./Dt. Übers. u. Hrsg.: E. Rotter u. B. Schneidmüller. 262 S. UB 7699

Philipp Reclam jun. Stuttgart

Nationalgeschichten

IN RECLAMS UNIVERSAL-BIBLIOTHEK

Die Bände sind für den Fachmann wie für den interessierten Laien gedacht und daher besonders übersichtlich angelegt: Jedes Hauptkapitel wird durch einen knappen Epochenüberblick eingeleitet; die sich anschließende Darstellung ist in überschaubare Abschnitte untergliedert, denen jeweils eine chronologische Tabelle vorangestellt ist; es folgen ausgewählte bibliographische Angaben zur Vertiefung der Kenntnisse und ein kommentiertes Personenregister. Zur Veranschaulichung sind Stammtafeln, Diagramme und politische Karten in den Band eingestreut.

Bislang sind erschienen:

Kleine deutsche Geschichte. Von Ulf Dirlmeier, Andreas Gestrich, Ulrich Herrmann, Ernst Hinrichs, Christoph Kleßmann, Jürgen Reulecke. 480 S. UB 9359

Kleine Geschichte Englands. Von Michael Maurer. 526 S. UB 9616

Kleine Geschichte Frankreichs. Von Heinz-Gerhard Haupt, Ernst Hinrichs, Stefan Martens, Heribert Müller, Bernd Schneidmüller, Charlotte Tacke. Hrsg.: Ernst Hinrichs. 480 S. UB 9333

Kleine Geschichte Irlands. Von Michael Maurer. 344 S. UB 9695

Kleine Geschichte Rußlands. Von Hans-Heinrich Nolte. 536 S. UB 9696

Philipp Reclam jun. Stuttgart